Irmela Schneider

Kritische Rezeption
„Die Blechtrommel" als Modell

Students and Exter

Europäische Hochschulschriften

Publications Universitaires Européennes
European University Papers

Reihe I

Deutsche Literatur und Germanistik

Série I   Series I

Langue et littérature allemandes
German language and literature

Bd./Vol. 123

Irmela Schneider

Kritische Rezeption
„Die Blechtrommel" als Modell

Herbert Lang Bern
Peter Lang Frankfurt/M.
1975

Irmela Schneider

Kritische Rezeption
„Die Blechtrommel" als Modell

Herbert Lang Bern
Peter Lang Frankfurt/M.
1975

D 30

ISBN 3 261 01616 7

Druck: fotokop wilhelm weihert KG, Darmstadt

INHALT

		Seite
1.	Einleitung	7
1.1.	Das Verhältnis der Literaturwissenschaft zum literarischen Text	7
1.2.	Der Rezipient als Gegenstand der Literaturwissenschaft	8
1.3.	Literarische Kommunikation und kritische Rezeption	14
1.4.	Bedingungen einer kritischen Rezeption	17
1.5.	Die kritische Rezeption als dialektische Einheit von Erkenntnis und Interesse	19
1.6	Zur kritischen Rezeption der "Blechtrommel"	21
1.7.	Exkurs zu Georg Just, "Darstellung und Appell in der 'Blechtrommel' von Günter Grass. Darstellungsästhetik versus Wirkungsästhetik"	23
2.	Der historisch-politische Hintergrund des Romangeschehens	29
2.1.	Die Ideologie des Faschismus	29
2.2.	Das Verhältnis der deutschen Bevölkerung zum Faschismus in der Nachkriegszeit	34
2.3.	Vergangenheitsbewältigung als Alibi nach 'innen' und 'außen'	35
3.	Modell einer kritischen Rezeption der "Blechtrommel"	38
3.1.	Die Konfrontation der fiktiven Welt des Romans mit der in ihr dargestellten geschichtlichen Zeit	38
3.2.	Die Erweiterung der fiktiven Realität des Romans durch den Ich-Erzähler	87
3.3.	Die Organisation der fiktiven Welt des Romans und ihre Folgen für die Rezeption	117
3.4.	Die Verweigerung der Kommunikation als Folge einer skeptischen Lebensform (Schlußbetrachtung)	140
	Anmerkungen	144
	Literatur	182
	Nachbemerkung	197

1. Einleitung

1.1. Das Verhältnis der Literaturwissenschaft zum literarischen Text.

Wer heute innerhalb der Literaturwissenschaft einen literarischen (hier: narrativen) Text zum Gegenstand seiner Untersuchung macht, muß mehr denn je seine Fragestellungen, sein Erkenntnisinteresse und sein methodisches Vorgehen zuvor reflektieren und explizieren. Beide - der literarische Text als Gegenstand der Untersuchung und ihre Methode - sind heute, nicht zum Nachteil der Entwicklung der Literaturwissenschaft, grundsätzlich problematisch geworden. Sie müssen folglich problematisiert werden.

Eine Analyse der Produktions- und Distributionsbedingungen von Literatur zeigt, daß Literatur nicht länger als autonomer Bereich innerhalb des gesellschaftlichen Systems verstanden werden kann. Die Einsicht, daß das System der Kultur abhängig ist vom System der Gesellschaft und den herrschenden sozio-ökonomischen Mechanismen, muß in der Literaturwissenschaft zu der Erkenntnis führen, daß das Kultur-System (im engeren Sinne) Gegenstand ihrer Reflexion und Kritik werden muß. So fordert z.B. Winckler, daß Literatur allein als Bestandteil des literarischen Marktes gesehen werden könne und daß dieser wiederum in Beziehung zu den gesellschaftlichen Produktionsverhältnissen gestellt werden müsse: "Indem der Markt für die Bereitstellung der künstlerischen Arbeitsmittel und ästhetischen Materialien, der Lebensmittel des Künstlers aus dem Erlös der fertigen Produkte sorgt, stellt er die küntlerische Erfahrung und die ästhetische Arbeitsweise zunehmend in den Dienst marktkonformer Verwertung: Arbeits- und Verwertungsinteresse sind im künstlerischen Produktionsprozeß von nun an nicht mehr zu trennen."[1] Wenn man, mit Winckler, davon ausgeht, daß die Produktion und Distribution literarischer Texte mit dem gesellschaftlichen Gesamtsystem zusammen zu sehen sind, dann hat das schwerwiegende Konsequenzen für den Umgang mit Literatur: für Analyse, Kritik und Wertung. Literarische Texte können unter den aufgeführten Bedingungen weniger denn je mit der Voraussetzung analysiert werden, daß sie losgelöst vom geschichtlich-gesellschaftlichen Bereich stehen. Geht man heutzutage von der Autonomie der Kunst aus, so hat das zur Konsequenz, daß Analyse und Kritik spekulativ und ohne intersubjektive Verständlichkeit bleiben: "Jede 'Geistes' - und 'Verstehens'-wissenschaft, die sich auf die Autonomie gesellschaftlicher Überbaugebilde und ihre ausschließlich autonome Deutbarkeit beruft, vergewaltigt das Wissenschaftsgebiet der menschlichen Vergesellschaftung. Literaturgeschichte als bloße Geistesgeschichte vermag prinzipiell keinerlei bindende Aussagen zu machen, wenn auch in der Praxis Begabung und Einfühlungsvermögen des Literaturhistorikers Wertvolles geleistet haben. Darum muten auch oft die geistesgeschichtlich orientierten Arbeiten so dogmatisch und willkürlich an, weil sie ins unzulänglich Allgemeinste verschwimmen."[2] Wenn also das literarische Leben nicht als geschlossener Kommunikationsbereich gesehen werden kann, verändert sich die Beziehung von Autor und Interpret, von Autor und Kritiker.

Die problematische Beziehung zwischen Autor und Interpret (Kritiker) geht von der Frage aus, wie der Sinn eines literarischen Werkes zu bestimmen sei. Hier-

zu gibt es in der Geschichte der Literaturwissenschaft viele Lösungsvorschläge.
So geht z. B. die formale Methode davon aus, daß der Interpret den Sinn des Textes allein aus der Struktur erschließen könne, die psychoanalytische und soziologische Literaturbetrachtung erklären, der Sinn sei allein dadurch zu bestimmen,
daß der Interpret die Faktoren, die hinter dem Werk stehen, in seine Analyse
einbeziehe, d. h. daß er sich vor allem mit der Psyche des Autors bzw. mit den
gesellschaftlichen Bedingungen der Produktion als den sinngebenden Instanzen des
Werkes beschäftige. Diese unterschiedlichen Positionen kritisiert Bürger zusammenfassend, wenn er sagt: "Wie verschieden auch die Grundpositionen und Ver-
fahrensweisen der Verfechter der genannten Methoden sein mögen, so stimmen sie
doch in einem Punkt überein: in der meist unreflektiert bleibenden Annahme, der
Sinn eines Werkes sei entweder 'im Werk', in der Psyche des Autors oder in der
Sozialstruktur der Epoche zu suchen."[3]

Die pauschale Erwähnung verschiedener Arten der Literaturbetrachtung hat im
Kontext unserer Fragestellung die Funktion, die Notwendigkeit eines methodischen
Neuansatzes der Literaturwissenschaft aus der Stellung der Literatur im gesell-
schaftlichen System und aus der Geschichte der Literatur selbst abzuleiten. Diese
Ableitung wird nur umrißhaft skizziert, um die vorhandenen Neuansätze in der
Literaturwissenschaft, deren Analyse und Kritik den Schwerpunkt der Einleitung
bilden, in einen Kontext zu stellen.

Zusammenfassend lassen sich folgende allgemeinen Punkte aufführen, die die Notwendigkeit einer Reflexion der literaturwissenschaftlichen Methoden im Blick auf
gesellschaftliche und wissenschaftstheoretische Perspektiven aufzeigen:
Die Produktions- und Distributionsbedingungen der Literatur sind abhängig von
den gesamtgesellschaftlichen Verhältnissen. Das System von Literaturproduktion
und Literaturkritik, das vielen Kritikern als quasi naturgegeben gilt, muß Gegenstand der wissenschaftlichen Diskussion und Kritik werden.[4] Gleichzeitig muß
jede praktische Literaturbetrachtung diese allgemeinen Bedingungen in ihre methodischen Überlegungen einbeziehen.
Literaturwissenschaftliche Methoden, die davon ausgehen, daß sich der Sinn des
literarischen Werkes unabhängig von der Zeit der Rezeption und dem Vorverständnis des Rezipienten aus dem Werk selbst erschließt, bzw. aus seiner Struktur,
oder kausal aus der Sozialstruktur seiner Entstehungszeit abzuleiten ist, reflektieren nicht die Prämissen ihrer Erkenntnisweise [5]. Dies aber ist ein notwen-
diger Bestandteil jeder Literaturbetrachtung, wenn sie nicht Gefahr laufen will,
dogmatisch oder willkürlich-subjektiv zu werden [6].
Eine Literaturwissenschaft, die die Bedingungen ihrer Erkenntnisweise reflektiert,
muß die Produktion und die Rezeption von Literatur in gleicher Weise zum Gegenstand ihrer Reflexion machen.

1.2.   Der Rezipient als Gegenstand der Literaturwissenschaft.

Einen wesentlichen Anstoß für eine Umorientierung der westdeutschen Literaturwissenschaft, wie sie sich seit Ende der sechziger Jahre abzeichnet, hat das
neue Interesse für die Frage nach der Rezeption und Wirkung von Literatur gegeben. Als ein Forschungsprogramm hat zuerst Jauß diesen Fragenkomplex

skizziert. Jauß intendiert mit seinem Programm, das Problem der Wirkungs-
und Rezeptionsgeschichte im Zusammenhang mit der Frage nach einer methodologischen Fundierung der in letzter Zeit fragwürdig gewordenen Literaturgeschichte
zu formulieren: "Die Geschichtlichkeit der Literatur wie ihr kommunikativer
Charakter setzen ein dialogisches und zugleich prozeßhaftes Verhältnis von
Werk, Publikum und neuem Werk voraus, das sowohl in der Beziehung von
Mitteilung und Empfänger, wie auch in den Beziehungen von Frage und Antwort,
Problem und Lösung erfaßt werden kann. Der geschlossene Kreis einer Pro-
duktions- und Darstellungsästhetik, in dem sich die Methodologie der Literaturwissenschaft bisher vornehmlich bewegt, muß daher auf eine Rezeptions-
und Wirkungsästhetik geöffnet werden, wenn das Problem, wie die geschichtliche Folge literarischer Werke als Zusammenhang der Literaturgeschichte zu
begreifen sei, eine neue Lösung finden soll."[7]

Eine wesentliche Aufgabe der Rezeptions- und Wirkungsästhetik im Rahmen der
von Jauß intendierten Literaturgeschichte und der neu fundierten Literaturwissenschaft bildet für ihn die Rekonstruktion des Erwartungshorizontes der Leser.[8]
Als Kriterium für den Erfolg seines Forschungsprogramms nennt Jauß die Frage, ob der Erwartungshorizont objektivierbar ist. Demnach besteht die Aufgabe
der Rezeptionsästhetik darin, das hermeneutische Verstehen von Texten zu vergegenständlichen. Jauß steht mit diesem Vorschlag in der Tradition von Gadamers
Konzept der Wirkungsgeschichte. So wirft Gadamer dem historischen Objektivismus vor, daß dieser sein eigenes ästhetisches Vorverständnis zur uneingestande-
nen Norm gegenüber dem Text erhebe. Demgegenüber will er die historische
Distanz in der hermeneutischen Situation und die damit verbundene "wirkungsgeschichtliche Verflechtung"[9], in der das historische Bewußtsein steht, als
hermeneutische Frage artikulieren und somit die Objektivität, die der historische
Objektivismus vortäuscht, als ein Problem der Legimität der Fragestellung artikulieren.[10] In der Konsequenz von Gadamers Konzept der Wirkungsgeschichte
nennt Jauß die Fragen, die eine Objektivierung des Erwartungshorizontes möglich machten: "Die Analyse der literarischen Erfahrung des Lesers entgeht dann
dem drohenden Psychologismus, wenn sie Aufnahme und Wirkung eines Werkes
in dem objektivierbaren Bezugssystem der Erwartungen beschreibt, das sich für
jedes Werk im historischen Augenblick seines Erscheinens aus dem Vorverständnis der Gattungen, aus der Form und Thematik zuvor bekannter Werke und aus
dem Gegensatz von poetischer und praktischer Sprache ergibt."[11]

Der von Jauß hier vorgestellte Fragenkomplex zur Erarbeitung eines Spektrums
von Typen der Lesererwartung impliziert auf der einen Seite ein hermeneutisches
Verstehen des Textes als Rückgang auf die auslösenden Strukturen und 'Signale'
des Textes, auf der anderen Seite einen historisch-sprachlichen Rückgang auf
gesellschaftliche Dispositionen und Normen der Rezipierenden. Dabei liegt der
Schwerpunkt primär auf dem Aspekt der literarischen Einstellung des Rezipienten. So kritisiert Winckler Jauß' Konzept: "Der Verengung des Gesellschaftsbe-
griffs auf das ästhetisch von Gesellschaft Erfahrbare entspricht die Verengung
des Publikums der Rezipienten auf den zeitlosen Kreis von literarischen Kennern."
[12] Der Vorwurf Wincklers, daß Jauß die Untersuchung der sozioökonomischen
Bedingungen literarischer Produktion und Distribution unterschlage zugunsten

einer Sozialgeschichte des literarisch gebildeten Lesers, rückt zwar das in den Vordergrund, was Jauß' Programm lediglich als sekundär vorsieht; er hat allerdings den Nachteil, daß nicht nach den theoretischen Implikationen von Jauß' Programm und der jeweiligen Gewichtung der einzelnen Teile gefragt wird. [13] Stellt man diese Frage in den Vordergrund, so muß man Jauß' Postulat der neuen Fundierung von Literaturgeschichte und Literaturwissenschaft konfrontieren mit seinem methodologischen Vorschlag der Objektivierung des Erwartungshorizontes. Dabei zeigt sich, daß Jauß zwar das Defizit ausfüllt, das durch die Indifferenz gegenüber dem Leser und die daraus folgende Ignoranz gegenüber der unterschiedlichen Wirkung der Literatur bestand, daß er aber das Korrektiv der Rezeptionsgeschichte auf Kosten einer eigenen - wertenden - Position und vor allem ihrer Explikation einsetzt. Jauß setzt Kriterien der Wertung voraus als einen nicht weiter nachprüfenswerten Bereich, wenn er der Literatur wirklichkeitsbildende Funktion zuspricht. Damit aber unterschlägt er die Wertung als eine Aufgabe der Literaturgeschichtsschreibung.

An diesem Punkt setzt Weimanns Kritik an: "Die Frage ist nur, wie der Literarhistoriker die Normen seiner Vorgeschichte historisieren kann, ohne die Objektivität des Werkes und seine eigene geschichtliche Beziehung zu ihm hoffnungslos zu relativieren. Die wirklich entscheidende Aufgabe des Literarhistorikers besteht nicht darin, alle bisherigen Normen der Deutung als gleichberechtigte Entfaltungen eines unendlichen dichterischen Sinnpotentials zu erweisen, sondern das historisch bedingten Deutungen durch Rückverweis auf die entstehungsgeschichtliche Objektivität zu relativieren (also auch in ihrem jeweiligen Aufschluß zu bewerten), wobei sich die eigene Beziehung zum Werk zugleich als geschichtliche und als gültige zu erweisen hat. Aber eben dies vermag die neue Wirkungsgeschichte nicht; sie befreit die Literaturgeschichte nicht nur vom Idealismus eines zeitlosen Sinngehalts, sondern sie untergräbt die Frage nach der Wahrheit der Dichtung, statt sie aus der Geschichtlichkeit selbst neu zu gewinnen."[14] Die Konsequenz dieser unterlassenen Konfrontation von vergangenen Werten und gegenwärtiger Wertung wird deutlich, wenn Jauß durch die Rekonstruktion des Erwartungshorizontes die Möglichkeit gegeben sieht, den Kunstcharakter eines Werkes an dem Grad und an der Art seiner Wirkung auf ein vorausgesetztes Publikum zu bestimmen: "Bezeichnet man den Abstand zwischen dem vorgegebenen Erwartungshorizont und der Erscheinung eines neuen Werkes, dessen Aufnahme durch Negierung oder Bewußtmachung erstmalig ausgesprochener Erfahrungen einen 'Horizontwandel' zur Folge haben kann, als ästhetische Distanz, so läßt sich diese am Spektrum der Reaktionen des Publikums und des Urteils der Kritik (...) historisch vergegenständlichen."[15] Der Kunstcharakter bemißt sich hier an der Differenz zwischen Erwartungshorizont und postkommunikativer Einstellung, an der Frage, ob eine Einstellungsänderung stattgefunden hat oder nicht.

Jauß hat recht, wenn er als Leistung dieses Verfahrens angibt, daß damit die Auffassung endgültig untergraben ist, daß "im literarischen Text Dichtung zeitlos gegenwärtig und ihr objektiver, ein für allemal geprägter Sinn dem Interpreten jederzeit unmittelbar zugänglich sei, als ein platonisierendes Dogma der philologischen Metaphysik". [16] Es muß an dieser Stelle allerdings gefragt werden, ob

Literaturgeschichte und Literaturwissenschaft, nachdem sie den Anspruch auf Objektivität der eigenen Interpretation und ihrer zeitlosen Gültigkeit aufgegeben haben, sich nicht einem neuen falschen Ideal, dem des Relativismus, verschreiben, wenn sie die Geschichtlichkeit der Literatur und Rezeption allein an der quantifizierbaren ästhetischen Distanz darstellen wollen. Damit wird das Problem der ästhetisch-historischen Korrelation von Entstehung und Wirkung verkürzt auf die Frage nach der Korrelation von Erwartungshorizont des Lesers und postkommunikativer Einstellung. Jauß' Konzept ist also nicht davor gefeit, daß mit einem derartigen Program Literatur und Rezeption zum "Stoffgebiet der Historie" und nicht zum "Organon der Geschichte"[17] gemacht werden. Daraus ergibt sich die Option, daß, so wie Jauß die Darstellungs- und Produktionsästhetik auf eine Rezeptions- und Wirkungsästhetik hin geöffnet hat, diese um die Frage nach Ursache und Modus verschiedenartiger Rezeption und um die Frage nach einer eigenen wertenden Rezeption und einer wertenden Rezeption der Rezeptionsgeschichte ergänzt werden muß. Das Kunstwerk konkretisiert sich in seinem Verhältnis zum Leser, aber die Frage, wie es sich konkretisiert, darf die Literaturwissenschaft nicht im Sinne eines unveränderbaren Faktums beantworten, das es lediglich in seinen verschiedenen Präsentationen zu untersuchen gilt.

Jauß selbst provoziert diese Frage an sein eigenes Verfahren, wenn er aufgrund der möglichen antizipatorischen Leistungen der Literatur ihr "gesellschaftsbildende Funktion" zuschreibt und das Fazit zieht: "Aus alledem ist zu folgern, daß die spezifische Leistung der Literatur im gesellschaftlichen Dasein gerade dort zu suchen ist, wo Literatur nicht in der Funktion einer darstellenden Kunst aufgeht ... Die Kluft zwischen Literatur und Geschichte, zwischen ästhetischer und historischer Erkenntnis, wird überbrückbar, wenn die Literaturgeschichte nicht einfach den Prozeß der allgemeinen Geschichte im Spiegel ihrer Werke ein weiteres Mal beschreibt, sondern wenn sie im Gang der 'literatischen Evolution' jene im eigentlichen Sinn gesellschaftsbildende Funktion aufdeckt, die der mit anderen Künsten und gesellschaftlichen Mächten konkurrierenden Literatur in der Emanzipation des Menschen aus seinen naturhaften, religiösen und sozialen Bindungen zukam."[18]

Die gesellschaftsbildende Funktion von Literatur aufzudecken, ist notwendig und wünschenswert. Die kritische Anmerkung zu Jauß bezieht sich auf seinen methodologischen Vorschlag; denn der Anspruch, die Literatur in dieser Weise zu untersuchen, verlangt notwendig die bei Jauß fehlende Relationsbestimmung zur eigenen geschichtlich-gesellschaftlichen Situation. Die Literatur ist nur von einem bestimmten Standort aus als gesellschaftsbildend zu bezeichnen, wenn man nicht einem leeren Begriff von Emanzipation oder einem klassischen Bildungsbegriff verfallen will. [19]

Einen weiteren Versuch zur Rezeptionsästhetik bildet Isers Modell literarischer Kommunikation. Er legt den Schwerpunkt seines Interesses auf das Verhältnis von Text und Leser im Prozeß der Lektüre und auf die Frage, wie der Leser aufgrund bestimmter Strategien des Textes einen Textsinn konstuiert. [20] Obwohl sich die Intention Isers von der von Jauß unterscheidet, läßt sich Iser mit den gleichen Fragestellungen wie Jauß untersuchen, denn die grundlegende Prämisse, daß ein literarischer Text immer in Relation zu seiner Rezeption gesehen werden muß, bestimmt beide.

Die klassische Interpretationsweise beschreibt Iser als eine Reduktion der Texte auf Bedeutungen, wobei auf die Ermittlung des sogenannten Textinhaltes die Ratifikation durch immer schon Gewußtes folgt. Literarische Texte sind hier Präsentationen von Bedeutungen, und der Interpret hat die Aufgabe, den Text in einen bereitstehenden Bezugsrahmen einzugliedern. [21] Im Gegensatz zu dieser Theorie geht Iser von der grundsätzlichen Polyvalenz der Texte aus und stellt von daher die These auf, daß literarische Texte allein in der Interaktion von Text und Leser zu bestimmen sind, wobei im Lesevorgang als dem Akt der "Aktualisierung des Textes"[22] die Bedeutungen generiert werden, und zwar in je individueller Gestalt. Damit setzt sich Iser von den Theorien ab, die vom mimetischen Realitätsbezug des Textes ausgehen; er gesteht dem Text lediglich den Besitz eines "historischen Substrats"[23] zu, was aber für sein weiteres Vorgehen keine entscheidenden methodischen Implikationen hat (s.u.). Iser fixiert sein Kommunikationsmodell auf das Verhältnis von Text und Leser und auf die Frage, wie dieses beschreibbar zu machen ist.

Zur Beantwortung dieser Frage geht er in einem ersten Schritt auf den fiktionalen Status der Texte ein [24], der diese prinzipiell von expositorischen Texten dadurch unterscheidet, daß in ihnen ein "Unbestimmtheitsbetrag"[25] vorhanden ist. Dieser Unbestimmtheitsbetrag bedingt, daß die literarischen Texte nur im Lesevorgang, in der Immanenz der Rezeption, nicht aber im empirisch überprüfbaren Bereich zu verankern sind. Von daher spezifiziert Iser die Eigenart literarischer Texte: "Er (scil. der literarische Text) ist durch eine eigentümliche Schwebelage charakterisiert, die zwischen der Welt realer Gegenstände und der Erfahrungswelt des Lesers gleichsam hin und her pendelt. Jede Lektüre wird daher zu einem Akt, das oszillierende Gebilde des Textes an Bedeutungen festzumachen, die in der Regel im Lesevorgang selbst erzeugt werden."[26] An dieser Stelle lassen sich einige erste Fragen an Isers Konzept eines literarischen Kommunikationsmodells formulieren. Geht man mit Iser davon aus, daß die Rezeption literarischer Texte als ein Modus von Kommunikation beschrieben werden kann, so muß man fragen, welche Stellung den einzelnen 'Kommunikationspartnern' zugewiesen wird, i.e. die Frage, wie der Verlauf der Kommunikation strukturiert ist. Mit Iser muß diese Frage dahingehend beantwortet werden, daß der Text als ein programmiert defizienter Sender zu verstehen ist und daß die Rolle des Lesers darin besteht, diese Defizite produktiv zu füllen. Der Leser wird also in dem Modell allein in seiner Beziehung zum literarischen Text gesehen; es bleibt unklar, in welcher Weise die produktive Tätigkeit des Lesers durch seine Stellung außerhalb des literarischen Kommunikationskontextes bestimmt ist. Dazu ist anzumerken, daß zwar die Kommunikation zwischen Text und Leser als eine Kommunikation sui generis verstanden werden muß, daß aber trotzdem der Leser in seiner außerliterarischen Kommunikationssituation beachtet werden muß, wenn er in seiner literarischen spezifiert werden soll. Bei Isers Modell stellt sich der Verdacht ein, daß der Leser allein als ein literarisch kommunizierendes Wesen ernstgenommen wird. Die Erfahrungswelt, d.h. die geschichtlich-gesellschaftliche Situation beeinflußt den Verlauf der Interaktion zwischen Text und Leser nur peripher, sie ist kein eigenständiger Faktor. [27]

Die Interaktion ist bei Iser ausschließlich durch die literarische Kommunikations-struktur charakterisiert, nicht durch eine 'gesellschaftlich-literarische'. Für die weitere Untersuchung von Isers Argumentationsgang ist es wichtig zu überprüfen, ob der Leser in dieser gesellschaftlichen Unbestimmtheit belassen wird und welche Implikationen dies für die Funktionsbestimmung von Literatur nach sich zieht.

In einem zweiten Schritt nennt Iser die grundlegenden formalen Bedingungen, die im Text Unbestimmtheit verursachen. Er präzisiert also die als allgemeine Eigen-art literarischer Texte konstatierte Unbestimmtheit durch die Analyse formaler Elemente. Dabei sind entscheidend der Begriff der "schematisierten Ansichten"[28] und der Begriff der "Leerstelle". Schematisierte Ansichten bezeichnen den Prozeß der Konstitution von literarischen Gegenständen im Text, der dadurch charakteri-siert ist, daß "der Text eine Mannigfaltigkeit von Ansichten entrollt, die den Ge-genstand schrittweise hervorbringen und ihn gleichzeitig für die Anschauung des Lesers konkret machen."[29] Jede solche Ansicht ist dadurch charakterisiert, daß sie nur einen Aspekt des literarischen Gegenstandes zur Geltung bringt. Der Grad der Bestimmung läßt also jeweils eine neue Bestimmungsbedürftigkeit zurück, woraus folgt, "daß ein sogenannter literarischer Gegenstand nie an das Ende sei-ner allseitigen Bestimmtheit gelangt."[30] Als Leerstelle, die für Iser den ele-mentaren Ansatzpunkt für die Wirkung literarischer Texte bildet [31], bezeichnet er den 'Zwischenraum' zwischen den einzelnen Ansichten. Diese Leerstellen er-geben einen Auslegungsspielraum und ermöglichen die verschiedenartige Adaptier-barkeit der Texte. Sie sind die Markierungen für den notwendigen Wechsel von der rein rezeptiven Haltung zur produktiven, sie konstituieren den Mitvollzug des Le-sers an der Sinngebung des Textes. Diese Produktivität des Lesers, die Ursache und Folge der Verschiedenverstehbarkeit eines Textes sein kann, wird durch die Struktur des Textes stimuliert. Iser spezifiziert sie dahingehend, daß dem Leser so ermöglicht wird, "die Fremderfahrung der Texte im Lesen zu einer privaten zu machen ..."[32] Der literarische Text scheint demnach für ihn ein Instrumen-tarium zu sein, um die private Erlebniswelt zu bereichern, allerdings in dem vom Leser selbst bestimmten Spielraum. Dieses Urteil wird erhärtet, wenn er den 'Mehrwert' der Literatur gegenüber den expositorischen Texten bestimmt: "Wenn ... ein Text das Gelesenwerden als wichtigstes Element seiner Struktur besitzt, so muß er selbst dort, wo er Bedeutung und Wahrheit intendiert, diese der Realisierung durch den Leser überantworten ... Indem der literarische Text seine Realität nicht in der Welt der Objekte, sondern in der Einbildungskraft seiner Leser besitzt, gewinnt er einen Vorzug vor all den Texten, die eine Aus-sage über Bedeutung oder Wahrheit machen wollen, kurz über jene, die apophanti-schen Charakter haben. Bedeutungen und Wahrheiten sind prinzipiell nicht gegen ihre Geschichtlichkeit gefeit. Zwar sind auch literarische Texte nicht davon frei, doch indem ihre Realität in der Einbildungskraft des Lesers liegt, besitzen sie prinzipiell eine größere Chance, sich ihrer Geschichtlichkeit zu widersetzen. Daran läßt sich der Verdacht anknüpfen, daß literarische Texte wohl in erster Linie nicht deshalb als geschichtsresistent erscheinen, weil sie ewige Werte dar-stellen, die vermeintlicherweise der Zeit entrückt sind, sondern eher deshalb, weil ihre Struktur es dem Leser immer wieder von neuem erlaubt, sich auf das fiktive Geschehen einzulassen."[33] Eine derartige Funktionsbestimmung von

Literatur läuft Gefahr, diese erneut auf ein - nun privatisiertes - 'Ritual' zu verpflichten und nicht auf Politik. [34]

Hatte Jauß den Leser und seinen Erwartungshorizont so ins Zentrum gestellt, daß dieses die Vernachlässigung der Wertungsfrage im Blick auf den Literaturwissenschaftler bedingte, so verabsolutiert Iser den Lesevorgang als individuellen Akt und nivelliert die Korrelation von Entstehung und Wirkung in ihrer geschichtlichgesellschaftlichen Bedingtheit. Iser und Jauß wollen beide dem Leser das Recht auf ein eigenes Urteil zusprechen, das die klassische Interpretationstheorie allein für sich beanspruchte. Ihre Erklärung für das mögliche Urteil des Lesers, das nun allein Gegenstand der Literaturwissenschaft zu werden droht, fällt verschieden aus: bei Jauß steht der Erwartungshorizont des Lesers an erster Stelle, bei Iser die Appellstruktur der Texte und der implizite Leser. Jauß hat mit seinem Entwurf Möglichkeiten aufgezeigt, wie eine Rezeptionsgeschichte in der Literaturgeschichte zu verankern ist. Iser hat mit seiner Analyse der Polyvalenz der Texte auf das Problem hingewiesen, daß und wie die Interaktion zwischen Text und Leser durch die Struktur der Texte und der damit verbundenen Verschiedenverstehbarkeit bestimmt ist.

Allerdings: Solange literarische Wertung und Rezeptionsästhetik getrennt werden, solange in der Literaturwissenschaft entweder analysiert oder kritisiert wird, bleibt die Theorie defizitär, da Funktionsbestimmung der Literatur und der Umgang mit ihr als einem Gegenstand der Literaturwissenschaft auseinanderklaffen.

1.3.   Literarische Kommunikation und kritische Rezeption.

Im Folgenden wird versucht, die Prämissen und methodologischen Implikationen dieser Arbeit darzustellen, die im Problemzusammenhang der Rezeptionsästhetik steht. Im Unterschied zu den Modellen von Jauß und Iser wird intendiert, die literaturkritische Komponente als notwendiges Implikat der Rezeptionsästhetik nachzuweisen, um der Auffassung von Literatur als medialem Kommunikationsfaktor mit wirklichkeitsbildender Funktion in der praktischen Arbeit gerecht werden zu können.

Die Frage nach dem Verhältnis von Text und Leser, nach Produktion und Rezeption und der Versuch, Literaturwissenschaft in einer Kommunikationstheorie zu verankern, ist unter anderem nicht zuletzt durch die Entwicklung innerhalb der Sprechakt- und Kommunikationstheorie und durch das allgemeine Interesse an semiotischen Problemstellungen aufgekommen. [35] Im Blick auf die Semiotik ist es konsequent, nach der kommunikativen Valenz der Texte zu fragen, wenn man von den Arbeitshypothesen ausgeht, die Eco in seiner "Einführung in die Semiotik" aufstellt: "a) Die ganze Kultur muß als Kommunikationsphänomen untersucht werden; b) Alle Aspekte einer Kultur können als Inhalte der Kommunikation untersucht werden." [36]

Im Blick auf die Literaturwissenschaft und ihre Möglichkeit bzw. Notwendigkeit, sich als eine spezifische Kommunikationstheorie zu verstehen, müssen vorab zwei Dinge geklärt sein: 1. daß eine Fundierung der Literaturtheorie in der Kommunikationstheorie bestimmte Grundbestimmungen von Kommunikation beachten

muß, damit sie sich nicht in einen inhaltsleeren Begriff von Kommunikation verstrickt, was zurecht das Urteil nach sich zöge, daß nun auch die Literaturwissenschaft mit fachspezifischer Verspätung auf den Faktor Kommunikation aufmerksam geworden wäre und ihn nun ungebrochen adaptiere; 2. daß sie in der Frage
nach dem Verhältnis von Text und Leser nicht die Frage nach der Funktion der
Literatur als Medium vergessen darf. Sie kann - bei aller Kritik an einer dogmatischen Widerspiegelungstheorie und ihren verengten Wertmaßstäben - die Frage
nach dem gesellschaftlichen Bezug der Produktion von Literatur nicht vernach-
lässigen oder gar nivellieren, wenn sie den Anspruch erhebt, eine 'kritische'
Theorie [37] zu sein. Sie muß beachten, daß Literatur sowohl als Teil medialer
Kommunikation wie auch als Gegenstand außerliterarischer Kommunikation betrachtet werden muß, wenn ihre Wirkung nicht auf eine 'ästhetische Erlebniswelt'
eingeschränkt, die Rezeptionsästhetik nicht einer Ideologie der freien Subjektivität preisgegeben werden soll.

Der zweite Punkt wird zu einer Konsequenz des ersten, wenn mit Eco alle Kommunikationsformen bestimmt werden als "Sendung von Botschaften auf der Grundlage von zugrundeliegenden Codes ..., d.h. daß jeder Akt von kommunikativer
'performance' sich auf eine schon bestehende 'competence' stützt."[38] Wenn die
schon bestehende competence dabei nicht reduziert wird auf eine ästhetische competence, dann läßt sich sagen, daß jedes Kunstwerk in seiner Beziehung zur Realität gesehen werden muß, da diese Beziehung eine Bedingung für die Möglichkeit
der literarischen Kommunikation ist. Gleichzeitig konstituiert der Modus der
Wirklichkeitsbeziehung des Kunstwerks die Spezifika der literarischen Kommunikation: "Die Veränderung, die sich mit der sachlichen Beziehung des Werks als
Zeichen vollzog, ist zugleich deren Abschwächung und Stärkung. Abgeschwächt
ist die Beziehung in dem Sinne, daß das Werk nicht auf die Wirklichkeit hinweist,
die es unmittelbar darstellt; gestärkt ist sie so, daß das Kunstwerk als Zeichen
eine unmittelbare (bildliche, abbildhafte) Beziehung zu den Wirklichkeiten erhält,
die dem Leser und mittelbar seinem ganzen Universum als Gesamtheit von Werten zugänglich sind."[39] Der spezifische Zeichencharakter der Kunst, seine am-
bivalente Struktur als Abbild und gleichzeitig Neu-Struktur von erfahrener Wirklichkeit bestimmen die literarische Kommunikation als eine zwei-polige, nämlich
als eine, die sich auf Gegenstände der Wirklichkeit bezieht, die aber gleichzeitig
diese Gegenstände sprachlich-ästhetisch entautomatisiert.[40]

Wenn von literarischer Kommunikation gesprochen wird, so heißt dies also nicht,
daß das Verhältnis von Text und Leser in den Formen von kommunikativem Handeln oder Diskurs [41] zu bestimmen oder mit diesen kompatibel wäre. Die Aufgabe besteht vielmehr darin, die literarische Kommunikation aufgrund der ästhetischen Struktur zu spezifizieren, um eine sinnvolle Differenz der literarischen
zu der umgangssprachlichen formulieren zu können. Dabei soll die Eigenart literarischer Kommunikation in folgenden Punkten zusammengefaßt werden:

-   Der literarische Text ist ein Zeichengebilde, das aufgrund seiner Ab-
    weichung vom normalsprachlichen Zeichencharakter und durch seine in-
    nere Struktur als mehrdeutige Botschaft [42] eine Kommunikation als Fra-
    ge-Antwort-Struktur ermöglicht. Der literarische Text erhält damit

nicht allein die Rolle einer Mitteilung, sondern auch die eines sich ver-
ändernden Kommunikationspartners.

- Der literarische Text ist ein ästhetisches Zeichengebilde[43], d.h. die
Unterschiede zwischen den Strukturen der Normalsprache und denen der
Kunst bedingen eine produktive Rezeptionshaltung. Rezeption kann nur
dann literarische Kommunikation genannt werden, wenn diese Produktivität eine bewußt und reflexiv eingesetzte ist.

- Der Rezipient besitzt bestimmte Motivationen, Erkenntnisinteressen im
Blick auf einen literarischen Text, die gesellschaftlich verankert sind.
Der literarische Text wiederum konkretisiert geschichtlich-gesellschaftliche Erfahrung. Im kommunikativen Akt der Lektüre stoßen diese verschiedenen Weisen der Wirklichkeitserfahrung aufeinander und dadurch
wird potentiell eine neue Wirklichkeitserfahrung eingeleitet. [44] Der
kommunikative Akt kann dann zu einem konstituierenden Moment der
Praxis werden, aufgrund derer die Welt interpretiert, bewertet und
verändert wird. Bedingung eines solchen wirklichkeitsbildenden Ergeb-
nisses literarischer Kommunikation ist allerdings, daß sie vermittelt
wird mit der außerliterarischen, gesellschaftlichen Kommunikationssituation.

Aus der Begründung, warum die Rezeption von Texten ein medial-kommunikativer
Prozeß zu nennen ist, dürfte ersichtlich sein, inwiefern es notwendig ist, sowohl
im Blick auf den Rezipienten als auch im Blick auf die Funktion von Literatur, die
rezeptionsästhetischen Konzeptionen von Jauß und Iser um die Komponente der
literarischen Kritik zu ergänzen. Zum anderen steht die Funktionsbestimmung
von Literatur im Widerspruch zu der nur potentiellen Bestimmung der literarischen Kommunikation als einem wirklichkeitsbildenden (Jauß) und befreienden
(Iser) Akt. Dieser Widerspruch zeigt, daß die Literaturkritik zu einem notwendigen Aufgabenbereich der Literaturwissenschaft werden muß, denn: "Die Literaturkritik muß heute ein Bedürfnis nicht nur befriedigen, sondern wecken helfen...
Der neu zu gewinnende Leser... ist noch vielfach unterschiedlich gebildet; aber
er will keine Zugeständnisse, keine Anbiederung, sondern Selbstbetätigung. Das
verlangt einen Beitrag der Wissenschaft (keinen Abfall von ihrem Niveau). Ein
solcher Beitrag möchte wahrhaft praxisbezogen, also auf die Lebenstätigkeit der
Gesellschaft gerichtet... sein... (es geht darum) die Bedingungen des praktischen Wirkens so zu koordinieren und methodologisch zu verallgemeinern, daß
diese Verallgemeinerung nun auch in dem Maße die wissenschaftliche Theorie be-
reichert wie die so bereicherte Theorie dann in der Praxis um so wirksamer werden kann. Von solcher Voraussetzung her werden die überkommenen Grenzwände
zwischen Theorie, Geschichte und angewandter Kunstkritik in einem Prozeß der
Zusammenarbeit und der Integration hinfällig."[45]

Die Vermittlung von Theorie und Praxis, d.h. die Vermittlung von Rezeptionstheorie und Theorie und Praxis literarischer Kritik werden also notwendig, wenn
die Literaturwissenschaft das Verhältnis von Text und Leser nicht nur beschreiben, sondern auch verändern will, wenn sie den Anspruch auf objektive Gültigkeit
der Interpretation nicht zugunsten eines Relativismus der Standpunkte oder einer
Reduktion der Literatur auf ein Instrument individueller, praxis-unvermittelter

16

Bereicherung aufgeben will. Vertritt sie aber den Anspruch einer kritischen, praxisvermittelten Theorie, so gehört es zu ihren Aufgaben, die Bedingungen der literarischen Kommunikation im Sinne einer kritischen Rezeption aufzuzeigen.

1.4. Bedingungen einer kritischen Rezeption.

Soll das Verhältnis zwischen Text und Leser zu einem geschichtlich-kommunikativen Prozeß mit wirklichkeitsbildender Konsequenz werden, so muß der Text als eine Konkretion von geschichtlich-gesellschaftlicher Erfahrung vom Leser gleichsam 'von außen' betrachtet werden. So wie z. B. Brecht den Begriff der Verfremdung für seine Theorie vom Schreibenden aus definiert hat [46], so ist dieser Begriff als Teil des Rezeptionsverhaltens zu bestimmen: der Leser muß den Text auch verfremden. Gemeint ist dann damit, daß die Rezeption eines literarischen Textes nicht Teil des individuellen Erlebens sein kann, sondern daß mit diesem 'verfremdenden' Rezeptionsverhalten dem Faktum Rechnung getragen wird, daß literarische Texte Inhalte, die ihren Ursprung in spezifischen geschichtlich-gesellschaftlichen Situationen haben, aufgrund ihres ästhetischen Charakters für den Leser verfremden. Wenn der Text derart etwas 'Fremdes' darstellt, so erfordert die Behandlung der Texte erklärende und verstehende Aussagen; sie sind Gegenstand eines Erkenntnisprozesses, nicht der Einfühlung. [47]

Dieses komplementäre Verhalten im Blick auf den mimetischen Realitätsbezug der Texte muß sich sowohl auf interaktionaler als auch auf - vom Leser aus - distanziert-wertender (diskursiver) Ebene vollziehen. Dabei besteht das distanzierte Verhalten nicht in einer Prüfung der Kompatibilität von Wirklichkeit und ästhetischer Botschaft, sondern in einer dialektischen Vermittlung von ästhetisch 'gebrochener' Wirklichkeitserfahrung und geschichtlich-gesellschaftlicher Situation. Die Frage an literarische Texte ist hier die Frage, wie die Gesellschaft in ihnen zur Erscheinung kommt, d. h. die Frage nach dem Modus der Wirklichkeitserfahrung. Aus dieser allgemeinen Feststellung ergeben sich drei Gesichtspunkte, die Bestandteil des 'interpretativen Dialogs' sein müssen:

- Der literarische Text muß als Produkt der geschichtlich-gesellschaftlichen Zeit gesehen werden, in der er entstanden ist. Ein positivistisch eingeschränkter Kausalitätsbegriff, der literarische Phänomene auf 'etwas anderes' reduziert, muß abgelehnt werden. Entscheidend ist es, "die Interdependenz literarischer und außerliterarischer Phänomene zu erfassen."[48]
- Der literarische Text muß verstanden werden als ästhetische Strukturierung der Erfahrungen einer ganz bestimmten geschichtlich-gesellschaftlichen Zeit, d. h.: "Die jeweilige Bedeutung erschließt sich nicht schlechthin aus der Beziehung zwischen den Zeichen und dem, was sie bezeichnen, sondern (viel stärker als in der Normalsprache) auch aus dem Ensemble ihrer syntagmatischen Entsprechungen, Widersprüche, Rangordnungen usw. Die künstlerische Aneignung und Deutung von Wirklichkeit erfolgt - so gesehen - nicht nur durch den mimetischen Realitätsbezug, sondern auch durch innersyntaktische Bezüge."[49]

- Der literarische Text muß als ein wirkender Faktor in einem geschichtlichen Kontext gesehen werden, d.h. die eigene Wertung muß vermittelt werden mit der historischen Wirkung des Textes, um eine wirkungsgeschichtlich effektive Beziehung zum literarhistorischen Gegenstand zu erhalten. [50]

Ein Rezeptionsverhalten, das von den Prämissen ausgeht, daß der literarische Text ein Medium der Vermittlung gesellschaftlicher Verhältnisse ist mit der Wirkung der "Praxis-Formation"[51] und daß es sowohl die dargestellten Verhältnisse als auch die Bedingungen der Rezeption auf der Basis eines spezifischen Erkenntnisinteresses zu beachten gilt, kann eine kritische Rezeption genannt werden. Dies gilt in dem Sinne, in dem Habermas das Verhältnis von Theorie und Praxis bestimmt. [52] Eine kritische Rezeption hat das Ziel, daß die im interpretativen Dialog verankerte Kritik auf Praxis abzielt, indem sie den Konstitutionszusammenhang der Rezeption als praktische Handlungsorientierung für kommunikatives und soziales Handeln versteht.

Eine Rezeptionstheorie, die den Text als Gegenstand eines Erkenntnisprozesses definiert, muß kritische Reflexion als Teil des kommunikativen Prozesses bestimmen. Sie kann nicht davon abstrahieren, daß das Verstehen eines Textes von einem spezifischen Vorverständnis des Textes und der in ihm dargestellten Zeit geprägt ist. Dieses Vorverständnis bildet den mit dem Text zu konfrontierenden kritischen Rahmen der Rezeption und ist gleichzeitig die Grundlage für die der Rezeption immanente Kritik. Die vorgängige Reflexion und der interpretative Dialog stehen in einem komplementären Verhältnis zueinander. Von daher können Rezeption und Kritik nicht zwei in ihren Grundvoraussetzungen getrennte Sachverhalte sein. Die vorgängige Reflexion formuliert die leitenden kritischen Fragestellungen, die den kommunikativen Prozeß beeinflussen. Sie hat somit explikative und präzisierende Funktion für die literarische Kommunikation. [53] In folgenden Punkten soll der kritische Rahmen der Rezeption - die vorgängige Reflexion - zusammenfassend bestimmt werden:

- Es müssen bestimmte Kriterien intersubjektiv deutlich sein, aus denen hervorgeht, was unter 'realistisch-ästhetischer' Wirklichkeitsdarstellung verstanden wird. [54]
- Das Erkenntnisinteresse des Rezipienten im Blick auf die eigene gesellschaftliche Situation muß den kommunikativen Prozeß leiten. Kritische Rezeption ist in ihrem Verlauf bestimmt durch den dialogischen Bezug zwischen Gegenstand und Betrachter.[55]

Der interpretative Dialog ist neben der präkommunikativen Einstellung des Lesers maßgeblich bestimmt durch die 'Technik' des literarischen Textes, semiotisch formuliert, durch die Struktur der ästhetischen Botschaft. Mit der Beachtung der Technik ist nicht die isolierte Betrachtung der Form oder die Einordnung des Textes aufgrund seiner formalen Struktur in eine literarische Tradition gemeint. Der Begriff der Technik bezeichnet vielmehr die Modalität der medialen Aussage. Die Frage nach der Technik umfaßt damit immer das Problem von Form und Inhalt eines Textes. Brecht formuliert diesen Zusammenhang als die Frage nach der Organisation des Inhalts durch die Form. [56] In ähnlicher Weise

18

bestimmt Benjamin den Begriff der Technik: "Mit dem Begriff der Technik habe ich denjenigen Begriff genannt, der die literarischen Produkte einer unmittelbaren gesellschaftlichen, damit einer materialistischen Analyse zugänglich macht. Zugleich stellt der Begriff der Technik den dialektischen Ansatzpunkt dar, von dem aus der unfruchtbare Gegensatz von Form und Inhalt zu überwinden ist. Und weiterhin enthält der Begriff der Technik die Anweisung zur richtigen Bestimmung des Verhältnisses von Tendenz und Qualität ..."[57] Aussagen über die Form haben somit explikative Funktion für die Aussagen über den Inhalt (und umgekehrt); gleichzeitig sind sie die Grundlage für die Frage nach dem kommunikativen Wert des Textes im Blick auf den außerliterarischen Kontext und seine Kommunikationsformen.[58]

Als weiterer Punkt für die Frage nach den Bedingungen einer kritischen Rezeption muß die Intentionalität der Texte im Kontext der literarischen Kommunikation problematisiert werden. Aber wie die Frage nach der Technik nicht reduzierbar ist auf eine immanente Betrachtung des Textes im Sinne einer klassischen Darstellungsästhetik, so kann die Erhellung der Intention nicht absolut gesetzt werden. Sie ist weder der 'objektive' Gehalt des Textes, noch ergibt sie sich von einer gedanklichen tabula rasa aus in der Interaktion zwischen Text und Leser. [59]

Die Frage nach der Intention als Teil der Rezeption hat vielmehr die Funktion, die Vermittlung von Erkenntnisinteresse, Vorverständnis und primär textbestimmter Rezeption zu regulieren. Die Frage nach der Intention, die sich auf der Ebene des Textes als "Dialektik zwischen Form und Offenheit" präsentiert, qualifiziert als Teil der kritischen Rezeption diese als Dialektik zwischen "Treue und Eigeninitiative".[60]

Schließlich muß im Verlauf einer kritischen Rezeption der ästhetische Text mit der geschichtlich-gesellschaftlichen Wirklichkeit, in der er entstanden ist, konfrontiert werden, um die Art der Realitätserfahrung verstehen und erklären zu können. Diese Konfrontation hat heuristische Funktion zur Präzisierung des Textes als Produkt seiner Zeit; sie dient dazu, den gesellschaftlichen Kontext und die restringierten bzw. antizipativen Problemhorizonte des Textes zu bestimmen.

Damit sind für die Frage, unter welchen Bedingungen eine Rezeption einen kritischen Stellenwert erhalten kann, folgende Kriterien gegeben:

-   Es muß geklärt werden, mit welchem Vorverständnis und Erkenntnisinteresse der Text rezipiert wird.
-   Der geschichtlich-gesellschaftliche Kontext des Textes muß als Konkretion von Wirklichkeitserfahrung auf seinen ästhetisch-realistischen Gehalt hin konfrontierend befragt werden.
-   Die Struktur und die Intention des Textes müssen als eine spezifisch ästhetische Aussageform mit ihrem geschichtlich-gesellschaftlichen Ursprung dialektisch vermittelt gesehen werden.

1.5. Die kritische Rezeption als dialektische Einheit von Erkenntnis und Interesse.

Es ist deutlich geworden, daß in der kritischen Rezeption der literarische Text nicht 'vorurteilsfrei' untersucht werden kann, sondern daß die Rezeption geleitet ist vom "Kontext, in dem das verstehende Subjekt seine Deutungsschemata erworben hat. "[61] Die Rezeption, die derart von vorgängigen Reflexionen begleitet ist, hat das Interesse, durch den Prozeß des Verstehens literarischer Texte die Intersubjektivität der eigenen Position zu erreichen bzw. zu erweitern. Das Interesse an der Erhaltung und Erweiterung der Intersubjektivität ist ein praktisches, insofern es sein Ziel hat in der "Intersubjektivität möglicher handlungsorientierender Verständigung"[62]. Ist so Erkenntnis und praktisches Interesse an Intersubjektivität handlungsorientierender Verständigung in einer kritischen Rezeption verbunden, so kann diese als eine Art "Selbstreflexion" bezeichnet werden, in der "Erkenntnis um der Erkenntnis willen mit Interesse an Mündigkeit zur Deckung kommt". [63] Mit dieser Definition von Selbstreflexion und dem Vergleich der Rezeption mit Selbstreflexion ist das oben formulierte Interesse, die Intersubjektivität handlungsorientierender Verständigung zu erweitern, präzisiert durch den Begriff der Mündigkeit. Wenn in einer Rezeption eine Erkenntnis um der Erkenntnis willen mit dem Interesse an Emanzipation zur Deckung kommt, so wird sie aufgrund dieses praktisch-kritischen Erkenntnisinteresses sowohl im Modus der emotiven als auch kognitiven Tätigkeit vermittelt.

Mit dieser Bestimmung erhält die kritische Rezeption ideologiekritischen Stellenwert. [64] "Als Ideologiekritik verbindet sich die Erfahrung der immanenten und gesellschaftlichen Widersprüche mit einem emanzipatorischen Interesse. "[65] In diesem Problemkomplex muß man davon ausgehen, daß die literarischen Texte als Produkte einer bestimmten Zeit sowohl von dieser abhängig sind als auch im Blick auf sie antizipativ sein können. Die Schwierigkeit liegt darin, die Interferenzen des "Utopischen"[66] und des Ideologischen [67] auf dem Hintergrund der Zeit des Textes und dem des eigenen gesellschaftlichen Standortes zu bestimmen und gleichzeitig den kommunikativen Prozeß als modifizierenden Faktor des Vorverständnisses wirken zu lassen.

Gerade im Blick auf die Frage nach Ideologie und Ideologiekritik im literarischen Text wird deutlich, daß sich die Kriterien der Wertung einer Rezeption weder abstrakt vorgeben, noch post festum anfügen lassen; sie sind allein in der Beziehung von allgemeinem Vorverständnis und kommunikativem Prozeß und der sie begleitenden 'diskursiven' Reflexion zu präzisieren. Die Ausformulierung von Kriterien zu einem Normenkatalog widerspricht sowohl der Bestimmung der ästhetischen Botschaft als mehrdeutig strukturierter, als auch den Bedingungen der kritischen Rezeption. So wie der kommunikative Prozeß die Wertung mit dem Text vermittelt, so strukturiert das erkenntnisleitende Interesse die Rezeption und stellt sie in einen die Literatur transzendierenden Kontext, d.h. sie macht Literatur als mediales Kommunikationssystem zu einem gesellschaftlich relevanten Faktor.

1. 6.   Zur kritischen Rezeption der "Blechtrommel".

Die allgemeinen Überlegungen zu den Bedingungen einer kritischen Rezeption sollen im folgenden spezifiziert werden im Blick auf die hier modellhaft ausgearbeitete Rezeption des Romans "Die Blechtrommel". Wie bereits gesagt wurde, geht es nicht darum, vorweg einen detaillierten Katalog von Kriterien aufzustellen, die dann in der praktischen Arbeit zur Anwendung kommen. Vielmehr soll hier der Gang der Untersuchung dargelegt werden, was heißt, die Frage nach dem Erkenntnisinteresse, dem Vorverständnis und den einzelnen methodischen Schritten zu klären. Das Vorverständnis resultiert aus der allgemeinen Prämisse, daß der literarische Text eine bestimmte geschichtlich-gesellschaftliche Zeit in narrativer Form vermittelt [68] und daß er gleichzeitig in dieser Vermittlung Produkt (Reaktion und Aktion) einer bestimmten Zeit ist. Der Text kann aufgrund dieser Prämisse nur verstanden werden, wenn er mit der Zeit, die er darstellt, konfrontiert wird. Daraus folgt, daß die kritische Rezeption angewiesen ist auf eine vorgängige Darstellung der den Roman bestimmenden Zeit: der Jahre des Faschismus und der Nachkriegszeit. Die Darstellung der beiden geschichtlichen Zeitabschnitte setzt sich nicht als Ziel, Fakten und Ereignisse, die im Roman genannt sind bzw. fehlen, zu repetieren oder zu komplettieren. Vielmehr soll die Zeit des Faschismus und die Nachkriegszeit im Interesse der gesellschaftstheoretischen Frage behandelt werden, welche politischen, sozioökonomischen und sozialpsychologischen Faktoren diese Zeitabschnitte bestimmt haben.

Die ansatzweise skizzierte Theorie des Faschismus und der bundesrepublikanischen Demokratie dient als Folie für die Frage, wie die politischen Inhalte im narrativen Text konkretisiert werden.

Das Vorverständnis, das in der Darstellung einer geschichtlichen Epoche formuliert wird, ist gleichzeitig bedingt durch das allgemeine erkenntnisleitende Interesse der Untersuchung im Blick auf diesen literarischen Text: in welcher Weise der Text als Medium der Vermittlung gesellschaftlicher Inhalte den emanzipatorischen Interessen der gegenwärtigen Gesellschaft korrespondiert bzw. diese antizipativ aufhellt und präzisiert. Auf den Text hin konkretisiert wäre dies die Frage, ob und inwiefern der Text durch sein 'Thema' des Faschismus und der Aufarbeitung des Faschismus in der Bundesrepublik die heutige Verständigung und Kommunikation über gesellschaftspolitische Probleme erweitern kann, d. h ob dem Text aufgrund einer kritischen Rezeption wirklichkeitsbildende Funktion zugesprochen werden kann. [69] Dabei soll der Text nicht verpflichtet werden auf bestimmte praktische Probleme der Gesellschaft. Dagegen steht die These, daß das Medium der Literatur um der Emanzipation willen einer Distanz zur unmittelbaren Praxis im Sinne pragmatischer Handlungsanweisungen bedarf.

Bedarf das erkenntnisleitende Interesse für den Prozeß der literarischen Kommunikation der Darstellung einer Theorie der geschichtlichen Epoche des Romangeschehens, die mit dem Text vermittelt werden soll, so strukturieren die damit verbundenen theoretischen Grundsätze der Kritik den Verlauf der Rezeption im einzelnen.

Der Roman umfaßt in seinem Handlungsverlauf die Zeit von 1899 bis 1953. Die Aufteilung des Romans in drei Bücher geht konform mit den drei signifikanten Zeitabschnitten dieser Zeitspanne: so umfaßt das erste Buch die Zeit von 1899 bis 1938 (Reichskristallnacht), das zweite die Zeit des Zweiten Weltkrieges bis zum Zusammenbruch des faschistischen Herrschaftssystems, das dritte die Nachkriegszeit bis 1953. Der Handlungsverlauf ist also zeitlich fixiert durch die Zeit vor dem Faschismus (1899 - 1933), die Zeit des Faschismus (1933 - 1945) und die Nachkriegszeit, deren Probleme auch bestimmt sind durch die Zeit des Faschismus, insofern diese Zeit in der BRD aufgearbeitet werden mußte.

In einem ersten Teil soll auf dem Hintergrund des vorher explizierten Vorverständnisses untersucht werden, wie sich im Romangeschehen die politischen Hintergründe 'spiegeln', wie sie z.B. Teil von Episoden sind. Es kommt darauf an, die fiktive Welt des Romans, die dargestellten Personengruppen, ihre sozioökonomischen Verhältnisse, ihre Beziehungen zu den politischen, ökonomischen und kulturellen Gegebenheiten, ihre Reaktionen und Aktionen im Privatbereich und im Blick auf die politischen Entwicklungen aufzuzeigen und zu untersuchen, wie dieses ästhetisch strukturiert ist.

Es ist sachgemäß, in einem ersten Teil diese Fragestellungen zu behandeln ohne explizite Bezugnahme auf die Erzählerperspektive des Romans und ihre Implikationen für die Art der Darstellung. Dies ist notwendig und berechtigt, da - vom Text aus gesehen - der Ich-Erzähler des Romans in großen Teilen seiner Erzählung 'Material' liefert über seine Umwelt, vom Standpunkt des Beobachtenden, Recherchierenden aus. Ein zweites Argument für die arbeitsmäßige Aufteilung dieses im Grunde zusammenhängenden Komplexes liegt darin, daß erst auf der Basis dieser 'Materialverarbeitung' das signifiknate und den Roman bestimmende Strukturprinzip, das in der Gestalt des Ich-Erzählers, seinem Lebensprinzip und der Bedeutung der Blechtrommel liegt, untersucht werden kann. Diese Trennung in zwei Arbeitsbereiche soll zudem verhindern, daß der Handlungsverlauf des Romans und die zeitbezogenen Probleme in ihm zurückgedrängt werden durch die alleinige Beobachtung des Ich-Erzählers, wie es in vielen Kritiken geschieht. Ziel des ersten Teils des Rezeptionsmodells ist es zu bestimmen, welche politischen Inhalte in der fiktiven Welt des Romans im Blick auf seine Personen- und Handlungskonfiguration zur Sprache kommen und in welcher Weise sie kritisch rezipiert werden können.

In einem zweiten Teil soll die Gestalt des Ich-Erzählers, Oskar Matzerath, untersucht werden.[70] Dabei muß nach der Intention dieser Erzählerperspektive gefragt werden. Die Frage nach dem Ich-Erzähler, seinem Lebensprinzip, den Konsequenzen dieses Lebensprinzips für die Erlebnisweise Oskar Matzeraths und ihre Implikationen für die Vermittlung von Welt im Roman kann aber nicht reduziert werden auf die Frage nach der Intention des Autors als ein am Text ablesbares Faktum. Diese hat vielmehr regulative Funktion für das erkenntnisleitende Interesse. Dieses wiederum muß im Blick auf die Gestalt des Ich-Erzählers spezifiziert werden auf die Frage, wie Oskar als Erzähler seiner Umwelt begegnet und welche alternative Welt er mit seinem Lebensprinzip aufbaut, welche Konsequenzen die Verbindung von realistischem Erzählen mit einem dem 'Realismus widersprechenden' Ich-Erzähler für die Rezeption hat.

In einem dritten Teil soll die Frage behandelt werden, welche Art der Rezeptionshaltung durch diesen Ich-Erzähler und durch seine Erzählweise provoziert wird
und in welcher Beziehung diese Provokation zu einer eingespielten Rezeption im
Blick auf 'realistische' Romane steht. Diese Frage kann natürlich nicht so behandelt werden, als werde allein von der Erzählweise des Ich-Erzählers eine bestimmte Rezeptionshaltung in Gang gesetzt. Dies widerspräche den Bedingungen der kritischen Rezeption. An diesem Punkt aber soll, neben den Fragen der kritischen
Rezeption, versucht werden, die Erwartungshaltung, wie sie sich in Kritiken able-
sen läßt, mit der Art des Erzählens zu konfrontieren. Dieser gesamte Problemkomplex, der sich um die Frage der Erzählergestalt gruppiert, muß in mehrere Teil-
fragen gegliedert werden:

- in die Frage nach den Erlebnisweisen Oskars, nach seiner Art der Bewältigung von Umwelt und nach ihren Konsequenzen für die Haltung des
  Lesers gegenüber dem Ich-Erzähler;
- in die Frage nach dem Problem der Zeitdifferenz, der Organisation
  des allgemeinen Zeitgerüsts und ihren Konsequenzen für die 'Chronologie' des Romans und eine an seiner Chronologie orientierten Rezeption;
- in die Frage nach dem im Roman vorausgesetzten und gleichzeitig
  abgewehrten Leser.

Auf diesem Hintergrund soll schließlich bestimmt werden, inwieweit der Roman
durch die geschichtlich-gesellschaftliche Situation, in der er entstand, geprägt
worden ist. Die Basis dazu bildet das 'gesellschaftstheoretische' Vorverständnis
der Jahre nach dem Zusammenbruch von 1945 und der Zeit der Konsolidierung
in der BRD. Die Behandlung dieser Fragen zeigt, inwieweit der Roman für die
emanzipatorischen Interessen der gegenwärtigen Gesellschaft Relevanz haben kann.
Das also, was der Rezeption des Romans implizit war und wodurch diese geleitet
war, soll in diesem Teil mit der Akzentuierung auf dem praktischen Interesse,
das der Untersuchung zugrunde liegt, zusammenfassend formuliert werden.

1.7.   Exkurs zu Georg Just, "Darstellung und Appell in der 'Blechtrommel'
         von Günter Grass. Darstellungsästhetik versus Wirkungsästhetik".

Justs Arbeit zum Roman "Die Blechtrommel" soll hier gesondert verhandelt werden, da sie als einzige innerhalb der Literatur zu dem Roman diesen unter wirkungsästhetischen Gesichtspunkten zu analysieren versucht.

Just leitet lapidar seine Untersuchung ein mit der programmatischen Formulie-
rung seines Erkenntnisinteresses: "Das uns leitende Erkenntnisinteresse ist:
Wirkt die 'Blechtrommel' intentional kritisch?"[71] Damit ist gleichzeitig die
Differenz zu dem dieser Arbeit zugrundeliegenden Erkenntnisinteresse deutlich:
Während hier das Interesse darin besteht, auf der Basis theoretischer Bedingungen von kritischer Rezeption das Modell einer solchen kritischen Rezeption am
Beispiel der "Blechtrommel" aufzuzeigen, formuliert Just ausschließlich ein Erkenntnisinteresse, das sich auf den Roman unmittelbar bezieht. Pointiert formuliert, könnte man sagen: Just will die Kriterien ermitteln, nach denen ein Roman
'auto-potent' kritisch wirkt, während dieser Arbeit die Intention zugrundeliegt,

ein Modell der Rezepttion zu entwickeln, das einen kritischen Leser als theoretische Notwendigkeit voraussetzt und von diesen Prämissen her die Wirkung eines Textes bestimmen will. Nicht die Frage nach einer möglichen kritischen Intention des Romans steht im Vordergrund, sondern die nach einer exemplarischen kritischen Rezeption und ihrem Verlauf. Das Modell hat also in letzter Instanz eine pädagogisch - im allgemeinsten Sinne des Wortes - vermittelbare Rezeptionstheorie zur Voraussetzung. Mit dieser Fragestellung ist die Frage Justs, ob der Roman intentional kritisch wirkt, nicht ausgeschlossen. Sie wird in diesem Modell aufgrund der oben formulierten Prämissen und Bedingungen einer kritischen Rezeption sogar thematisiert werden müssen, aber sie hat einen anderen Bezugsrahmen und einen anderen theoretischen Stellenwert.

Just geht in seinen methodischen Vorüberlegungen vor allem auf Isers Modell einer literarischen Kommunikation und auf Mukařovskýs Theorie des Wertesystemkonflikts ein. Seine kritischen Anmerkungen zu Iser beziehen sich auf dessen Positionierung des Lesers: "Indem Iser sich darauf beschränkt, die Rezeptionsbedingungen ausschließlich von der Textseite her zu bestimmen, entgeht er - scheinbar - der mühseligen Verpflichtung (...), das zu definieren, was da immer als 'der Leser' apostrophiert wird."[72] Eine Entsprechung zu dieser "formalistischen Beschränkung auf die Textseite"[73] sieht Just darin, daß die Erzählstrategie eines Textes bei Iser lediglich die (Negativ-)Markierung, nicht aber den Wertinhalt des markierten Repertoires bezeichne. Im Gegensatz zu Isers Abstinenz von der Frage nach der Bedeutung des Repertoire-Inhalts für den Leser bestimmt Just diesen zurecht als notwendigen Teil einer wirkungsästhetischen Untersuchung.

Seinem Interesse an dem Repertoire-Inhalt entspricht seine Kritik an Isers Leserbegriff. Just geht es, im Unterschied zu Iser, darum, den Leser zu bestimmen und damit den Prozeß der Leerstellen-Füllung zu präzisieren: "Nicht die privaten Erfahrungen des Einzelnen, sondern die Werthaltungen, die einer bestimmten sozialen Gruppe gemeinsam und spezifisch sind, erlauben die notwendige Konstruktion des 'Erwartungshorizontes' des Lesers."[74] Dieses Postulat an eine wirkungsästhetische Untersuchung versucht Just in seiner Analyse der "Blechtrommel" durch die Konstruktion des Lesers einzulösen: "Es scheint uns ... legitim, über die Verschiedenverstehbarkeit eines Textes hinaus, auch die Möglichkeit eines ganz bestimmten Verstehens - d.h. eines ganz bestimmten Abbaus der 'Unbestimmtheit' - zu beschreiben, indem wir einen Leser mit einem bestimmten Erfahrungs- und Erwartungshorizont konstruieren. (...) Legitim kann eine solche Einengung des Spielraums möglicher Realisationen nur dann sein, wenn die Konstruktion des Lesers nicht willkürlich geschieht, sondern im Hinblick auf ein empirisches, d.h. historisch festumrissenes Publikum und/oder in Übereinstimmung mit der Textintention ... . Dieses Vorgehen bietet die Möglichkeit, eine Art 'adäquater' Realisation des Textes zu bestimmen - ... -, wobei 'adäquat' hierbei relativ gesehen werden muß zu einer bestimmten historischen Situation, die der Text intentional 'programmiert'."[75] Zur Konstruktion des Lesers bzw. einer sozialen Gruppe von Lesern geht Just im Blick auf den Roman von einer Analyse der Erzählereinleitung aus [76], in der er als "das strukturbestimmende Moment des Romans" den "Wertesystemkonflikt"[77] erarbeitet. Er extrapoliert seine Analyse und wendet das Ergebnis auf den ganzen Roman an. Von hier aus erachtet er es als eine logische Folgerung, daß für den Roman ein Publikum angenommen werden muß, dem die durch die Erzählerperspektive angebotenen Einstellungen grundsätzlich konträr sind, da der Gegensatz in dem Wertesystem das entscheidende Konstituens des Romans sei. Just geht weiterhin davon aus, daß das formale Merkmal der Widersprüchlichkeit unzureichend sei für die inhaltliche Bestimmung der Einstellungen des Lesers und schlägt aus diesem Grund folgendes Verfahren vor: "Wir übertragen den im Werk gestalteten Widerspruch zwischen Oskar und der 'Erwachsenenwelt' auf das Verhältnis Werk - Leser, schreiben diesem also dieselben Wertvorstellungen zu, wie sie der kleinbürgerlichen Umwelt Oskars zu eigen sind ... Sowohl die Aussagen von Grass über die 'Kleinbürger' (...), wie auch die im Werk selbst vollzogene Gleichsetzung: 'Ihnen allen, die Sie außerhalb meiner Heil- und Pflegeanstalt ein verworrenes Leben führen müssen, Euch Freunden und allwöchentlichen Besuchern ...' (S. 12) - legitimieren ein solches Verfahren eher, als daß sie es verbieten. Die Beschreibung des kleinbürgerlichen Romanpersonals ist dann zugleich die Beschreibung des für eine adäquate Realisation des Textes vorauszusetzenden Lesers."[78]

Die Legitimität dieses Verfahrens wird m.E. durch folgende Punkte infrage gestellt: Just analysiert, vor allem mit der Terminologie und dem Verfahren Isers, die Einleitungsstelle des Romans und erhält als Ergebnis, daß der Wertesystemkonflikt den Roman bestimmt, also ein Ergebnis, das seinen direkten Ursprung in der strukturalistisch orientierten Theorie Mukařovskýs hat. Dieses Ergebnis nun erklärt Just als für den ganzen Roman verbindlich. Das aber heißt: er läßt allein die Aussage Oskar Matzeraths gelten, ohne die Vermittlung dieser Gestalt mit der im Roman dargestellten kleinbürgerlichen Welt und diese Welt selber vorher genauer zu analysieren. Da er den Gegensatz, den der Erzähler in der bezeichnenden Stelle m.E. selbst als einen formalen beläßt, inhaltlich füllen will, um nicht einer formalen Theorie der Verfremdung zu verfallen, überträgt er eine theoretische Option auf eine ganz spezifische Textstelle, die aber gerade dieser Option entgegensteht, d.h. die sich hier - und dies gehört zur Struktur des Romans - nicht inhaltlich eindeutig füllen läßt.[79] Der Widerspruch, den der Erzähler gegenüber dem Leser konstruiert, wird bei Just präzisiert durch den Widerspruch, den dieser seiner eigenen Romanwelt gegenüber einnimmt. Dabei ist an dieser Stelle der Untersuchung ungeklärt, wie dieser Widerspruch zwischen Erzähler und Erwachsenen im einzelnen den Verlauf des Romans bestimmt. Es ist nicht einsehbar, wie Just von daher zu der Konstruktion kommt, daß der Leser, soll der Roman adäquat realisiert werden, dasselbe Wertesystem haben muß, wie die im Roman dargestellten Kleinbürger; denn Oskars Stellung gegenüber dem Leser kann von dieser Stelle aus und - wie im folgenden Rezeptionsmodell gezeigt werden wird - auch nicht vom ganzen Roman aus mit seiner Stellung zu der dargestellten kleinbürgerlichen Welt gleichgesetzt werden.

Zum anderen stellt sich hier die Frage, ob eine adäquate Realisation eines literarischen Textes in dieser Weise abhängig gemacht werden kann von dem aus dem Text möglicherweise zu konstruierenden Adressaten, bzw. ob jeder Leser sich in die Rolle des Adressaten versetzen muß und kann, um den Text adäquat zu realisieren.[80] Mit einem solchen Postulat wird Literatur eingeschränkt auf die Veränderung von Einstellungen spezifischer gesellschaftlicher Gruppen, wobei die Gruppe zu einem grossen Teil von ihrem literarischen Erfahrungshorizont aus gesehen wird.[81] Literatur würde auf diese Weise primäre Zielgruppen-Literatur.

Just entwickelt in seiner wirkungsästhetischen Analyse des Textes interessante Ergebnisse über mögliche Rezeptionshaltungen und Reaktionen des Kleinbürgertums. Es soll hier auch nicht bestritten werden, daß die Literaturwissenschaft Überlegungen anstellen muß über das Rezeptionsverhalten bestimmter Gruppen, genauso wie sie sich Gedanken machen muß über die Möglichkeiten und Bedingungen eines kritischen Rezeptionsverhaltens. Es ist m.E. Just aber nicht gelungen, überzeugend nachzuweisen, warum Leser und dargestellte Gruppen in diesem Roman identisch sein müssen, damit der Text kritisch wirken kann. Es entsteht vielmehr der Verdacht, daß Just Isers These der Verschiedenverstehbarkeit der Texte zwar aus dieser Unbestimmtheit befreien will, sich dann aber in seinem eigenen Verfahren primär der Instrumentarien bedient, die Iser in seiner Theorie in einem anderen Kontext und mit anderem Ziel aufstellt. Im Blick auf die Konstruktion des Lesers und seiner soziologischen Differenzierung ist es fraglich, ob die Literaturwissenschaft sich derart auf eine 'Textwissenschaft' einschränken lassen kann, wenn sie tragende Ergebnisse erreichen will.[82]

Just sieht in der Analogisierung von dargestellten Werthaltungen und Wertesystem des Lesers die Möglichkeit gegeben, eine Verknüpfung von darstellungs- und wirkungsästhetischem Aspekt zu leisten: "Die psychologische Vermittlung zwischen Werk und Leser, ebenso wie die logische (auf der Metaebene) zwischen den beiden Untersuchungsaspekten wird geleistet durch die gemeinsame Werthaltung, die wir als 'kleinbürgerliche' bezeichnen."[83] Die Verknüpfung von Darstellungsästhetik und Wirkungsästhetik wiederum bestimmt er als die eigentliche Problematik, vor die sich die Literaturtheorie heute gestellt sieht, vor allem im Blick auf die Frage nach der Rezeptionsästhetik: "Diese (scil. Isers) Vernachlässigung der Darstellungsfunktion von Kunst scheint die unvermeidliche Konsequenz des wirkungsästhetischen Ansatzes und des aus diesem gewonnenen Kommunikationsmodells zu sein; es scheint unmöglich, in die oben skizzierten Modellvorschläge die Beziehung 'Werk-Wirklichkeit' einzugliedern, da 'Wirklichkeit' immer schon subjektiv vermittelt im Sprachsystem bzw. in den Sprachspielen integriert ist. Eine 'objektive Wirklichkeit' aus dieser Synthesis nachträglich wieder herauszulösen, scheint nur möglich auf Kosten des Kommunikationsmodells."[84] An dieser Stelle wird deutlich, wie weit sich Just Isers Theorie verpflichtet sieht: er kritisiert zwar dessen Einschränkung der Rezeption von Literatur auf den individuellen, privaten Bereich, bedingt durch Isers 'Stilisierung' des Textes zum alleinigen Initiator des kommunikativen Prozesses. Aber er will dann lediglich das Modell dadurch modifizieren, daß er den Leser als bestimmte soziale Gruppe spezifiziert.[85] Darstellungsästhetik wird damit funktionalisiert auf die Konstruktion des Lesers hin, sie wird nicht mehr theoretisch in die kommunikative Situation zwischen Text und Leser integriert. Das, was im Roman dargestellt wird, wird allein unter dem Aspekt gesehen, wie es für den Leser und seinen Erwartungshorizont adaptierbar ist; die Darstellung kann inhaltlich nicht mehr vom Adressaten kritisiert werden.

26

Diese Schwierigkeit in Justs Konzept bestimmt zu großen Teilen den Gang seiner Analyse. Er versucht, eine kleinbürgerliche Mentalität zu supponieren und die Frage nach der intentional kritischen Wirkung des Romans durch die Analyse der Appell-Struktur in Relation zu dem konstruierten Leser zu bestimmen. Er teilt dabei allerdings die Analyse von Einzelstellen oder Textkomplexen in eine darstellungs- und wirkungsästhetische Betrachtung. Er weist der darstellungsästhetischen Betrachtung in seinen methodischen Vorbemerkungen eine Hilfsmittel-Funktion für die wirkungsästhetische Analyse zu.[86] Wenn aber Just gezwungen wird, weiterhin darstellungs- und wirkungsästhetischen Aspekt zu teilen, d.h. wenn die eigene Position, die implizit Teil der Darstellungsästhetik ist, nur als Hilfsmittel fungiert, gleichzeitig aber auch als Hilfsmittel zur Konstruktion des Lesers und seiner Rezeptionshaltung, dann wird deutlich, daß die Wirklichkeitsdarstellung des Romans in verkürzender Weise eine nur sekundäre Stellung erhält. Sie hat lediglich durch den hinzukommenden verfremdenden Aspekt kritische Wirkung. Da dieser aber die Frage der Wirkungsästhetik bei Just fast ausschließlich bestimmt, erachtet er es als ausreichend, die Darstellung der Zeit des Faschismus und der Nachkriegszeit als eine Komponente des Romans anzusehen, die der detaillierten Analyse nicht bedarf, die lediglich unter literarhistorischem Aspekt, in ihrer Art der Darstellung wirkungsästhetische Relevanz hat.[87]

Allein am Ende seiner Untersuchung gelingt Just eine Verbindung von Darstellungs- und Wirkungsaspekt. Dies geschieht aber erst dann, wenn er sich von dem Postulat befreit, den Kleinbürger als Adressaten des Romans allein gelten zu lassen, wenn er eine 'kritische Rezeption' der "Blechtrommel" versucht. Dann erst kann er die "Ideologie des Werkes"[88] bestimmen.

Die Ergebnisse der Analyse konvergieren in manchen Punkten mit denen, die im folgenden Modell aufgezeigt werden. Der Prozeß der Analyse ist allerdings, bedingt durch die differierenden Erkenntnisinteressen und die verschiedenen theoretischen Prämissen, ein anderer. Die Schwierigkeit in Justs Vorgehen besteht m.E. darin, daß er versucht, Isers textbezogenes Konzept um ein soziologisch differenzierendes Moment zu ergänzen, ohne eigentlich die Voraussetzungen Isers zu hinterfragen. Seine Ergänzung um die soziologische Bestimmung des Lesers läßt er sich in der Praxis dann vornehmlich vom Text diktieren. Dies hat seinen Ursprung in der Analogisierung der im Roman dargestellten Welt und des Adressaten. Und das wiederum bedingt den programmatischen Versuch, von der eigenen wertenden Position abzusehen. Diese kommt erst dann zu Wort, wenn man das Erkenntnisinteresse zurückstellt. Sie wird aber dadurch auch eine 'angehängte' Position. Justs Bemühen, den Subjektivismus Isers durch die Bestimmung des Lesers auf dem Abstraktionsniveau einer sozialen Gruppe zu beheben, gelingt nur solange, wie er eine Beschreibung des möglichen Rezeptionsverhaltens vornimmt, wobei dieses sich aus der Analyse der Appellstruktur des Textes rekrutiert. Dort aber, wo er die Literatur in ihrer Funktion als Impuls zur Änderung von Einstellungen erfassen will, muß er Kriterien der Wertung voraussetzen, die in seinem Modell literarischer Kommunikation solange nicht zu verankern sind, wie er den darstellungsästhetischen Aspekt und die eigene Wertung als Hilfsmittel behandelt und nicht als notwendig integralen Bestandteil einer Rezeption.

Wirkungs- bzw. Rezeptionsästhetik können in dem dieser Arbeit zugrunde geleg-
ten theoretischen Programm nicht allein abhängig gemacht werden von dem Gegenstand, sondern die Rezeptionstheorie wird als eine prinzipielle und systema-
tische Aufgabe der Literaturtheorie verstanden.

2. Der historisch-politische Hintergrund des Romangeschehens.

2.1. Die Ideologie des Faschismus.

In der faschistischen Ideologie mußte einerseits die Unzufriedenheit über die bestehenden politischen und sozialen Verhältnisse nach der Wirtschaftskrise artikuliert werden, andererseits durfte dadurch nicht die Entwicklung des Monopolkapitalismus aufgehalten werden, damit die imperialistischen Ziele erreicht werden konnten. Beides aber stand im Gegensatz zueinander, da große Teile der kleinbürgerlichen Schicht ihren Konkurrenten auf wirtschaftlicher Ebene, im Großkapital sahen. Die Ideologie des Faschismus muß also dargestellt werden unter den Gesichtspunkten
- wie es möglich war, daß so große Massen zu einer solchen Ideologie psychisch und von ihren sozialen Bedingungen her disponiert waren,
- wie die propagandistische Vermittlung der beiden, sich in ihren Grundzügen widersprechenden Komponenten zustande kam.
Die psychische Disposition der Kleinbürger als der Massenbasis des Faschismus faßt Horn unter dem Aspekt, warum die Weimarer Republik scheiterte, folgendermaßen zusammen: "Der klassische Parlamentarismus versagte im Deutschland der zwanziger Jahre, weil nicht nur politökonomische und soziale Konflikte in seinem Rahmen nicht geregelt werden konnten, sondern auch, weil die Orientierungs- und Symbolsysteme sowie die ihnen entsprechenden Handlungsschemata nicht situationsangemessen und nicht auf einen Nenner zu bringen waren."[1] Die Konfusion in Orientierungs- und Symbolsystemen hatte bei den Massen soziale Unsicherheit und Identifikationsverlust zur Folge. Die Konsequenz war, daß sie sich dem, der ihnen als mächtig gegenübertrat und ihnen durch undifferenziert eindeutige Ideologeme Orientierung gab, voll unterwarfen.[2] Die Komplexität dieses Prozesses und seine verschiedenen Komponenten spiegeln sich wider in einzelnen Punkten der faschistischen Ideologie. Kühnl [3] unterscheidet sechs Grundmotive, die in ihrem Zusammenspiel das Spezifische und die 'Wirksamkeit' der faschistischen Ideologie erhellen:

Begriff der Gemeinschaft, Führerprinzip, Eigentumsideologie, Antikapitalismus, Sündenbockphilosophie, Militarismus und Imperialismus.

Die Gemeinschaftsideologie. Im Faschismus erhielt der Begriff der Volksgemeinschaft zentrale Bedeutung. In der Volksgemeinschaft sollten sich alle unter egalisierten Interessen treffen. Mit der Proklamation der Volksgemeinschaft als dem realen Zustand wurden alle sozialen Gegensätze scheinbar nivelliert: die Interessen der Herrschenden wurden als die Interessen der Gesamtheit proklamiert.[4] Damit konnten alle oppositionellen Kräfte als Volksverräter denunziert werden. Man konnte die Massen ausbeuten, entsprechend den imperialistischen Zielen. Denn wenn alle eine Gemeinschaft bilden, geschieht auch alles zum Wohle der Gemeinschaft. Ausbeutung und Profitsteigerung werden gleichermaßen zu Rettungsfaktoren dieser einen Gemeinschaft.

Die Proklamation einer großen und mächtigen Gemeinschaft, an der alle teilhaben, bedeutete für die Kleinbürger in ihrer Isoliertheit und sozialen Unsicherheit die Wiedergewinnung eines Orientierungsschemas: In ihrer Misere, aktuell bedingt durch die Wirtschaftskrise und langfristig durch ihre bewußtseinsmäßige und soziale Ungleichzeitigkeit, fanden sie in einer Partei und in einem mächtigen Führer ihr Ideal. Sie versprachen sich davon das Ende der sozialen und wirtschaftlichen Schwierigkeiten und die Wiederherstellung des Gewesenen.

Die Gemeinschaftsideologie knüpft einerseits an die konservativen Gemeinschaftsideologien, andererseits an den Nationalismus an, der aber in seinen Ursprüngen, nämlich im Kampf des Bürgertums gegen Feudalismus und Absolutismus, progressive Funktion hatte.[5] In der faschistischen Ideologie diente der Nationalismus dazu, Größe und Ruhm der eigenen Nation gegenüber den anderen Nationen zu verherrlichen und das bedingungslose Zusammenstehen aller gegen den äußeren Feind zu proklamieren. In der politischen Praxis realisierte sich dies in der totalen Unterwerfung unter den Willen der faschistischen Führung. Indem die Faschisten an traditionelle humane Bedürfnisse anknüpften - die Aufhebung der Klassengegensätze war der Kerngedanke aller Sozialutopien - gelang es ihnen, die der liberalen Tradition anhängenden Bürgerschichten im Kampf gegen die 'destruktiven' Kräfte der Linken und im Ziel der Hochschätzung der eigenen Nation zu vereinen.

Ihre Zuspitzung fand diese Ideologie im Rassismus. Mit der Botschaft, daß die eigene Rasse von Anfang an höherwertig sei als die anderen, konnte auch den, wirtschaftlich und sozial gesehen, Ärmsten und Niedrigsten der Bevölkerung und den, psychisch gesehen, Ich-Schwächsten suggeriert werden, daß sie zu den Auserwählten gehörten. Durch dieses Gefühl des Elitären wurde das Zusammengehörigkeitsgefühl gesichert und die soziale Unzufriedenheit im Kampf gegen einen äußeren Feind kompensiert.

Für das faschistische System selbst und die mit ihm kooperierenden sozialen Oberschichten brachte diese Vorstellung der Überlegenheit der eigenen Nation und Rasse direkten materiellen Nutzen. Auch die bürgerlichen Mittelschichten hofften auf wirtschaftlichen Aufschwung durch die Ausbeutung anderer Völker.

Das Führerprinzip. Die Ideologie von Führertum und starkem Staat schließt unmittelbar an die Ideologie von Gemeinschaft und Nation an.[6] Die Gemeinschaft des Volkes nach innen und außen zu stärken, verlangte einen politischen Führer, der die Befehle erteilte. Die gesamte Gesellschaft wurde nach diesem Prinzip von Befehl und Gehorsam organisiert. Denn nur so konnte in allen gesellschaftlichen Bereichen das Autoritätsdenken gestärkt werden: in der Familie die Autorität des Vaters, in der Bürokratie die Autorität des Vorgesetzten und in der Wirtschaft die Autortät der Unternehmer. Dieses Prinzip spiegelt sich in seiner reinsten Form wider in der Organisation der faschistischen Partei. Sie war gegliedert in Führergruppe, Reichsleiter, Gau-, Kreis- und Ortsgruppenleiter. Jeder hatte damit einen Vorgesetzten und gleichzeitig einen Untergebenen.[7] Der eigentliche Führungskader brauchte sich aufgrund dieser Unterorganisationen den Massen nicht zu stellen und hatte gleichzeitig alle Gruppierungen der Partei hierarisch unter sich gegliedert. Dieser autoritären Gesellschaftsordnung entspricht der Tugendkodex des Faschismus. Disziplin und Gehorsam, Treue und soldatische Ehre wurden als die höchsten Tugenden ausgegeben und gefeiert.

Die autoritäre Organisation hatte die praktisch-politische Funktion, der faschistischen Führung völlige Handlungsfreiheit zu gewähren und jede potentielle Kontrolle von unten auszuschalten. Für den Parteianhänger verkörperte die Parteiführung eine undurchschaubare Macht, der er sich unterwerfen konnte und an der er in organisierten Massenveranstaltungen teilhaben durfte. Der Kleinbürger projizierte sein Ich-Ideal auf die Führergestalt. Unter Verabsolutierung bestimmter Tugenden wie Ehrlichkeit, Fleiß, Sparsamkeit, Sauberkeit, Genauigkeit - Tugenden also, die der faschistischen Führung die unbegrenzte Ausbeutung dieser Menschen ermöglichten - diente er diesem System.

Die Bedeutung des Privateigentums. Gerade im Besitz von Privateigentum sieht der kleine Selbständige seinen Unterschied zum Lohnabhängigen. Der Besitz, über den er allein verfügt, garantiert ihm bewußtseinsmäßig wirtschaftliche Unabhängigkeit und begründet seinen Stolz gegenüber Lohnabhängigen. Je weniger aber diese Schichten ihre Lebensplanung theoretisch und praktisch selber in die Hand nehmen konnten, umso mehr gaben sie sich Erklärungsversuchen für ihre wirtschaftliche Situation hin, die vom Schicksalsglauben geprägt waren: "Die Differenz zwischen idealer und tatsächlicher Existenz wurde im Bewußtsein, also wahnhaft überwunden, d.h. nicht durch dauernde Überprüfung der eigenen Vorstellungen an der Realität, sondern durch den Versuch, die Realität gewaltsam im Sinne der quasi psychotischen Vorstellungen einzurichten."[8]

Wie alle bürgerlichen Elemente erhält auch das Privateigentum im Faschismus seine Ausprägung. Die deklassierten Mittelschichten, die sich im Faschismus sammelten, protestierten mit ihrem Votum für den Faschismus gegen ihre Deklassierung und erhoben den Anspruch, Mittelstand im alten Sinne zu bleiben, der für sie mittlerweile das einzige Ideal darstellte. Der kleine Bauer, der kleine Handwerker und der kleine Händler und Angestellte fühlten sich auch dann noch gesellschaftlich dem Industriearbeiter überlegen, als ihre Einkommen sich nicht mehr von diesem unterschieden. Dieses Überlegenheitsgefühl wurde von der faschistischen Ideologie als begründet proklamiert.

In der Wertschätzung des Eigentums verbanden sich das wirtschaftlich verarmte Kleinbürgertum und das Kapital. So konnte es politisch zu einer gemeinsamen Frontstellung zwischen der faschistischen Massenbewegung und den sozialen Oberschichten kommen. Das gemeinsame Ziel bestand in der Vernichtung der Arbeiterorganisationen. Beide gingen von der Prämisse aus, daß der Sieg der Arbeiterklasse identisch sei mit dem wirtschaftlichen Untergang des Volkes. Problematisch wurde das Bündnis zwischen Kleinbürgertum und sozialer Oberschicht, als dieses Ziel erreicht war. Die aus den Anfängen der faschistischen Bewegung stammende Parole von der 'sozialen Revolution' wurde von den Kleinbürgern in den Vordergrund gestellt. Sie erstrebten mit der sozialen Revolution die Resozialisierung in ihren alten Stand und in ihre alte Funktion. Dieses Programm beruhte allerdings auf keinem realen Konzept, da die faschistische Führung auf einem Bündnis mit dem Kapitel aufbaute.[9]

Die Parole vom Antikapitalismus. Die kleinen Selbständigen, der alte Mittelstand also, hatten erkannt, daß die Bedrohung ihrer wirtschaftlichen Existenz von den großen Unternehmern in Handel und Industrie ausging, die sie durch Monopolbildung funktionslos machten. Sie hatten aber nicht erkannt, daß die Rettung aus dieser gesellschaftlichen Situation nur die Vergesellschaftung der Wirtschaft sein konnte.[10] So wurde die antikapitalistische Propaganda nach der Koalition zwi-

schen faschistischer Führung und Großkapital nur fortgesetzt, um die Massenbasis zu erhalten; realisiert wurden die propagierten antikapitalistischen Programme
nie.

Die antikapitalistischen Parolen, die kontrafaktisch verkündet wurden, waren für
die Massen umso glaubhafter als sie die Politik sehr stark auf den Führer perso-
nalisierten. Die Führer der faschistischen Bewegung standen aber im allgemeinen
schon ihrer Herkunft nach nicht in dem Verdacht, mit den Kapitalisten zu paktie-
ren, da sie selbst aus dem 'einfachen Volk' stammten und dies auch propagandistisch betonten. [11]

Die Sündenbockphilosophie. Die Undurchsichtigkeit der hochentwickelten Gesellschaft, die daraus resultierenden Angstgefühle und die Unzufriedenheit mit der
eigenen Existenz weckten nicht nur die Sehnsucht nach einem rettenden Führer
und einem starken Staat, sondern auch nach einer einfachen und plausiblen Erklärung der Welt und ihrer Mängel. Die Disposition des autoritären Charakters,
die die Welt in Machtvolle und Machtlose einteilt [12], verstärkte der Faschismus mit seinem undifferenzierten Freund-Feind-Schema, das er auf die Menschen projizierte. Dieses Freund-Feind-Schema enthielt die allen einsichtige Zuordnung von Schwarz und Weiß, Arisch und Nicht-Arisch, Gut und Böse. Die Bezugsperson war die Partei, die Sicherheit durch Unterordnung versprach. Der
Weltfeind waren die Juden, die in sich alles Schlechte und Bedrohende verkörper-
ten. [13]

Für die Entstehung des "kollektiven antisemitischen Wahns"[14] bildet - unter
soziologischem Aspekt gesehen - die Wandlung der realen gesellschaftlichen Funktion einer sozialen Schicht und das Zurückbleiben der Schicht hinter dieser Entwicklung einen entscheidenden Faktor. [15] Zur Erklärung ist es aber gerade in
diesem Punkt notwendig, die psychologischen Folgen einer derartigen Entwicklung zu untersuchen. Horn nennt in seiner Analyse drei Faktoren, die das gesellschaftliche Bewußtsein in dieser Weise restriktiv formieren konnten:
- die Entfremdung durch die Arbeitsteilung und Arbeitszerlegung;[16]
- die Verkennung und Mißdeutung gesellschaftlicher Gesetzmäßigkeiten aufgrund
"ungelöste(r), lebensgeschichtliche(r) Konflikte, die in sozialen Stress-Situationen
wieder aufleben können"[17]; dabei handelt es sich z.B. um unbewußte Konflikte,
die aus der autoritären Erziehung stammen und die sich im Verhältnis von Macht
und Ohnmacht zeigen. Das Symbol 'Jude' hatte, so betrachtet, nicht nur die Funktion, ein Erklärungsschema für unbekannte gesellschaftliche Vorgänge zu bieten,
sondern auch "im Sinne einer Deckerinnerung zur Scheinlösung unbewußter, le-
bensgeschichtlich entstandener Probleme herhalten zu müssen. Der Jude erschien
nicht nur als der Drahtzieher hinter allem sozialen Unglück, sondern unter Umständen zugleich im Unbewußten als Repräsentant des gehassten, mächtigen, ver-
bietenden Anteils der Vaterimago, an der man sich in dieser verfremdeten Form
vortrefflich rächen konnte."[18];
- der Bildungsbegriff des deutschen Bürgertums, der auf die historische Vergangenheit und auf Innerlichkeit gerichtet war, nicht aber auf Verarbeitung und
Bewältigung der realen Probleme der Gegenwart. [19]
Der Antisemitismus stellt also eine Lösung masochistischen Strebens dar, indem

er eine Welterklärung und Feindprojektion erstellt, die es erlaubt, sich ohne Realitätsprüfung einer bestimmten Macht zu unterwerfen. Verbunden ist damit die Befriedigung der destruktiven Triebe. Diese Befriedigung ist zudem von der Macht sanktioniert. Denn Verrat und Mord an Juden galten als 'Dienst am Vaterland'. Den gleichen Charakter haben die übrigen Zielgruppen der Sündenbockphilosophie (Zigeuner, Freimaurer, Homosexuelle, Fremdarbeiter): sie müssen als Aggressionsobjekte herhalten, ohne daß auch nur ein entfernter Zusammenhang mit den Übeln der bestehenden Gesellschaft und dem Elend der Massen zu erkennen wäre. [20]

Die Härte, mit der das faschistische System gegen die Juden vorging, sicherte und verstärkte die Unterwerfung der kleinbürgerlichen Massen unter die Autorität des Systems. Denn die Kleinbürger sind von der Macht nur dann vollbefriedigt, wenn diese sich als so mächtig erweist, daß sie alle bedrohenden Faktoren vernichten kann. Der Haß gegen die, die gegen das System revoltierten, der ständige Ruf nach 'Ruhe und Ordnung' ist konsequente Haltung des autoritären Charakters: die revoltierenden Menschen bilden für ihn eine Bedrohung der gefundenen 'Identität', indem sie das Objekt (die Macht), auf das er sein Ich-Ideal projiziert hat, infrage stellen.

Militarismus und Imperialismus. Im Militär ist das autoritär-hierarchische Prinzip am strengsten durchgeführt. Jedem ist Gelegenheit gegeben, sich einem Vorgesetzten zu unterwerfen. Jeder hat seinen Untergebenen, den er ausnutzen kann. Zudem ist der Militarismus im Faschismus verbunden mit imperialistischer Expansion und Unterwerfung fremder Völker. Der Krieg, in dem die Zerstörung zum Prinzip wird, wird als Selbstverwirklichung des Menschen deklariert. [21] Hier erhalten Tugenden wie Pflicht, Disziplin und Gehorsam ihre Ausprägung. Alle divergierenden Faktoren und Interessen werden integriert, wenn es im Krieg um die Rettung und Erhaltung der eigenen Nation geht. In der Ideologie von Militarismus und Imperialismus konnten die Vorstellungen von Leistung und Auslese der Besten, von Härte und Verzicht, Männlichkeit und Mut, Heldentum und Todesbereitschaft, Zucht und Gehorsam, Gewalt und Unterwerfung realisiert und zusammengefasst werden. [22]

Die materielle Seite dieser militaristischen Ideologie darf dabei nicht unterschätzt werden. Für die herrschende Klasse war das Interesse an Militär und Imperialismus unmittelbar ein Interesse an der Eroberung neuer Rohstoffquellen, Absatzmärkte und Kapitalanlagemöglichkeiten und an der Ausbeutung fremder Völker als billige Arbeitskräfte. Verbindet man das materielle Interesse und die sozialpsychologischen Implikationen der Ideologie, so erweist diese sich als wichtiges "Bindeglied zwischen kleinbürgerlichen Massen, die aus mehreren Gründen von der Größe der Nation träumten, und dem Kapital, das seit Ende des 19. Jahrhunderts aus Gründen der Selbsterhaltung zur Expansion gezwungen war. Der Faschismus liefert die Ideologie, die dieses Bündnis stabilisiert, und die Herrschaftsform, die es organisiert." [23]

2.2. Das Verhältnis der deutschen Bevölkerung zum Faschismus in der Nachkriegszeit.

Betrachtet man Konzepte, Proklamationen und Aktionen der deutschen Bevölkerung nach 1945 [24], so entsteht der Eindruck, daß sie allein nach demokratischen Gesichtspunkten ihr Programm und ihre Aktionen ausgerichtet hat, daß man also von einem 'radikalen Wechsel' ausgehen kann. Diesem Eindruck gegenüber muß jedoch in Betracht gezogen werden: Die politischen und wirtschaftlichen Programme, die von deutscher Seite nach 1945 formuliert worden sind, sind Ausdruck nur eines bestimmten Teiles der Bevölkerung. Denn die bisherigen faschistischen Führungsschichten in Staat, Militär und Wirtschaft versuchten unterzutauchen, und die große Masse des Volkes war über das Ende des Krieges zwar erleichtert, konzentrierte sich aber nun darauf, ihre eigene Existenz so gut wie möglich zu sichern. Sie war politisch nur wenig aufgeschlossen. Initiativ wurden die von den Faschisten verfolgten Gruppen, indem sie die Grundlagen für einen neuen deutschen Staat konzeptionell und in praktischen Aktionen legen wollten. Die Bedingungen für ein solches Vorhaben schienen außerordentlich günstig. Die Niederlage des Dritten Reiches und die Zerstörung seiner politischen Basis schienen so vollständig, daß man einen Neuaufbau von Grund auf meinte in Angriff nehmen zu können. [25]

Die Konzepte dieser Gruppen unterschieden sich nur in einzelnen Punkten. Sie standen in ihren prinzipiellen Grundsätzen auf gleicher Ebene.

Symptomatisch für die damalige Zeit sind die Länderverfassungen, die in der Zeit von 1945-48 unter dem Einfluß dieser antifaschistisch-demokratischen Kräfte entstanden. In ihnen spiegelt sich die Auffassung der Mehrheit der Parteien. Die Grundsätze dieser Verfassungen lassen sich folgendermaßen zusammenfassen:
- Besetzung aller wichtigen Positionen in Staat und Gesellschaft durch zuverlässige Demokraten;
- Demokratisierung des politischen Bereichs in stärkerem Umfang als in der Weimarer Republik, effektive Mitgestaltung aller Bürger in den öffentlichen Angelegenheiten;
- Demokratisierung der Wirtschaft und Gesellschaft, um das Aufkommen autoritärer Kräfte in diesen Bereichen zu unterbinden und der politischen Demokratie damit die notwendige soziale Absicherung zu geben. [26]
Als allgemeines Ziel der demokratischen Bewegung nach 1945 galt: 'Vertrauen dem Volk, aber Mißtrauen der Regierung gegenüber.'[27] Die wichtigsten Mittel, mit denen Deutschland in eine Demokratie umgewandelt werden sollte, waren Volksentscheid, Volksbegehren, Notwehrrecht der Regierung gegenüber, Mitbestimmung, Sozialisierung und Überwachung von Teilen der Wirtschaft, Enteignung im Falle monopolistischer Machtzusammenballung sowie Aufsiedlung des Großgrundbesitzes.

Der Grund, warum diese Bewegung zum Erliegen kam, muß vor allem in der amerikanischen "Roll-back-Politik" und ihren wirtschaftlichen Implikationen gesehen werden. Ab 1947 unterstützte die amerikanische Besatzungsmacht in wachsendem Maße jene Kräfte, die strikt antisozialistisch ausgerichtet waren. Zu einem erheblichen Teil waren diese Gruppen identisch mit jenen Sozialgruppen, die das Dritte Reich getragen hatten. Ergebnis war, daß seit 1948 in starkem Umfang die Führungskräfte des Dritten Reiches in Wirtschaft, Bürokratie, Justiz, Bildungswesen und schließlich im Militär wieder in die alten Positionen einrückten. [28]

Der Widerstand gegen diese Politik war bei den Linksparteien erheblich. So protestierte die SPD gegen diese restaurativen Tendenzen: "In Deutschland ist der Nazismus mit dem Großkapitalismus verwachsen. Die Ideen weiter Kreise, die heute ohne Scham und ohne Reue über ihre Mitschuld an den Ruinen Deutschlands ... ihr Unwesen in die Politik treiben, beherrschen weite Teile der deutschen Öffentlichkeit. Sie kommen aus der geduckten Stellung des Jahres 1945 wieder hervor."[29] Diese Art von Protest konnte, ebenso wenig wie die Parlamentsbeschlüsse, die restaurativen Tendenzen aufhalten.[30] Die sozialistisch-demokratischen Bestrebungen wurden abgeblockt. Dies gelang unter anderem durch das großangelegte Investitionsprogramm der Vereinigten Staaten, das den Anstoß zu wirtschaftlichem Aufschwung gab.

Die innenpolitische Machtverschiebung spiegelt sich am Besten wider in der Entwicklung der CDU: "Hier gewann der rechte, konservative, auf die Großwirtschaft gestützte Flügel unter der Führung von Adenauer die Oberhand und reinigte die Programmatik von allen radikal-demokratischen und sozialistischen Elementen: Seit 1948 ersetzte das Konzept der 'freien Wirtschaft' mit einem 'freien Unternehmertum' die Parole vom 'christlichen Sozialismus'."[31] Die Währungsreform schließlich signalisierte, in welchem Maße sich die restaurativen Kräfte durchgesetzt hatten: sie kam in ihren Auswirkungen der Befestigung der überkommenen Besitzverhältnisse gleich.

Wie 1918 erwies es sich als schwerwiegender Mangel der Demokratie in Deutschland, daß sie nicht vom Volk erkämpft, sondern durch die militärische Niederlage des alten Staates von den Siegern 'geschenkt' worden war. Die demokratischen Kräfte konnten sich nicht durchsetzen gegen die amerikanische Besatzungsmacht und gegen ihr Investitionsprogramm, da dieses die große Masse des Volkes von der anfänglichen Sicherung der nackten Existenz zu Wohlstand und Sicherheit brachte. Die Erschütterung durch den Krieg und das Ende des Faschismus müssen als 'Zwischenspiel' bezeichnet werden. Die demokratisch ausgerichteten Symbol- und Orientierungssysteme konnten in diesem Zwischenspiel weder hinreichend vermittelt noch internalisiert werden. Das Volk war nicht sozial integriert in die Vorstellungen der Gesellschaft, wie sie von den demokratischen Gruppen dieser Zeit systematisiert wurden.[32] So sah das Volk die Rettung und Unterstützung seiner Tradition in den rechtsgerichteten Kräften.

2.3. Vergangenheitsbewältigung als Alibi nach 'innen' und 'außen'.

Vergangenheitsbewältigung wurde vor allem in den fünfziger Jahren in der BRD zum Schlagwort. Mit dem Wort war aber nicht gemeint, "daß man das Vergangene ernst bearbeite, seinen Bann breche durch helles Bewußtsein."[33] Die Absicht, Vergangenheitsbewältigung als einen öffentlichen Vorgang in der BRD zu betonen, muß vielmehr unter folgenden Gesichtspunkten gesehen werden:
- Man wollte gegenüber dem Ausland demonstrieren, daß die Abkehr vom Faschismus radikal vollzogen werde.

- Man wollte auf individueller und öffentlicher Ebene einen Schlußstrich unter das Vergangene ziehen und den Faschismus aus der Erinnerung verbannen können. Die damit vollzogene Verdrängung machte es unmöglich, die Vergangenheit als Stimulans für demokratische Denkprozesse gelten zu lassen. Vielmehr wurde in der BRD eine Bewältigungspraxis sanktioniert, die vor allem der Abwehr von Anklagen und Verdächtigungen und der Produktion von Widerstandsalibis diente. Das Ergebnis war, psychologisch gesehen, eine "Unfähigkeit zu trauern"[34].

Die Rede von der Vergangenheitsbewältigung war verbunden mit der Rede vom Schuldkomplex der Deutschen. Die Funktion dieser Rede erhellt aus dem Begriff 'Komplex', einem Terminus aus der Psychiatrie. Er besagt dort, daß das Gefühl der Schuld krankhaft und der Realität unangemessen ist. Die Verbindung der politischen Schuld mit diesem Begriff erweckt bei den Betroffenen den Anschein, "daß die Schuld, deren Gefühl so viele abwehren, abreagieren und durch Rationalisierungen der törichtesten Art verbieten, gar keine Schuld wäre, sondern bloß in ihnen, ihrer seelischen Beschaffenheit bestünde: die furchtbar reale Vergangenheit wird verharmlost zur bloßen Einbildung jener, die sich davon betroffen fühlen."[35]

Die psychologisch orientierte Bestimmung muß ergänzt werden durch die Formulierung der politischen Funktion dieser Rede. Denn von denen, die die Schuld als Komplex deklarieren, wird dies von politischen Interessen her motiviert. So besteht die rationale Seite darin, daß diese Rede sich den gesellschaftlichen Tendenzen anpaßt. Die Vergangenheit zu vergessen oder sie als Betriebsunfall zu bestimmen, war in den fünziger Jahren eine Voraussetzung für gesellschaftlichen Erfolg: "Die sich einer Stimmung anpassen, die zwar durch offizielle Tabus in Schach gehalten wird, darum aber umso mehr Virulenz besitzt, qualifizieren sich gleichzeitig als dazugehörig und als unabhängige Männer."[36]

Die politische Seite der unbewältigten Vergangenheit spiegelt sich wider in der Entwicklung der BRD. Eine Bewältigung und Aufarbeitung im politischen Bereich hätte die praktizierte Politik zwangsläufig in Mißkredit bringen müssen. Die Ergebnisse der Vergangenheitsaufarbeitung hätten im Widerspruch gestanden zu den Ergebnissen auf realpolitischer Seite.

Im Blick auf die sozialpsychologische Seite hat die unbewältige Vergangenheit unmittelbare Folgen für das Sozialbewußtsein: "Nach der subjektiven Seite in der Psyche der Menschen steigerte der Nationalsozialismus den kollektiven Narzißmus, schlicht gesagt: die nationale Eitelkeit ins Unangemessene. Die narzißtischen Triebregungen der Einzelnen, denen die verhärtete Welt immer weniger Befriedigung verspricht, finden Ersatzbefriedigung in der Identifikation mit dem Ganzen. Seine Schädigung ereignete sich im Bereich der Tatsächlichkeit, ohne daß die einzelnen sie sich bewußt gemacht hätten und dadurch mit ihr fertig geworden wären. Das ist der sozialpsychologisch zutreffende Sinn der Rede von der unbewältigten Vergangenheit."[37] Die Ursachen für eine solche Verzerrung der Vergangenheit sind darin zu sehen, daß die objektiven gesellschaftlichen Voraussetzungen, die den Faschismus ermöglichten, im wesentlichen fortbestanden.[38]

So wenig wie also der Faschismus aus der subjektiven Disposition von Einzelnen abgeleitet werden kann, kann die Identifikation der Majorität der Bevölkerung mit den restaurativen Kräften als individuelle Unfähigkeit zur Demokratie diskreditiert werden. Denn "die ökonomische Ordnung und, nach ihrem Modell weithin auch die ökonomische Organisation verhält nach wie vor die Majorität zur Abhängigkeit, über die sie nichts vermag, und zur Unmündigkeit. Wenn sie leben wollen, bleibt ihnen nichts übrig, als dem Gegebenen sich anzupassen, sich zu fügen; sie müssen eben jene autonome Subjektivität durchstreichen, an welche die Idee von Demokratie appelliert, können sich selbst nur erhalten, wenn sie auf ihr Selbst verzichten."[39]

Eine wirksame Aufarbeitung der Vergangenheit im Sinne eines Demokratisierungs-prozesses schließt mithin folgende Elemente in sich:
- Die Veränderung der der sozialen Demokratie widersprechenden Ordnung auf politökonomischer Ebene;
- die Virtualisierung der verdrängten Vergangenheit in dem Sinne, daß das Vergessen nicht verwechselt wird mit Rechtfertigung des Geschehenen;
- die Virtualisierung der verdrängten Vergangenheit in dem Sinne, daß sie im Prozeß der Aufarbeitung Stimulans und 'negatives' Kriterium für die Beurteilung der bestehenden Verhältnisse wird und so mit gegenwärtiger Praxis vermittelt wird.

3.   Modell einer kritischen Rezeption der "Blechtrommel".

3.1.   Die Konfrontation der fiktiven Welt des Romans mit der in ihr dargestellten geschichtlichen Zeit.

3.1.1.   Oskars Großeltern: Ignorierung und Privatisierung der politischen
Entwicklungen.

In einem stark zeitraffenden Bericht, in den detaillierte Darstellungen einzelner
Begebenheiten eingefügt sind, beschreibt der Ich-Erzähler, Oskar Matzerath,
wo und wie seine Großmutter gelebt hat: Anna Bronski unterhält zusammen mit
ihrem Bruder Vinzent einen Bauernhof in der Kaschubei. Ihr Tages- und Wochen-
ablauf ist streng geregelt, ritualisiert. Ihr Wahrnehmungs- und Erlebnisraum geht
nicht über ihre unmittelbare Umgebung hinaus (cf. S. 11/12). [1] Ihr Lebensrhythmus bildet eine 'Welt für sich'; die Großmutter läßt sich nicht davon berühren und
bestimmen, was außerhalb ihrer Sichtweite geschieht. So sind etwa in der detaillierten Beschreibung der Verfolgung Joseph Koljaiczeks durch die beiden Gendarmen, wie sie Anna Bronski beobachtet, allein die vordergründig-visuellen Eindrücke maßgebend (cf. S. 13). Ihr gleichbleibender Lebensrhythmus spiegelt sich
in der Reihenfolge, in der sie ihre Röcke trägt. Nur durch den Wechsel der Röcke
ist eine Änderung der Zeit markiert. Gleichzeitig garantieren die sieben Röcke
den 'normalen' Verlauf der Woche, der Zeitspanne, die - gekennzeichnet durch
den Wechsel der Röcke - eine geschlossene Einheit bildet, die sich regelmäßig
in dieser Form wiederholt und ihr Leben in einen Rhythmus bringt:

> "Meine Großmutter trug nicht nur einen Rock, vier Röcke trug sie
> übereinander. Nicht etwa, daß sie einen Ober- und drei Unterröcke
> getragen hätte; vier sogenannte Oberröcke trug sie, ein Rock trug
> den nächsten, sie aber trug alle vier nach einem System, das die
> Reihenfolge der Röcke von Tag zu Tag veränderte. Was gestern oben
> saß, saß heute gleich darunter; der zweite war der dritte Rock. Was
> gestern noch dritter Rock war, war ihr heute der Haut nahe. Jener
> ihr gestern nächste Rock ließ heute deutlich sein Muster sehen, näm-
> lich gar keines: die Röcke meiner Großmutter Anna Bronski bevor-
> zugten alle denselben kartoffelfarbenen Wert." (S. 12)

Dieser regelmäßige, quasi zeitlose Rhythmus im Leben der Großmutter wird
durch das Auftreten des Joseph Koljaiczek nur scheinbar unterbrochen. Sie rettet
ihn im Oktober 1899 vor den Gendarmen, indem sie ihn unter ihren Röcken ver-
steckt und ihn mit zu sich nach Hause nimmt. Am gleichen Tag heiratet sie Joseph
Koljaiczek und verläßt mit ihm den Bauernhof, um nach Danzig zu ziehen (cf. S.
15-17). Aber es wird nie davon berichtet, daß die Großmutter ihre Röcke, das
Zeichen für den geregelten Lebensrhythmus, auszieht. [2] Die Röcke bilden im
Romanverlauf ein Synonym für die Großmutter.

So wird auch erst im Kapitel "Unterm Floß" erklärt, warum Joseph Koljaiczek
verfolgt wurde, welche politischen Spannungen sich in dieser Verfolgung spiegeln.
Fragen und Erklärungen, die eine 'neue Welt' betreffen, sind in einem Kapitel,
das von der Großmutter, den vier Röcken handelt, offenbar dem Thema nicht angemessen.

Erst mit der Erklärung von Josephs Flucht und dem Bericht über seine weitere Tätigkeit als "Joseph Wranka" wird die Zeit, die im ersten Kapitel nur durch die Datenangabe "Oktober 1899" bestimmt war, in einen politischen Kontext gestellt. In der Erklärung, warum Joseph Koljaiczek fliehen und seinen Namen ändern mußte, spiegelt sich dem Leser politisch die Zeit vor dem Ersten Weltkrieg in Polen:

"Warum aber mußte Koljaiczek mit den Papieren des bei einer Schlägerei vom Floß gestoßenen, ohne Wissen der Behörden oberhalb Modlin im Fluß Bug ertrunkenen Flößers Wranka in der Tasche, bei den Holzhändlern und Sägereien vorsprechen? Weil er, der eine Zeitlang die Flößerei aufgegeben, in einer Sägemühle bei Schwetz gearbeitet, dort Streit mit dem Sägemeister wegen eines von Koljaiczeks Hand aufreizend weißrot gestrichenen Zaunes bekommen hatte. Gewiß um der Redensart recht zu geben, die da besagt, man könne einen Streit vom Zaune brechen, brach sich der Sägemeister je eine weiße und eine rote Latte aus dem Zaun, zerschlug die polnischen Latten auf Koljaiczeks Kaschubenrücken zu soviel weißrotem Brennholz, daß der Geprügelte Anlaß genug fand, in der folgenden, sagen wir, sternklaren Nacht die neuerbaute, weißgekälkte Sägemühle rotflammend zur Huldigung an ein zwar aufgeteiltes, doch gerade deshalb geeintes Polen werden zu lassen. Koljaiczek war also ein Brandstifter, ein mehrfacher Brandstifter, denn in ganz Westpreußen boten in der folgenden Zeit Sägemühlen und Holzfelder den Zunder für zweifarbig aufflackernde Nationalgefühle."(S.19)

Joseph Koljaiczek mußte also seine Identität verbergen, weil er aus polnischem Nationalgefühl einen Zaun in den Nationalfarben Polens gestrichen hatte. Der Zaun wurde vom Sägemeister zerstört und Joseph Koljaiczek setzt in der darauffolgenden Nacht die Mühle in Brand.[3] Indem dieser an sich schon lächerlich erscheinende Vorfall im Text in ironisch-zynischer Weise erzählt wird, wird evident, daß hier sowohl der polnische Nationalstolz als auch die gegenteilige, politisch opportune Haltung ironisiert und verspottet werden. Die Tat Joseph Koljaiczeks wird weder heroisiert noch verworfen.

Die politischen Hintergründe für die am Beispiel der Brandstiftung aufgezeigten politischen Animositäten innerhalb Polens werden im Text nicht weiter ausgeführt, sondern nur stichwortartig erwähnt. Allein die Angabe von Zeit und Ort (Westpreußen/Kaschubei) des Geschehens ermöglichen dem Leser eine Einordnung der Handlung in den politischen Kontext. Damit wird, was politisch bedingt ist, als quasi privates Schicksal von Joseph Koljaiczek berichtet. Allein der Hinweis auf Ort und Zeit des Geschehens verlagern die Vorgänge aus einem rein privaten in einen politischen Kontext, ohne daß freilich vom Erzähler politisch Stellung bezogen würde. Die Ironisierung beider Seiten verhindert die Zuordnung von Werturteilen zu einer der beiden Seiten.

Im August 1913 wird Joseph Wranka, der bis dahin als friedlicher Familienvater und Flößer die Zeit verbracht hat, als Joseph Koljaiczek erkannt (cf. S.21). Der Zeitpunkt, zu dem er seine Tarnung als Wranka aufgibt, ist durch ein signifikantes politisches Faktum markiert. In der Verbindung dieses Faktums mit den Vorgängen im Leben Josephs wird der politische Bereich wieder verlagert und reduziert auf den Privatbereich:

"Erst als mein Großvater den Holzhafen voller blau Uniformierter sah, als die Barkassen immer unheilverkündender ihren Kurs nahmen und Wellen über die Flöße warfen, erst als er den ganzen kostspieligen Aufwand begriff, der ihm zuteil wurde, da erst erwachte sein altes Koljaiczeksches Brandstifterherz, und er spuckte den braven Wranka aus... floh über weite, schwankende Flächen, barfuß über ein ungehobeltes Parkett, von Langholz zu Langholz, Schichau entgegen, wo die Fahnen lustig im Winde, über Hölzer vorwärts, wo etwas auf Stapel lag; Wasser hat dennoch Balken, wo sie die schönen Reden hielten, wo niemand Wranka rief oder gar Koljaiczek, wo es hieß: Ich taufe dich auf den Namen SMS Columbus, Amerika, über vierzigtausend Tonnen Wasserverdrängung, dreißigtausend PS, Seiner Majestät Schiff, Rauchsalon erster Klasse, zweiter Klasse Backbordküche, Turnhalle aus Marmor, Bücherei, Amerika, Seiner Majestät Schiff, Wellentunnel, Promenadendeck, Heil dir im Siegerkranz, die Göschflagge des Heimathafens, Prinz Heinrich steht am Steuerrad und mein Großvater Koljaiczek barfuß, die Rundhölzer kaum noch berührend, der Blasmusik entgegen, ein Volk, das solche Fürsten hat, von Floß zu Floß jubelt das Volk ihm zu, Heil dir im Siegerkranz und alle Werftsirenen und die Sirenen der im Hafen liegenden Schiffe, der Schlepper und Vergnügungsdampfer, Columbus, Amerika, Freiheit und zwei Barkassen vor Freude irrsinnig neben ihm her, von Floß zu Floß, seiner Majestät Flöße und schneiden ihm den Weg ab und machen den Spielverderber, so daß er stoppen muß..." (S. 26).

Bezeichnend ist hier die Parallelisierung von Vorder- und Hintergrundgeschehen. Der Hintergrund ist die Beschreibung des Flottenbauprogramms von Wilhelm II., das zur Kriegsvorbereitung diente. Er wird als Anlaß ausgegeben für Joseph Koljaiczeks Flucht. Die Reihung von politischen Ereignissen, die allerdings nur signalhaft erscheinen, und die Verflechtung von Joseph Koljaiczeks Flucht in diese Reihung, erwecken im Leser den Eindruck, als würde der Krieg gegen Joseph Koljaiczek geführt. Gleichzeitig aber wird dieser Eindruck zurückgenommen durch den Satzteil "wo niemand Wranka rief oder gar Koljaiczek". Vorder- und Hintergrund sind also in dem Bericht von der Flucht so verknüpft, daß der Hintergrund als Ursache für das Vordergrundgeschehen genannt, zugleich aber auch wieder relativiert wird. Die Beschreibung des Hintergrunds verselbständigt sich dann gegenüber dem Vordergrundgeschehen. Die Zusammenhänge, sowohl zwischen dem Vordergrund- und dem Hintergrundgeschehen, als auch zwischen den einzelnen politisch bedeutsamen Signalen, werden nicht expliziert, die Details sind assoziativ aneinandergefügt und müssen vom Leser in einem 'Ausgleich' zwischen Vorder- und Hintergrund verstanden werden. [4]

An dieser Stelle wird durch die syntaktische Reihung von politischen Fakten und individuellen Ereignissen und Gedanken, in denen das Politische eindeutig aus

der Perspektive des Subjektiven beurteilt wird, noch deutlicher als in der oben
angezogenen Stelle, inwiefern hier Handlungen, die an einen politischen Kontext
gebunden sind und aus einem solchen herrühren, als private Entscheidungen registriert werden. Wo die Großmutter den politischen Kontext auf der Basis ihrer
eigenen abgeschlossenen Welt ignoriert, privatisiert ihn Joseph Koljaiczek.

Die Großmutter Anna heiratet nach Joseph Koljaiczeks Tod seinen Bruder Gregor
(cf. S. 30). In finanzieller Not macht Anna Koljaiczek einen kleinen Trödelladen auf
dem Troyl auf. Im Jahre 1917 stirbt Gregor Koljaiczek, was - finanziell gesehen - für Anna und ihre Ende Juli 1900 geborene Tochter Agnes einen Fortschritt
bedeutet, da Gregor ihren Lebensunterhalt durch Trunksucht gefährdet hatte
(cf. S. 31). 1920 überläßt Anna Koljaiczek ihrer Tochter Agnes den Trödelladen,
"der es inzwischen zu einiger Blüte gebracht hatte" (S. 33) und zieht zurück auf
den Bauernhof in Bissau. Bis zum Ende des Romans bleibt Anna Koljaiczek Bäue-
rin. Im Blick auf ihre wirtschaftlichen Verhältnisse wird nur erwähnt, daß sie
im Winter 1936/37 einen Stand auf dem Wochenmarkt in Langfuhr eröffnet (cf.
S. 101). 1938 aber werden die Schutzzölle zwischen dem Freistaat Danzig und Polen erhöht und zeitweilig die Grenzen geschlossen, so daß sie keine Möglichkeit
mehr hat, auf dem Wochenmarkt ihre Waren zu verkaufen (cf. S. 148). Diese politischen Ereignisse und die Folgen, die für die Großmutter entstehen, verändern
aber ihren Lebensrhythmus, wie er am Anfang durch die Röcke gekennzeichnet
wurde, nicht. So tritt sie im Romanverlauf als beinahe zeitlose Gestalt auf, für
die die politischen Ereignisse eine von ihr getrennte Welt bilden, der sie sich,
wenn sie unmittelbar betroffen ist, ohne Rückfragen fügt. Die Großmutter wird
unter diesem Gesichtspunkt für den Leser zur Repräsentantin des Bauernstandes.
Sie repräsentiert ihn insofern, als in ihr die Ungleichzeitigkeit dieses Standes [5]
anschaulich wird.

3.1.2.   Die sozialen und ökonomischen Verhältnisse in der fiktiven Welt
         des Romans.

Die familiären Bezugspersonen des Ich-Erzählers leben in kleinbürgerlichen Verhältnissen: Agnes Matzerath wächst in einem kleinen Trödelladen auf und führt
am Ende selbst einen eigenen Kolonialwarenladen in einem Vorort von Danzig,
einem Ort also, der hinter den sozioökonomischen Entwicklungen seiner Zeit zu-
rückbleibt. Sie ist in ihrer Existenz als kleine Geschäftsfrau nicht durch wirtschaftliche Konzentrationsbewegungen oder durch die Einrichtung von Kaufhäusern
bedroht. Ebenso verbringt Alfred Matzerath die meiste Zeit seines Lebens in diesem engen, überschaubaren Raum. Als ehemaliger kleiner Angestellter gibt es
für ihn - unter psychologischem Aspekt gesehen - keinen qualitativen Unterschied
zwischen der Hierarchie in der Fabrik und der 'Familien-Hierarchie' in dem eigenen Geschäft: er hat sowohl hier wie dort seinen Untergebenen, seinen Bereich,
in dem er einem anderen überlegen ist, als auch seinen Vorgesetzten, dem er
sich unterlegen weiß.

Das Verhältnis zwischen Agnes und Alfred Matzerath im Bereich ihrer Arbeit
wird als positive gegenseitige Ergänzung ausgewiesen. Damit ist die Grundstruk-
tur des Verhältnisses im Roman nicht unterschieden von der psychologischen Be-

stimmung kleinbürgerlicher Bedürfnisse, wohl aber unterscheidet sich die Perspektive der Betrachtung:

> "Die beiden ergänzten sich auf wunderbare Weise. Was Mama hinter
> dem Ladentisch der Kundschaft gegenüber leistete, erreichte der
> Rheinländer im Umgang mit Vertretern und beim Einkauf auf dem
> Großmarkt. Dazu kam die Liebe Matzeraths zur Kochschürze, zur
> Arbeit in der Küche, die auch das Abwaschen einbezog und Mama,
> die es mehr mit den Schnellgerichten hielt, entlastete." (S. 34)

Der wirtschaftliche Bereich, die Kooperation in der Arbeit gelingt durch quasi angeborene Eigenschaften der Partner. Nicht das, was von außen bedingt ist, wird thematisiert, sondern wie es rezipiert wird, nämlich als 'naturgegeben'.

Diese Art von Erklärungsmechanismen sind signifikant für den Roman, so z.B. auch, wenn von wirtschaftlicher Misere und wirtschaftlichem Aufstieg der Romangestalten erzählt wird:

> "Er (scil. der Kolonialwarenhändler Mühlen) ist nur nennenswert,
> weil Mama und Matzerath von ihm einen schlechtgehenden, durch
> Pumpkundschaft ruinierten Kolonialwarenladen im Vorort Langfuhr
> zu einem Zeitpunkt übernahmen, da die Rentenmark eingeführt
> wurde. Innerhalb kurzer Zeit gelang es Mama, die sich im Keller-
> laden auf dem Troyl geschickte Umgangsformen mit jeder Art
> Pumpkundschaft erworben hatte, die dazu einen angeborenen Ge-
> schäftssinn, Witz und Schlagfertigkeit besaß, das verkommene
> Geschäft soweit wieder hochzuarbeiten, daß Matzerath seinen Ver-
> treterposten aufgeben mußte, um im Geschäft helfen zu können."
> (S. 33/34).

Ein folgenreiches politisches Faktum, die Einführung der Rentenmark, wird hier angeführt, um ein Vordergrundgeschehen, die Übernahme des Kolonialwarenladens, zeitlich zu fixieren. Aus der Konfrontation mit der allgemeinen ökonomischen Lage dieser Zeit erklärt sich sowohl der wirtschaftliche Ruin des Geschäfts vor der Übernahme, als auch sein steigender Umsatz nach der Übernahme eben aus der ökonomischen Konsequenz der politischen Maßnahme, die hier als Zeitangabe fungiert. [6] Im Gegensatz zu der Erwartungshaltung, die ein Leser hat, der die historische Situation kennt und die Bedeutung der Einführung der Rentenmark vor Augen hat, tritt nun ein Erklärungsmechanismus ein, der die politische Perspektive sogleich wieder ins Private zurücknimmt. Der ehemalige Besitzer des Ladens war unfähig, unbegabt, Pumpkundschaft so zu behandeln, daß sie schließlich ihre gekaufte Ware bezahlte. Dagegen besitzt Agnes einen angeborenen Geschäftssinn und frühe Übung mit Kunden. Ihre individuellen, von Geburt an vorhandenen Qualitäten bringen das Geschäft wieder in Gang. Die allgemeine ökonomische Situation als bedingender Faktor für die eigene ökonomische Lage spielt für sie keine Rolle: nicht die steigende Geldentwertung und die zunehmende Verarmung der Massen vor 1923 verursachen den wirtschaftlichen Ruin des Geschäftes; ebenso wenig werden die Stabilisierungsmaßnahmen als Einflußfaktoren auf die Geschäftslage erkannt. Eine allgemeine sozioökonomische Maßnahme wird hier zwar als Zeitangabe genannt, aber ihre Folgen werden als individuelle Leistungen erklärt. Der politische Kontext wird durch ein Stichwort (Einführung der Rentenmark) angedeutet, aber er wird nicht als prägend für die Entwicklung des Vordergrundgeschehens angeführt. Der Text muß von daher in der Konfrontation mit der geschichtlich-gesellschaftlichen Situation in doppelter Hinsicht beurteilt werden: auf der einen Seite wird der politische Kontext eingeführt, auf der anderen Seite wird er zur puren Zeitangabe reduziert. Damit wird – unausgeführt – für den Leser einsichtig, daß es einen politischen Kontext für die Kleinbürger nicht gibt, d. h., daß er von ihnen nicht als ein ihren Privatbereich berührender Faktor begriffen wird. [7]

Die Welt der Romangestalten ist eng und begrenzt, ihr Wahrnehmungs- und Erfahrungshorizont entspricht ihrer unmittelbaren Umgebung, dem Vorort Langfuhr. Diese Eingegrenztheit spiegelt sich dem Leser anschaulich wider in ihrem Wohnungsmilieu:

"Die Wohnung, die sich dem Geschäft anschloß, war zwar eng und verbaut, aber verglichen mit den Wohnverhältnissen auf dem Troyl... kleinbürgerlich genug, daß sich Mama... im Labesweg wohlgefühlt haben muß. Außer dem langen, leicht geknickten Korridor, in dem sich zumeist Persilpackungen stapelten, gab es die geräumige, jedoch gleichfalls mit Waren wie Konservendosen, Mehlbeuteln und Haferflockenpäckchen zur guten Hälfte belegte Küche. Das aus zwei Fenstern auf den sommers mit Ostseemuscheln verzierten Vorgarten und die Straße blickende Wohnzimmer bildete das Kernstück der Parterrewohnung. Wenn die Tapete viel Weinrot hatte, bezog beinahe Purpur die Chaiselongue. Ein ausziehbarer, an den Ecken abgerundeter Eßtisch, vier scharzgelederte Stühle und ein rundes Rauchtischchen, das ständig seinen Platz wechseln mußte, standen schwarzbeinig auf blauem Teppich. Schwarz und golden zwischen den Fenstern die Standuhr. Schwarz an die purpurne Chaiselongue stoßend, das zuerst gemietete, später langsam abgezahlte Klavier, mit Drehschemelchen auf weißgelblichem Langhaarfell. Demgegenüber das Büffett. Das schwarze Büffett mit den von schwarzen Eierstäben eingefaßten, geschliffenen Schiebefenstern, mit schwerschwarzen Fruchtornamenten auf den unteren, das Geschirr und die Tischdecke verschließenden Türen, mit schwarzgekrallten Beinen, schwarz profiliertem Aufsatz – und zwischen der Kristallschale mit Zierobst und dem grünen, in einer Lotterie gewonnene Pokal jene Lücke, die dank der geschäftlichen Tüchtigkeit meiner Mama später mit einem hellbraunen Radioapparat geschlossen werden sollte. Das Schlafzimmer war in Gelb gehalten und sah auf den Hof des vierstöckigen Mietshauses. Glauben Sie mir bitte, daß der Betthimmel der breiten Eheburg hellblau war, daß am Kopfende im hellblauen Licht Magdalena fleischfarben in einer Höhle lag, zum rechten oberen Bildrand aufseufzte und vor der Brust soviel Finger rang, daß man immer wieder, mehr als zehn Finger vermutend, nachzählen mußte..." (S. 34/35)

Entsprechend unserer Fragestellung ergibt sich aus diesem Text: Die detaillierte Beschreibung des Mobiliars ist nicht einfach im Fach 'epische Breite' abzulegen (auch wenn das hier unter rein formalem Aspekt angebracht sein mag - was aber nicht viel besagt). Diese Detailhäufung bildet ein vom Erzähler mit sprachlichen Mitteln, die zur visuellen Rezeption auffordern, kommentiertes Abbild des klein-bürgerlichen Lebens selbst. [8] Der Text ist ein Exempel für die Art, wie im Roman ein mimetischer Realitätsbezug hergestellt wird: psychologische Aspekte werden nicht direkt formuliert. Sie werden mittelbar hergezeigt durch die Beschreibung des kleinbürgerlichen Lebens, konkret: die Beschreibung einer Wohnung und der in ihr befindlichen Gegenstände.

Der Begriff "kleinbürgerlich", der hier das erste Mal im Text auftritt [9], wird als formale Umschreibung dessen verwendet, was die Lebensform dieser Menschen ausmacht und mit der sie sich identifizieren. "Kleinbürgerlich genug" bezieht sich hier nicht auf ihre sozioökonomische Lage oder ihre Schichtenzugehörigkeit. Es markiert vielmehr ihre Bedürfnisse und ihre Charakterstruktur. Die Beschreibung der Wohnung muß also rezipiert werden als ästhetisch-anschauliche Gestaltung der Bedürfnisse und Sehnsüchte der Menschen. Das Wohnzimmer, der Raum, wo Kommunikation stattfinden soll, ist überladen mit Möbeln und anderen Gegenständen. Diese Gegenstände werden im Text syntaktisch verbunden mit Verben, die ein - semantisch gesehen - belebtes Subjekt verlangen: z.B. <u>Purpur bezieht</u> die Chaiselongue, das <u>Rauchtischchen wechselt</u> seinen Platz'... Der semantische Bezug hat hier in seiner Abweichung vom normalsprachlich Gewohnten informatorischen Wert für die Frage nach kleinbürgerlichen Bewußtseinsformen. Indem die Gegenstände aufgrund der semantischen Beziehungen personifiziert werden, wird deutlich, daß die Gegenstände für die Bewohner die Relevanz und Bedeutung von Kommunikationspartnern haben. Der Besitz dieser Möbel befriedigt, er verschafft Sicherheit und Ruhe. Wenn den Möbeln aber in dieser Weise die Bedeutung von Kommunikationspartnern zukommt, dann allerdings nur die von affirmierenden Partnern.

Mit der Beschreibung der keuschen Magdalena über den Ehebetten wird bildlich offenkundig, daß sexuelle Befriedigung bei den Kleinbürgern Schuldgefühle hervorruft. Die Funktion dieses Magdalenen-Bildes über den Ehebetten besteht dann darin, an diese Schuld sowohl zu mahnen, als sie auch zu verdrängen (s.u.).

Im Blick auf sprachlich-strukturelle Merkmale des Textes liegt hier etwas Ähnliches vor wie in der oben angeführten Stelle (Zitat S.34). Dort wurde ein historisch signifikantes Faktum verknüpft mit und reduziert auf einen Erklärungsmechanismus, der allein vom Individuellen ausging. Hier wird ein soziologischer Terminus (kleinbürgerlich) genannt, dann aber umschrieben mit einer detaillierten Schilderung des Vordergrund-Raumes, die ihrerseits nur mittelbar Bezug hat zu der Bedeutung des soziologischen Terminus. [10]

Nach der selektiven Analyse von zwei signifikanten Textstellen läßt sich das Ergebnis in folgender These formulieren: Die in Buch eins und zwei zentralen Romangestalten sind von ihrer sozioökonomischen Stellung und - in Korrelation dazu - von ihrer Lebensweise her Kleinbürger. Im Roman wird ihre Abhängigkeit von den allgemeinen Bedingungen auf wirtschaftlicher und sozialer Ebene angezeigt durch die Nennung politischer Ereignisse bzw. soziologischer Kategorien. Diese werden aber aus ihrem eigentlichen Bedeutungsfeld insofern herausgenommen, als sie auf die Formulierung des Vordergrundgeschehens hin funktionalisiert werden; sie sind integraler Bestandteil der Erzähl-Sprache des Romans. Gleichzeitig ist, konfrontiert man die Andeutung des zeitlich-geschichtlichen Kontextes, die im Text vorhanden ist, mit der geschichtlich-gesellschaftlichen Situation, am Tage, welche Wirkung diese Andeutung hat: sei weist den zeitlichen Rahmen des fiktiven Romangeschehens aus und zeigt gleichzeitig, daß die Romangestalten in ihrer fiktiven Welt diesem zeitlichen Rahmen insofern nicht ensprechen, als sie den jeweiligen politischen Kontext nicht rezipieren.

Die politischen Inhalte werden im Text also durch spezifische innersyntaktische und innersemantische Bezüge so vermittelt, daß sie auf der einen Seite in der Weise aufgezeigt werden, wie sie von den Kleinbürgern rezipiert werden. Auf der anderen Seite erkennt der Leser, daß diese Rezeptionshaltung im Blick auf die geschichtliche Situation ungenügend ist.

3.1.3. Agnes Matzerath als Repräsentantin kleinbürgerlicher Verhaltensstrukturen.

Es ist nicht beabsichtigt, sämtliche Einzelzüge des Textes auszulegen. Es soll allein Exemplarisches, für die Fragestellung der Untersuchung Typisches aufgegriffen werden.

Prognostisch und programmatisch formuliert der Ich-Erzähler im Blick auf Agnes:

"Ende Juli des Jahres nullnull - ... - erblickte Mama im Sternzeichen Löwe das Licht der Welt. Selbstvertrauen und Schwärmerei, Großmut und Eitelkeit." (S.18) [11]

Agnes wird in ihren Aktionen und Reaktionen dargestellt als ein Mensch, der sich problemlos seiner Umgebung anpasst und in dieser Anpassung seine Interessen zu wahren versteht. [12] Das Selbstverständnis, das ihr von dem Ich-Erzähler zugesprochen wird, ist ein Selbstvertrauen, das sich als solches nur ausweist in der Kontinuität ihrer Lebensform, in dem engen Wahrnehmungs- und Erfahrungshorizont. Denn nur in diesem Raum wird Agnes dargestellt. So bildet nicht genuine Ich-Stärke die Grundlage von Agnes' Selbstvertrauen, sondern Angepaßtheit, Abhängigkeit von den Verhältnissen, die aber als solche nicht bewußt sind, sondern unbewußt durch Mechanismen der Kompensation überspielt werden. Der Ich-Erzähler charakterisiert Agnes mit den Begriffen "Schwärmerei", "Großmut" und "Eitelkeit". Dies wird konkretisiert, wenn es heißt, daß Agnes einen "wachen Sinn fürs Schöne, Kleidsame und Teure" (S.32) hat. Agnes hat das Bedürfnis, sozial aufzusteigen, was sich in ihrem Wunsch nach teurer Kleidung manifestiert. In diesem Wunsch wird die kleinbürgerliche Bewußtseinshaltung faßbar: Sie wünscht eine Verbesserung der eigenen sozialen Lage, ohne zu fragen, warum diese Lage so ist, wie sie ist, und unter welcher Bedingungen eine Veränderung möglich wird. So reagiert sie z.B. auf aristokratische Verhältnisse mit Neid. Sie findet in die-

sen Verhältnissen ihr Ideal. Dabei geht sie aus von der Erscheinungsform dieser
Verhältnisse, nicht von ihren sozialen und politischen Bedingungen. Auf einem
Spaziergang mit Alfred Matzerath und Jan Bronski trifft Agnes polnische Adlige,
die in Pelzcâpes gekleidet sind. Agnes hat das Bedürfnis, sich solch ein Câpe
"wenn auch nur für einen Nachmittag" (S. 89) auszuleihen. [13]

Agnes erhält im Text das Attribut des gesunden Menschenverstandes; sie ist ein
Mensch, der seinen Vorteil sucht und nutzt. [14] Dies wird erzählerisch unter
anderem vermittelt in der Episode mit Sigismund Markus, bei dem sie Blechtrommeln für Oskar kauft. Sigismund Markus wirbt um sie und fordert sie auf, mit
ihm zusammen zu leben und Danzig und ihre Verhältnisse zu verlassen (cf. S. 85).
Agnes, für die eine qualitative Veränderung ihrer Situation etwas Unvorstellbares
ist und von der aus dem Text ersichtlichen Erlebnisweise her auch sein muß, weist
Markus aber nicht völlig zurück, da sie aus seiner Gunst Nutzen ziehen kann:

> "Mama, die von der Großmutter Koljaiczek die stattliche, füllig
> stramme Figur, auch liebenswerte Eitelkeit, gepaart mit Gutmütig-
> keit, mitbekommen hatte, ließ sich den Dienst des Sigismund Markus
> um so eher gefallen, als er sie hier und da mit spottbilligen Nähseide-
> sortimenten, im Ramschhandel erworbenen, doch tadellosen Damen-
> strümpfen eher beschenkte als belieferte." (S. 80)

Agnes versteht, das zu nutzen, was ihr Vorteil bringt, und sie versteht es, sich
gleichzeitig gegen das abzuschirmen, was ihren sicheren, festumrissenen Hand-
lungsraum infrage stellt. Die Sicherung ihrer sozialen Lage und die Erhaltung
ihres vorgegebenen und gewohnten Handlungs- und Lebensraumes stehen für sie
an erster Stelle. Der emotionale Bereich darf nicht zum Hinderungsfaktor dieses
Zieles werden. So werden im Blick auf ihre emotionalen Bedürfnisse die durch
internalisierte Moralvorstellungen auferlegten Beschränkungen akzeptiert. Die
beiden Bereiche, Rationalität und Emotionalität, sind getrennt, die damit verbundene Einschränkung der Lebensmöglichkeiten wird undurchschaut hingenom-
men. Es stehen Kompensationsmechanismen zur Verfügung, die 'instinkthaft' an
die Stelle möglicher Probleme treten. [15]

Eine Möglichkeit der Kompensation bildet der Kunstgenuß. [16] In der Episode, in
der von Oskars Unterricht bei Gretchen Scheffler die Rede ist, wird die Reaktion
Gretchen Schefflers und Agnes' auf die Lektüre eines Rasputin-Buches geschildert.
Gretchen Scheffler ist verheiratet mit einem Bäckermeister. Mit Agnes ist sie be-
freundet (cf. S. 44). Ihre ungenügende sexuelle Befriedigung, ihr unerfüllter Kin-
derwunsch werden als Bedingung für die Reaktion auf die Rasputin-Lektüre genannt:

> "So aber saß sie nach angeregtester Rasputinlektüre mit feurigem Auge
> und leicht wirrem Haar da, bewegte ihre Gold- und Pferdezähne, hatte
> aber nichts zu beißen, sagte achgottachgott und meinte den uralten
> Sauerteig. Da Mama, die ja ihren Jan hatte, dem Gretchen nicht hel-
> fen konnte, hätten die Minuten nach diesem Teil meines Unterrichtes
> leicht unglücklich enden können, wenn das Gretchen nicht ein so fröh-
> liches Herz gehabt hätte. Schnell sprang sie dann in die Küche, kam

mit der Kaffeemühle wieder, nahm die wie einen Liebhaber, sang,
während der Kaffee zu Schrot wurde, wehmütig leidenschaftlich...
und kauend kam man wieder, doch jetzt mit dem nötigen Abstand,
auf Rasputin zu sprechen, konnte sich alsbald, nach kurzer, kuchen-
gesättigter Zeit ehrlich über die so schlimme und abgrundtiefver-
dorbene Zarenzeit entrüsten."(S. 75)

Die Ursache für die defizitäre Lage und die daraus resultierende Kompensation
werden metaphorisch angedeutet in dem Vergleich von Kaffeemahlen/Kuchen-Kne-
ten und Lustbedürfnis der Menschen ("Das Gretchen hätte sich gerne von ihm kne-
ten, walken, einpinseln und backen lassen." S. 75). Die Kompensation besteht in
der Lektüre von Texten, die das tabuisierte Gebiet der sexuellen Befriedigung
aufreißen. Diese Pseudo-Lustbefriedigung führt aber, da in der kleinbürgerlichen
Moral Lustbefriedigung per se ruchlos ist, zu Verunsicherung. Die Unsicherheit
wird alsbald überspielt durch heftige Aktivität und endet mit der Empörung über
das Gelesene, d. h. mit der Verwerfung der eigenen Gefühle.

Dieser psychische Teil wird dem Leser in Handlungsabläufen sichtbar erzählt.
Aus den Handlungsschritten werden die bedingenden Faktoren für den jeweiligen
Handlungsabschnitt durch Erklärungen sichtbar gemacht, die aus dem Vordergrundgeschehen abgeleitet sind: "Mama, die ja ihren Jan hatte..." = zum Ausgleich der defizitären Ehesituation; "wenn das Gretchen nicht ein so fröhliches
Herz gehabt hätte..." = die Möglichkeit zur Überspielung ihrer eigenen Konflikte,
hier dargestellt als angeborene Charaktereigenschaften. Die narrative Darstellung
gibt Hinweise auf die Erklärungen eines allgemein sozialpsychologischen Problem-
komplexes, ohne diese als solche auszuweisen. Erklärungen werden dem Leser
möglich durch bildliche Andeutungen im Text. [17]

Agnes' Verhältnis zu Jan Bronski widerspricht den von ihr internalisierten Moralvorstellungen. [18] Daß sie entgegen der öffentlichen und privaten Moral eine sexuelle Beziehung zu Jan Bronski eingeht, kann nicht heißen, daß sie sich über diese
Moral stellt, sich von ihr emanzipiert. Vielmehr wird die öffentliche Moral nicht
einmal als etwas, von dem man sich emanzipieren kann, erkannt, sondern sie ist
naturgegeben, gegen sie kann nicht protestiert werden. Ein Handeln gegen diese
Moral führt zu Schuldgefühlen. Sie zu verdrängen und sich damit die Möglichkeit
zu verschaffen, weiterhin in einer doppelten Moral leben zu können, geschieht
durch frommes Verhalten, das als quasi mechanische Reaktion erscheint [19]:

"Mama wurde fromm. Was machte sie fromm? Der Umgang mit Jan
Bronski, ... die süße Mühsal eines ehebrecherischen Frauenlebens
machten sie fromm und lüstern nach Sakramenten." (S. 109)

Die Episode, in der von Agnes' Kirchgang, ihrer Beichte, dem regelmäßigen
Rhythmus von ehebrecherischer Beziehung und Buße der Schuld berichtet wird,
leitet der Ich-Erzähler ein mit der Frage, wodurch Agnes' Frömmigkeit bedingt ist. Die aktuelle Antwort ist ihre Beziehung zu Jan Bronski. Dies wird
verallgemeinert zu dem Ausdruck "die süße Mühsal eines ehebrecherischen
Frauenlebens". Das Oxymoron "süße Mühsal" meint, daß die Beendigung dieser
Liebesbeziehung keine reale Möglichkeit, keine Alternative im Rahmen der ge-

gebenen Verhältnisse ist, da durch die Liebesbeziehung die Defizite der Ehesituation behoben bzw. verdeckt werden. Die Mühsal, das Schuldgefühl kann aufgefangen werden in der Frömmigkeit, in der Durchführung von Ritualen, die als gerechte Strafe empfunden werden. Das Denken der kleinbürgerlichen Menschen
kennt nur zwei Möglichkeiten: Verstoßen gegen die allgemeinen Normen und folgende gerechte Strafe.

Konfrontiert man die Handlungsabläufe und die Verhaltensweisen der fiktiven Welt
des Romans mit den sozialpsychologischen Aussagen zum Kleinbürgertum, dem
Vorverständnis über das Kleinbürgertum, so ergibt sich: Die Verhaltensweisen,
Reaktionen etc. der Kleinbürger im Roman lassen sich erklären ('übersetzen')
mit (und in) sozialpsychologische Termini. Der Text stellt, so gesehen, eine
Dramatisierung theoretischer Sachverhalte dar, d.h. diese werden dem Leser
anschaulich in einem kognitiven und emotiven Rezeptionsprozeß. Die Dramatisierung wird im Text ergänzt durch andeutende Erklärungen, die die kleinbürgerlichen
Verhaltensweisen 'indikatorisch' als durch einen sozialen Kontext bedingt auswei-
sen. Das, was im Text im Blick auf allgemeine Erklärungen angedeutet wird, wird
überlagert durch Ausführungen, die die kleinbürgerliche Perspektive erkennen
lassen. Das Kleinbürgertum wird also im Roman nicht so dargestellt, daß mit
der Darstellung eine allgemeine Erklärung ihres Verhaltens den Text bestimmte.
Die Hinweise auf Erklärungen, die der Text gibt, können allein aus der konfrontierenden Rezeption heraus präzisiert und in ihrem indikatorischen Wert aus dem
Text erkannt werden. Es gibt im Roman keine begrifflich-explizite, theoretisch
verankerte Position, die dem Leser zur unmittelbaren Beurteilung angeboten
würde.

3.1.4. Die kleinbürgerliche Ehe als 'ökonomische Institution'.

Agnes und Alfred Matzerath führen gemeinsam einen Kolonialwarenladen in Langfuhr, einem Vorort von Danzig. Die einzige Aufteilung der Arbeitsbereiche, von
der der Leser im Text erfährt, ist die in Einkäufer (Alfred) und Verkäufer (Agnes).
In dieser Einteilung der Arbeit ist das Verhältnis von Privat- und Arbeitsbereich
bei beiden in gleicher Weise bestimmt. Die Ehepartner führen gemeinsam das Geschäft und sind damit beide für ihre wirtschaftliche Existenz verantwortlich. Die
gemeinsame wirtschaftliche Basis bildet das Hauptbindeglied der Ehe. Die emotionale Beziehung der Ehepartner dagegen spielt in dem Verhältnis zwischen Agnes
und Alfred kaum eine Rolle. So wird bezeichnenderweise der emotionale Bereich
nicht episodenhaft erzählt, sondern mit dem formalen Mittel einer Photobeschreibung zusammenfassend beschrieben:

> "Matzerath neben Mama: da tröpfelt Wochenendpotenz, da brutzeln
> die Wiener Schnitzel, da nörgelt es ein bißchen vor dem Essen und
> gähnt nach der Mahlzeit, da muß man sich vor dem Schlafengehen
> Witze erzählen oder die Steuerabrechnung an die Wand malen, da-
> mit die Ehe einen geistigen Hintergrund bekommt." (S. 43)

Der "geistige(n) Hintergrund", d.h. die Motivationsebene dieser Ehe ist bestimmt
von der gemeinsamen ökonomischen Lage. Die Ehe ist in dem Kleinbürgertum re-

grediert zu einem 'ökonomischen Institut'.[20] Kategorien wie Liebe, Artikula-
tions- und Befriedigungsmöglichkeit der eigenen Bedürfnisse haben hier keinen
Platz.[21] Diese Bedürfnisse werden außerhalb der Ehe befriedigt: bei Agnes in
ihrer Liebesbeziehung zu Jan Bronski, bei Alfred in seiner Koch-Aktivität, später vor allem durch seine Tätigkeit in der NSDAP.[22]

Die Rezeptions-These, daß die kleinbürgerliche Ehe allein definiert ist durch eine
gemeinsame wirtschaftliche Basis, wird erhärtet durch die Episoden, in denen
Jan Bronski, Alfred und Agnes Matzerath gemeinsam agieren. Die Situation, in
der die drei gemeinsam auftreten, ist dadurch bestimmt, daß Alfred Matzerath
'duldet', daß nicht er der Liebhaber seiner Frau Agnes ist, sondern Jan Bronski.
Diese Rollenverteilung wird exemplarisch sichtbar in der Aal-Episode (cf. S. 119-
129) [23]: nach dem Spaziergang zu viert - Alfred und Agnes Matzerath, Jan Bronski und Oskar - bereitet Alfred aus den Aalen, die er auf dem Spaziergang auf makabre Weise erworben hat, ein Gericht. Agnes weigert sich, die zubereiteten
Aale zu essen:

> "Mama schrie. Sie schrie kaschubisch. Das konnte Matzerath weder
> verstehen noch leiden und mußte es sich dennoch anhören, verstand
> wohl auch, was sie meinte; es konnte ja nur von den Aalen die Rede
> sein, und wie immer, wenn Mama schrie, von meinem Sturz von der
> Kellertreppe. Matzerath gab Antwort. Die kannten ja ihre Rollen.
> Jan machte Einwürfe. Ohne ihn gab es kein Theater ... Jan beruhig-
> te Matzerath. Matzerath bat Jan, Mama zu beruhigen. Das Gemur-
> mel magerte ab, Jan betrat das Schlafzimmer. Dritter Akt: Er stand
> vor dem Bett...streichelte der auf dem Bett liegenden Mama Rücken
> und Gesäß, sprach beschwichtigend kaschubisch auf sie ein..."
> (S. 127/128)

Jede der Personen kennt in einer derartigen Situation ihre Rolle und die entspre-
chende Szenenfolge. Die Einteilung des Handlungsablaufs in drei Akte, die Trans-
formation der Episodenerzählung in eine Art Regieanweisung, in eine Beschreibung von chronologischen Handlungsabläufen, bewirkt beim Leser die Erkenntnis,
daß es sich hier für die Personen um eingeschliffene Sprach- und Handlungsmu-
ster handelt und nicht um eine Ausnahmesituation. Gleichzeitig bedeutet die Trans-
formation der Episodenerzählung in einen neuen medialen Modus für den Leser,
daß er durch diesen Wechsel des "ästhetischen Codes" (Eco) auf die Betrachtung
dieses Wechsels und seiner Implikationen gelenkt wird. Die Betrachtung des ästhetischen Codes und die Frage nach dem Grund der Änderung lassen diesen Text
aufgrund seiner Struktur als 'dramatisiertes' Exempel der kleinbürgerlichen Ver-
haltensformen erkennen.

Jan wird die Rolle des Schlichters, des Trösters zugesprochen. Der Konflikt, der
in seinem Anfang als Konflikt zwischen Agnes und Alfred erscheint, wird von ihnen
nicht als ein solcher wahrgenommen und bewältigt, sondern er wird überspielt,
indem die Personen ihre Rollen ändern: Alfred und Agnes sind nicht länger offene
Gegenspieler, Jan greift nicht länger in den Streit zwischen beiden ein, sondern
Agnes und Alfred werden beide gleichermaßen tröstungsbedürftig und Jan übernimmt die Rolle des Trösters. Der Konflikt wird also nicht auf kommunikativer

Ebene ausgetragen, sondern durch Rollenwechsel und durch außersprachlich bestimmte Beziehungsformen: Jan tröstet Agnes durch Liebeshandlungen, nicht durch die Situation erklärende Aussagen.

Das Zusammensein der drei nach diesem 'Drama' ist in seiner Kommunikationsstruktur bestimmt durch das Skatspiel. Das Skatspiel fungiert hier als Egalisierungsmittel der von verschiedenen Interessen bestimmten Menschen. Die Motivation, Skat zu spielen, ist bei allen gleich: diese Tätigkeit bildet eine Fluchtmöglichkeit aus der latent vorhandenen Konfliktsituation, die - so das Ergebnis der bisherigen Kenntnis der Gestalten und die Folgerung, die sich aus der konfrontierenden Rezeption ergibt - keiner der Anwesenden lösen kann. Das Skatspiel schafft Interessengleichheit, wo ehemals Interessendivergenz herrschte, und es verhindert andere, d.h. riskante Formen von Kommunikation. Es erweist sich als probates Mittel, die Schwierigkeiten der Situation zu verdrängen:

> "Das Skatspiel - man kann es, wie bekannt sein dürfte, nur zu dritt spielen - war für Mama und die beiden Männer nicht nur das angemessenste Spiel; es war ihre Zuflucht, ihr Hafen, in den sie immer dann fanden, wenn das Leben sie verführen wollte, in dieser oder jener Zusammenstellung zu zweit existierend, dumme Spiele wie Sechsundsechzig oder Mühle zu spielen." (S.49)

Die allgemeine Funktionsbestimmung des Skatspiels, die der Ich-Erzähler hier gibt, steht am Ende einer Photobeschreibung, die Agnes und Alfred Matzerath während eines Skatspiels mit Jan Bronski schildert. Resümee dieser Photobeschreibung ist die Definition des Verhältnisses der drei durch das Skatspiel. In der oben angeführten Stelle verwendet der Ich-Erzähler normalsprachlich-geläufige 'psychologische Metaphern' zur Beschreibung der Situation ("Zuflucht", "Hafen"). Diese werden im gleichen Satz in ihrer Bestimmung als ernsthafte Aussagen, in der sie dem Leser geläufig sind, relativiert durch den abrupten Wechsel von pathetischem Ton zu ironischen 'Banalitäten': Als einzige Änderung zwischen der Existenz zu zweit und der zu dritt wird ausgegeben, daß die Existenz zu zweit von dem Spiel "dumme(r) Spiele" bestimmt ist. Im Gegensatz zu der Erwartungshaltung, hervorgerufen durch den pathetischen Satzanfang, wird sowohl die Existenz zu dritt als auch die zu zweit parodiert. Die Abwehrhaltung, die eine häufige Reaktion der Leser auf den Roman bildet, erhält eine Erklärung durch derartige sprachliche Besonderheiten der "Blechtrommel": so wird hier ein allgemein unproblematischer Sachverhalt mit den beiden in der Umgangssprache meist pathetisch verwendeten Bildern "Zuflucht" und "Hafen" in Verbindung gebracht und gleichzeitig bezogen auf das für viele 'sakrosankte' Gebiet der Ehe. Die Signifikanten, die traditionsmäßig und durch religiös-moralische Vorstellungen als vor Witz und Satire geschützt gelten, werden nun gerade in eine derartige Beziehung gesetzt. Der pragmatische Kontext widerspricht dem semantischen Gehalt der Wörter und dem ihnen konventionell zukommenden Beziehungsfeld. Nicht die einzelnen Signifikanten wirken abstoßend, sondern die Aufforderung, ihnen durch ihren Kontext, in dem sie im Text stehen, tabuisierte Bedeutungen verleihen zu müssen. Außerästhetischer und ästhetischer Wert der hier aufgerissenen Sachverhalte bilden eine Spannung, die teils Abwehrhaltung hervorruft, teils über den genießenden Charakter der Rezeption hinaus einen Reflexionsprozeß einleitet.

Im Roman gibt es keine Episode, in der Agnes und Alfred Matzerath allein agieren; diese Situation wird bezeichnenderweise vermieden durch die Anwesenheit anderer, vor allem Jans. Die aus der Anwesenheit Jans resultierende Konfliktsituation wird dann verdrängt durch starke Aktivität, z.B. durch Sonntagsausflüge, Skatspiele, bei Alfred durch Kochzeremonien. Das Verhältnis der drei Personen zueinander reflektiert auf das Verhältnis zwischen den Ehepartner: die Zeit, die nicht durch den Arbeitsbereich ausgefüllt ist - von dieser Arbeitstätigkeit wird im Roman allerdings nur in kurzen, zeitraffenden Abschnitten berichtet -, kann von den Kleinbürgern nur bewältigt werden durch die Anwesenheit anderer. Denn für sie ist die Ehesituation definiert durch den gemeinsamen Arbeitsbereich und die damit verbundenen Aufgaben. Andere Sprach- und Handlungsformen, als die durch den Arbeitsbereich geprägten, stehen ihnen jedoch nicht zur Verfügung.

Die Anwesenheit Jan Bronskis, bestimmt durch die Liebesbeziehung zwischen ihm und Agnes, muß zu Konfliktsituationen führen, da diese Beziehung in Alfreds Anwesenheit weder als solche manifest noch thematisiert werden soll. Das führt dazu, daß die eigentlichen Rollen der Personen, die der Leser ihnen durch den Stand zuweist, nur in 'Zufallshandlungen' sichtbar werden, die wiederum zu solchen Schwierigkeiten führen, daß es für die möglichst schnelle Beseitigung des Konfliktes ratsam ist, die Rollenverteilung Ehepaar - Gast aufzugeben zugunsten der Rollen, die der Liebesbeziehung zwischen Jan Bronski und Agnes Rechnung tragen. Dieser Sachverhalt zeigt sich in der oben selektiv analysierten Aal-Episode, in der durch die Einteilung des Handlungsverlaufs in Akte und durch den expliziten Ausweis der Personen als Rollenträger die kleinbürgerliche Ehe in ihrer Funktion als ökonomische Institution konkretisiert wird. Intensiviert wird dieses Rezeptions-Urteil, wenn die Konsequenzen, die aus dieser regredierten Funktion entstehen, dargestellt werden: die Notwendigkeit, die Verhaltensweisen, die durch den emotionalen Bereich bestimmt sind, zu verdrängen und 'offiziell' sanktionierte Rollen anzunehmen. Dieser durch die soziale Lage und psychische Disposition bedingte Sachverhalt wird narrativ gestaltet durch die bildlich-gegenständliche Darstellung der Verhaltensweisen und durch die Ergänzung dieser Darstellung um die reflektierenden Aussagen des Ich-Erzählers [24], die ausgehen von der unmittelbaren kleinbürgerlichen Situation, diese aber durch die mehrdeutige Sprachstruktur überschreiten (s.u.).

3.1.5.   Ursprung und Erscheinungsform der Charakterstruktur Jan Bronskis.

Jan Bronski ist - soziologisch gesehen - Repräsentant des mittleren Bürgertums: nach seiner Lehrzeit schlägt er die mittlere Verwaltungslaufbahn bei der Post ein und avanciert dort bis zum Postsekretär. In seinem Beruf ist er eingegliedert in eine autoritär-hierarchische Ordnung. [25] Seine Abhängigkeit von der Institution und den Vorgesetzten rationalisiert er mit Begriffen wie Treue, Pflicht dem Staat gegenüber:

> "Er sei Beamter in polnischen Diensten. Für korrekte Arbeit auf der
> polnischen Post bezahle der polnische Staat ihn korrekt." (S.50)

Welche Bedeutung der nationale Gedanke bei Jan Bronski einnimmt, wird in dem zitierten Satz angezeigt durch die häufige Wiederholung des Wortes "polnisch(e)".

Jan Bronski ist von Geburt Pole, er arbeitet eine Zeitlang bei der deutschen Post in Danzig und wechselt schließlich bewußt zur polnischen Post über (um 1923). Er erwirbt mitsamt seiner Familie die polnische Staatsangehörigkeit. Die Bedeutung, die dieser Schritt für ihn hat, muß einerseits historisch verstanden werden aus dem traditionell stark ausgeprägten Nationalgefühl der Polen. Zum anderen aber steht dahinter - sozialpsychologisch gesehen - das Streben, sich einer bestimmten Gruppe anzugliedern. Mit der polnischen Staatsangehörigkeit 'erwirbt' Jan für sich eine Macht, einen Staat, von der er sich die Prinzipien seines Handelns diktieren lassen kann; er findet seine Identität in der Partizipation an dieser Macht. Die Ergänzung zur Unterwerfung findet er in seiner Familie, die er beherrschen kann.[26]

Beim Eindringen der Deutschen in die polnische Post fühlt Jan sich verpflichtet, an der Verteidigung der Macht, mit der er sich identifiziert, teilzunehmen. Hier nun lernt der Leser die Funktion dieser Macht in der Situation ihrer Machtlosigkeit anschaulich kennen.[27] Vorstellungen von Pflicht und Treue, die Jan als seine eigenen Handlungsnormen erachtet, zwingen ihn, seine Verteidigungsbereitschaft vor anderen zu beweisen, um so seine Identität, die gestützt wird durch die Reaktion anderer auf sein Verhalten, zu wahren (cf. S. 178). Die Verteidigungsbereitschaft ist äußere Fassade von Angst und Unsicherheit:

> "Jan lag zusammengekauert, hielt den Kopf verborgen und zitterte.
> Ich erkannte ihn nur an seinem eleganten, nun jedoch mit Kalk und
> Sand bestäubten, dunkelgrauen Anzug. Die Schnürsenkel seines rech-
> ten, gleichfalls grauen Schuhes hatten sich gelöst. Ich bückte mich
> und band sie ihm zur Schleife. Als ich die Schleife anzog, zuckte Jan,
> schob sein viel zu blaues Augenpaar über den linken Ärmel und starrte
> mich unbegreiflich blau und wäßrig an. Obgleich er, wie Oskar sich
> flüchtig prüfend überzeugte, nicht verwundet war, weinte er lautlos.
> Jan Bronski hatte Angst." (S. 185)

Die infantile Reaktion auf die sowohl physische als auch psychische Gefahr läßt die Bedeutung des Macht-Verlustes erkennen: der polnische Staat, der National-stolz, war Ersatz der Vaterfigur, die Übertragung der Sicherheit und Geborgenheit durch den Vater auf den Staat Polen. Dieser Sachverhalt nun kann nicht mit einer 'naiven' Rezeptionshaltung in dieser Weise formuliert werden, sondern nur in Konfrontation mit einer sozialpsychologisch ausgerichteten Theorie der Klein-bürger im Faschismus. Diese wird allerdings nicht auf den Text übertragen, so daß der Text übertragen, so daß der Text lediglich eine Wiederholung darstellte, sondern der literarische Text hat seinen spezifischen Wert an dieser Stelle darin, daß er das Vorverständnis über die autoritäre Charakterstruktur konkretisiert, erweitert, indem er die Manifestationen dieser Charakterstruktur an Details wie Kleidung etc. aufzeigt. Gleichzeitig wird durch stichwortartige Zusammenfassun-gen dieser Erscheinungsformen vom Ich-Erzähler selbst die bildliche Sprache des literarischen Textes in Beziehung gesetzt zur begrifflichen Sprache. Die Beziehung wird durch das Wort "Angst" aufgerissen, sie zu Ende zu führen und ihre Tragweite zu ermessen, bleibt Aufgabe des Lesers.

Das 'ehebrecherische' Verhältnis Jan Bronskis zu Agnes widerspricht seinem korrekten Auftreten, das hier Ausdruck seiner Moralvorstellungen ist. Der Konflikt, der für Jan Bronski aus diesem Verhältnis entsteht, 'vergegenständlicht' sich in seiner Reaktion auf das Donnerstags-Treffen mit Agnes:

> "Er war mitunter sehr schamhaft und schamhafter als Mama, die
> nichts dabei fand, wenn ich Zeuge einer ausklingenden Liebesstunde
> war..." (S. 81)

Jan, der nicht wie Agnes in Frömmigkeitsformen als Bußhandlungen ausweichen kann, ist vor allem darauf bedacht, seine Beziehung zu Agnes geheim zu halten, damit seine Integrität gewahrt ist und er vor sich selber glaubhaft bleibt. Selbst vor dem 'dreijährigen' Oskar empfindet er Scham, wenn er mit Agnes zusammen ist.

Die Normen und Prinzipien, mit denen Jan lebt, tabuisieren die Existenz sexueller Bedürfnisse und verdrängen jeden Anspruch auf Befriedigung. Sie reduzieren den Menschen auf ein Wesen, das sich rigide einem Tugendkodex unterwirft und diesen als einziges Lebensprinzip gelten läßt. Dieser Sachverhalt wird im Text intensiviert durch Jans Frau Hedwig, die als "starkknochig(en), großgeraten(en)" und mit dem "unfaßbaren Blick einer Kuh" (S. 33) versehen, beschrieben wird. Jan sucht seine defizitäre Situation auszugleichen mit der Liebesbeziehung zu Agnes. Die daraus resultierende Scham Jans macht evident, daß dieses Verhältnis keine positive Befreiung aus den sozial bedingten Zwängen bedeutet, sondern daß nach wie vor die öffentliche Moral nichthinterfragtes Primat hat. Das Verhältnis zu Agnes - das Leben in doppelter Moral - verhindert vielmehr einen Protest gegen die Verhältnisse, als daß es einen positiven Befreiungsakt aus den Verhältnissen bedeutet.

Die Verbindung von Moraltreue und "blindwütiger Leidenschaft" formuliert der Ich-Erzähler in einer zusammenfassenden Beurteilung Jans:

> "Der zierliche, immer etwas wehleidige, im Beruf untertänige, in der
> Liebe ehrgeizige, der gleichviel dumme und schönheitsversessene
> Jan Bronski, Jan, der vom Fleisch meiner Mama lebte, der mich,
> wie ich heute noch glaube und bezweifle, in Matzeraths Namen
> zeugte..." (S. 107)

Die syntaktisch parallelisierende Konstruktion von in semantischer Opposition zueinander stehenden Wörtern, die sich alle auf dasselbe Subjekt (Jan) beziehen, weist auf die Zusammengehörigkeit scheinbar divergierender Charaktereigenschaften hin: das untertänige Verhalten im Beruf und das Bedürfnis nach Anerkennung im sexuellen Bereich entsprechen sich. Die Redewendung "gleichzeitig dumm und schönheitsversessen" muß in den gleichen Kontext wie die von Agnes' "angeborene(n)m Geschäftssinn" gestellt werden: die Verhaltensweisen, die durch die Sozialisation der Personen bedingt sind, werden als naturgegeben und angeboren ausgegeben. Diese Formulierungen können aber weder einfach als 'Verschleierung' der realen Verhältnisse noch als 'korrekt-realistische' Darstellung beurteilt werden. An solchen Stellen wird vielmehr die 'Doppelschichtigkeit' der Romansprache evident: auf der einen Seite stehen Aussagen, die von ihrer Terminologie her auf die sozialpsychologischen Implikationen des Dargestellten hinweisen (z.B. "untertänig(e)"), auf der anderen Seite wird das Symbolsystem der Kleinbürger dargestellt. Dieser Kontrast bewirkt ein zweifaches: der Roman bildet einerseits im Blick auf seine Vermittlung der kleinbürgerlichen Welt mit kleinbürgerlicher 'Perspektive' 'Material' für eine kleinbürgerliche 'Fallstudie'. Auf der anderen Seite wird der 'Material'-Charakter erweitert durch Hinweise auf 'theoretische Ergebnisse' einer solchen Fallstudie. Der Text muß demnach rezipiert werden als Darstellung der kleinbürgerlichen Welt und als Interpretation dieser Welt, wobei die quasi erklärenden Aussagen im Roman mehr indikatorischen als Ergebnis-Charakter haben. Ecos These von der Dialektik zwischen Offenheit und Ordnung, die den ästhetischen Text kennzeichne, läßt sich - Ecos Ansatz gleichzeitig erweiternd - auf diesen Text bezogen vorläufig dahingehend präzisieren, daß durch die Darstellung einer relativ geschlossenen kleinbürgerlichen Welt die Gegenständlichkeit des Textes, bezogen auf diesen Bereich, geordnet ist, während die Wertung dieses Bereiches im Text offen, unabgeschlossen ist.[28]

Wie das Verhältnis Agnes - Alfred und das Verhältnis Agnes - Alfred - Jan Bronski so wird auch das Verhältnis von Jan Bronski und Agnes in einer Photobeschreibung zusammengefaßt. Dieses formale Mittel weist auf eine inhaltliche Gemeinsamkeit der Verhältnisse hin, nämlich, daß alle drei gekennzeichnet sind durch stereotypes, statisches Verhalten.[29] Das Photo, das Agnes und Jan zeigt, vergleicht der Ich-Erzähler mit dem Agnes-Alfred-Photo:

> "Dennoch ziehe ich diese fotografierte Langeweile (scil. Agnes-Alfred) dem anstößigen Schnappschuß späterer Jahre vor, der Mama auf dem Schoß des Jan Bronski vor den Kulissen des Olivaer Waldes nahe Freudental zeigt. Erfaßt diese Unfläterei - Jan läßt eine Hand unter Mamas Kleid verschwinden - doch nur die blindwütige Leidenschaft des unglücklichen, vom ersten Tage der Matzerath-Ehe an ehebrecherischen Paares..." (S. 43/44)

Das negative Urteil über dieses Verhältnis entspricht der Haltung des die öffentliche Moral anerkennenden bürgerlichen Menschen. Konfrontiert man aber die Ehesituation der Gestalten mit den realen Bedürfnissen der Menschen, so erhellt daraus die fast pervertierte Form der Triebbefriedigung, die hier als "blindwütige Leidenschaft" diskreditiert wird. In einem Vergleich dieser Stelle mit der oben zitierten (S. 107) zeigt sich, daß das, was hier in kleinbürgerlicher Perspektive negativ beurteilt wird, im Roman gleichzeitig als lebensnotwendig dargestellt wird, so wenn es heißt: "Jan, der vom Fleisch meiner Mama lebte...".[30] Am Beispiel Jan Bronskis kann der Leser erkennen, daß und wie im Bericht des Ich-Erzählers alle festgefügten Urteile und eindeutigen Klassifikationen relativiert werden durch die Formulierung von Gegenpositionen.

3.1.6. Die kleinbürgerliche Umgebung als Synonym für die Ungleichzeitigkeit des Kleinbürgertums.

3.1.6.1. Die räumliche und soziale Umgebung der Familie Matzerath.

Der Ich-Erzähler beschreibt seine Umgebung, den Lebensraum der Kleinbürger des Romans und das Spezifikum dieser Welt aus der Perspektive des die Lage Überschauenden, 'von oben':

> "Die Straße, das war Kopfsteinpflaster. Auf dem gestampften Sand
> des Hofes vermehrten sich die Kaninchen und wurden Teppiche ge-
> klopft. Der Dachboden bot ...jenes hübsche, aber trügerische Frei-
> heitsgefühl, das alle Turmbesteiger suchen, das Mansardenbewohner
> zu Schwärmern macht... Der Hof hatte die Breite des Mietshauses,
> maß aber nur sieben Schritt in die Tiefe und stieß mit einem geteer-
> ten, oben Stacheldraht treibenden Bretterzaun an drei andere Höfe.
> Vom Dachboden aus ließ sich dieses Labyrinth gut überschauen: die
> Häuser des Labesweges, der beiden Querstraßen und Hertastraße
> und Luisenstraße und der entfernt gegenüberliegenden Marienstraße,
> schlossen ein aus Höfen bestehendes beträchtliches Viereck ein, in
> dem sich auch eine Hustenbonbonfabrik und mehrere Krauterwerk-
> stätten befanden. Hier und da drängten Bäume und Büsche aus den
> Höfen und zeigten die Jahreszeit an. Sonst waren die Höfe zwar in der
> Größe unterschiedlich, was aber die Kaninchen und Teppichklopfstan-
> gen anging, von einem Wurf. Während es die Kaninchen das ganze Jahr
> über gab, wurden die Teppiche, laut Hausordnung, nur am Dienstag
> und Freitag geklopft. An solchen Tagen bestätigte sich die Größe des
> Hofkomplexes. Vom Dachboden herab hörte und sah Oskar: über hundert
> Teppiche, Läufer, Bettvorleger wurden mit Sauerkohl eingerieben, ge-
> bürstet, geklopft und zum endlichen Vorzeigen der eingewebten Muster
> gezwungen. Hundert Hausfrauen trugen Teppichleichen aus den Häusern,
> hoben dabei nackte runde Arme, bewahrten ihr Kopfhaar und dessen Fri-
> suren in kurz geknoteten Kopftüchern, warfen die Teppiche über die
> Klopfstangen und sprengten mit trockenen Schlägen die Enge der Höfe."
> (S. 77)

Das Bild, das der Ich-Erzähler hier zeichnet, gibt die räumliche Ausdehnung und die Aktivität der Menschen, die in diesem Raum leben, wieder. Die Beschreibung des Raumes faßt der Ich-Erzähler zusammen in dem Bild eines "aus Höfen beste-henden beträchtlichen Vierecks": Abgeschlossenheit und Enge sind demnach die Charakteristika dieser Welt.[31]

In detaillierter Weise beschreibt der Ich-Erzähler den Akt des Teppichklopfens, der sich regelmäßig wiederholt und zum Inventar dieses Raumes gehört. Das Tep-pichklopen bezeichnet er als eine "Hymne an die Sauberkeit" (S. 77). Die rhythmi-schen Sätze, die den Prozeß des Teppichklopfens formulieren, signalisieren den rituelle Funktion dieser Handlung. Die Reinigung der Teppiche darf hier nicht gleichgesetzt werden mit der Reinigung von Gebrauchsgegenständen. Die Teppiche erhalten vielmehr Attribute des Lebendigen (z.B.: die Teppiche wurden..." ge-

zwungen"), sie nehmen die Rolle eines Partners ein. Die ganze Aufmerksamkeit
gilt der Reinigung dieser Gegenstände. Sie erhalten in diesem Kontext für die
Menschen Fetischcharakter. [32]

Eine weitere Funktion des Teppichklopfens wird angesprochen in dem Satzteil:
"...und sprengten mit trockenen Schlägen die Enge der Höfe". Diese Formulierung gibt auf fast zynische Art die Lebensmöglichkeiten der Kleinbürger wieder:
Der Akt des Teppichklopfens hat für sie unbewußt Ventilfunktion für die Verdrängung ihrer Bedürfnisse. Die Ungleichzeitigkeit der Kleinbürger, die durch den
isolierten, eingegrenzten Lebensraum konkretisiert wird, wird hier verstärkt
und zementiert, denn als Reaktion auf diese Einschränkung der Lebensmöglichkeit
steht eine Handlung zur Verfügung, die die Unmöglichkeit, diese Situation zu überschreiten, demonstriert. Durch die Beziehung der Kleinbürger zu den Gegenständen, durch ihre Funktionalisierung der Gegenstände zu Partnern und Aggressions-
objekten ist sowohl ihre Ungleichzeitigkeit im Verhältnis zur geschichtlichen
Entwicklungsstufe, als auch die damit verbundene Restriktion ihrer Lebensentfaltung gekennzeichnet.

Verbindet man die Beschreibung der lokalen Umgebung mit der sozialen Stellung
und den Lebensformen dieser Menschen, so zeigt sich, daß beides - Lebensform und
Lebensraum - koinzidiert: die Gestalten, mit denen Agnes und Alfred Matzerath
in Beziehung stehen, sind Besitzer von kleinen Läden: Das Ehepaar Scheffler besitzt einen Bäckerladen (cf.S.45) [33], das Ehepaar Greff einen Gemüseladen
(cf.S.45). [34] Die Familienstruktur, die in ihren Grundzügen jeweils ähnlich ist,
wird im Roman mit verschiedener 'Akzentsetzung' dargestellt, so daß zwar damit das Spektrum der kleinbürgerlichen Welt immanent differenziert und ausge-
weitet wird, der kleinbürgerliche Horizont als solcher aber erhalten bleibt. Die
Beschreibung der individuellen Schicksale gibt dem Leser Beispiele für kleinbürgerliches Leben und vermittelt im Zusammenhang eine breite und detaillierte Vorstellung dieser Schicht. Die Ungleichzeitigkeit, die sich in einzelnen Handlungen
und Verhaltensweisen zeigt, wird damit dem Leser als eine schichtenspezifische
einsehbar.

Wie in der Matzerath-Ehe wird auch in den anderen Familien die defizitäre Lage
der Frauen dargestellt. Die Ursache für die Defizite der Frau wird der Haltung
der Ehemänner zugesprochen. So legt der Gemüsehändler Greff seine ganze Aktivität in die Pfadfinderschaft und, als diese im faschistischen System verboten
wird, in die NSKK, "in die er noch rechtzeitig eingetreten ist" (S.240). Das Engagement Greffs in der NSDAP wird hier - wie bei Alfred Matzerath (s.u.) - auf
individuelle Eigenschaften zurückgeführt. Bei Greff ist die Teilnahme bedingt
durch seine homosexuelle Neigung, die ihn an die Umgebung von Knaben fixiert
(cf.S.204). Die homosexuelle Neigung des Gemüsehändlers führt dazu, daß seine
Frau verschlampt und schließlich ein Verhältnis mit Oskar eingeht, dessen so-
ziel bedingte Perversität der Roman in einer detailliert erzählenden Episode
durchsichtig macht. Die Häßlichkeit und das Abstoßige dieser Szenen werden
durch die Art verdeutlicht, in der der Ich-Erzähler über sie berichtet: die fehlenden moralischen Urteile zeigen dem Leser, daß es sich hier nicht um individuelle Unmoral handelt, sondern um konsequentes Verhalten im Blick auf die

Situation der Kleinbürger. Das, was der Leser mit einem bestimmten Moralko-
dex als unmoralisch, widerwärtig verurteilen will, muß er hier als Abbild der
kleinbürgerlichen Situation erkennen, wenn er den Romankontext gelten läßt.[35]

So wie die Mitgliedschaft in der NSDAP privatisiert wird, wird auch die ökonomische Situation mit dem Rezeptionsmodus der Kleinbürger formuliert, d.h. sie
wird auf individuelle Tüchtigkeit bzw. Unfähigkeit zurückgeführt:

> "Greff alterte von jenem Tag an, gab wenig auf sein Äußeres, verfiel
> ganz der Bastelei, so daß man in dem Gemüseladen mehr Klingelma-
> schinen sah als Kartoffeln und Kohlköpfe. Freilich tat auch die allge-
> meine Ernährungslage das ihrige; der Laden wurde nur selten be-
> liefert, und Greff war nicht gleich Matzerath in der Lage, auf dem
> Großmarkt, Beziehungen spielen lassend, einen guten Einkäufer ab-
> zugeben." (S. 254)

Die ökonomische Misere im Gemüseladen wird zurückgeführt auf den Verlust der
Pfadfinderschaft und den Tod des von Greff besonders geliebten Knaben. Die "allgemeine Ernährungslage" wird hier als die Fluktuation des Ladens hemmender,
aber nicht vornehmlich bedingender Faktor genannt. Sie kommt erschwerend zu
der privaten Situation hinzu. Diese Wertsetzung des Romans bestimmt auch den
Vergleich von Greffs Laden mit Matzeraths: während Matzerath Geschick beim
Einkauf auf dem Großmarkt zeigt, ist Greff dazu ungeeignet. Wenn hier die ökonomische Allgemein-Situation mit dem Wort "Ernährungslage" erfaßt wird, so
konkretisiert sich darin die Vorstellung der Kleinbürger über die ökonomische
Entwicklung: sie identifizieren ökonomische Veränderungen mit Naturereignissen,
mit Erscheinungen, die nach unbekannten und undurchschaubaren Gesetzen ab-
laufen; ob privater Vorteil oder Nachteil entsteht, hängt allerdings von der individuellen Haltung ab.

In der gleichen 'Argumentations'-Weise faßt der Ich-Erzähler die Veränderung
der Verhältnisse zusammen, wenn er den oben beschriebenen Raum (cf.S.77) mit
den jetzigen Verhältnissen (1938) vergleicht:

> "Auch gab es Kaninchen und Kaninchen von Kaninchen wie in alten Zei-
> ten. Aber die Gören auf dem Hof waren andere. Die trugen jetzt Uni-
> formen und schwarze Schlipse, kochten keine Ziegelsuppe mehr. Was
> da heranwuchs, mich überragte, kannte ich kaum beim Namen. Das
> war eine andere Generation... Wie sich in drei vier Jahren alles än-
> dern kann. Da gab es zwar immer noch die alte Teppichklopfstande,
> auch stand in der Hausordnung: Dienstag und Freitag Teppichklopfen,
> aber das knallte nur noch spärlich und fast verlegen an den zwei Wo-
> chentagen: seit Hitlers Machtübernahme gab es mehr und mehr Staub-
> sauger in den Haushaltungen; die Teppichklopfstangen vereinsamten
> und dienten nur noch den Sperlingen." (S.142)

Die Änderung der Verhältnisse wird als ein natürlicher Lauf der Dinge definiert,
als eine Generationenfolge. Äußere Merkmale dieser Veränderung sind die Kleidung der Jugend - sie tragen jetzt Uniformen - und die größere Zahl von Staub-
saugern in den Haushaltungen, die das Teppichklopfen überflüssig machen. Mit

der Einführung eines politisch entscheidenden Datums (Machtübernahme Hitlers) als Zeitangabe wird der allgemeine politische Hintergrund einer Entwicklung derart an das Vordergrundgeschehen fixiert, daß das private Ereignis, die größere Zahl der Staubsauger, als einzige Konsequenz der politischen Veränderung erscheint. Die syntaktische Verbindung von zwei in ihrer Relevanz völlig unterschiedlichen Sachverhalten weist auf die kleinbürgerliche Wesensbestimmung des Faschismus hin: die Kleinbürger personalisieren das faschistische System, indem sie es in der Gestalt Hitlers verkörpert sehen und erachten die Veränderungen, die durch die Machtübernahme Hitlers eintreten, als allein ihren Privatbereich betreffend; sie erkennen das faschistische System nicht als eine gesamtpolitische Entwicklung. Warum die Staubsauger seit der Machtübernahme Hitlers gekauft werden können, mit welchen Mitteln und aus welchem Grund die faschistischen Führer den Lebenstandard der Bevölkerung zu Beginn verbessert haben, spielt im Kontext kleinbürgerlicher Orientierungssysteme keine Rolle. Sichtbar wird allein die Rezeption dieser Maßnahme beim Kleinbürgertum: für sie hat mit der Machtübernahme Hitlers ein bequemeres Leben begonnen. So wird auch das Faktum, daß die faschistische Partei die Jugend in ihre Hierarchie eingliedert und durch Uniformen als dazugehörig ausweist, als durch Generationswechsel bedingter Sachverhalt ausgegeben. Der politische Hintergrund wird allein durch die Zeitangabe indiziert, der Leser hat die Aufgabe, die Beziehung zum Vordergrundgeschehen auszubauen.

3.1.6.2. Das Verhältnis der Familien zueinander.

Die Familien aus der Nachbarschaft und Verwandtschaft der Matzeraths finden Anlaß zu einem offiziellen Zusammensein bei Geburtstagen, Taufen und Beerdigungen, Daten also für 'diktierte Feierlichkeit'. [36] Diese Feste haben alle einen in den Grundzügen gleichen Verlauf. Im folgenden Abschnitt soll exemplarisch die Feier an Oskars viertem Geburtstag untersucht werden:

"So versetzte ich an meinem vierten Geburtstag, Anfang September achtundzwanzig, die versammelte Geburtstagsgesellschaft, die Eltern, die Bronskis, die Großmutter Koljaiczek, Schefflers und Greffs, die mir alles mögliche geschenkt hatten...alle die da Augen hatten, mich und meine Wünsche zu übersehen, versetzte ich mit einem rundlaufenden, alle vier Glühbirnen unserer Hängelampe tötenden Schrei in vorweltliche Finsternis. Wie nun Erwachsene einmal sind: nach den ersten Schreckensrufen, fast inbrünstigem Verlangen nach Wiederkehr des Lichtes, gewöhnten sie sich an die Dunkelheit und als meine Großmutter Koljaiczek, die als einzige außer dem kleinen Stephan Bronski der Finsternis nichts abgewinnen konnte, mit dem plärrenden Stephan am Rock Talgkerzen aus dem Laden holte, zeigte sich die restliche, stark angetrunkene Geburtstagsgesellschaft in merkwürdiger Paarung. Wie zu erwarten war, hockte Mama mit verrutschter Bluse auf Jan Bronskis Schoß. Unappetitlich war es, den kurzbeinigen Bäckermeister Alexander Scheffler fast in der Greffschen verschwinden zu sehen. Matzerath leckte an Gretchen Schefflers Gold- und Pferdezähnen. Nur Hedwig Bronski saß mit im Ker-

zenlicht frommen Kuhaugen, die Hände im Schoß haltend, nahe,
aber nicht zu nahe dem Gemüsehändler Greff, der nichts getrunken hatte und dennoch sang, Hedwig Bronski zum Mitsingen auf-
fordernd sang. Ein zweistimmig-Pfadfinderlied sangen sie ...
Ich blieb auch unter dem Tisch, als meine Großmutter kam, mit
den Kerzen einem zornigen Erzengel glich, im Kerzenlicht Sodom
besichtigte, Gomorrha erkannte, mit zitternden Kerzen Krach
schlug, das alles eine Sauerei nannte und die Idylle wie Rübezahls
Spaziergänge durch das Riesengebirge beendete, indem sie die
Kerzen auf Untertassen stellte, Skatkarten vom Büfett langte,
auf den Tisch warf und, den immer noch greinenden Stephan trö-
stend, den zweiten Teil der Geburtstagsfeier ankündigte."
(S. 53/54)

Das Fest gliedert sich in zwei Hauptabschnitte: der erste, bestimmt durch die
Dunkelheit im Zimmer, gibt den Teilnehmern Gelegenheit zur "Paarung". Wenn
der Ich-Erzähler die Beschreibung dieses Teils programmatisch mit diesem Begriff einleitet, bestimmt er gleichzeitig eine Funktion des Festes: im Kontext des
kleinbürgerlichen Lebens gibt ein Fest Gelegenheit - vor allem durch die von
Oskar provozierte Dunkelheit - die konventionellen Verhaltensweisen aufzugeben.
Sobald Gelegenheit gegeben ist, die Unterdrückung, die sie permanent erfahren,
unsichtbar aufzuheben, ist das Ergebnis ein 'tierhaftes' Verhalten. Dies indiziert
die semantische Inkongruenz, die in dem Wort der Paarung in Verbindung mit
Personen liegt. Diese Inkongruenz kennzeichnet auch die folgende Beschreibung
der Situation: so "leckt" Matzerath an den Zähnen von Gretchen Scheffler. Das
Verhalten der Menschen hier entspricht der Beziehung zwischen Jan und Agnes,
wenn sie in der Photobeschreibung als "blindwütige Leidenschaft" (S. 43) definiert wird. Primäres Ziel dieses Verhaltens ist die egoistische Befriedigung der
Triebe und nicht etwa die kommunikativ-erotische Beziehung zu einem Partner.

Der zweite Teil des Festes ist ausgefüllt durch das Skatspiel. Die Großmutter
nimmt die Rolle des 'Sittenrichters' ein und gibt die Initiative zu diesem Spiel.
Die Verbindung beider Rollen - Sittenrichter und Initiator des Skatspiels - in einer Person signalisiert die Funktion des Spiels in diesem Kontext: es handelt sich
um eine 'Beschäftigungstherapie' mit dem Ziel, die durch die Dunkelheit im Zimmer virulent gewordenen Bedürfnisse zu verdrängen zugunsten einem der öffentlichen Moral gemäßen Verhalten. Gleichzeitig wird mit der Verbindung beider
Rollen in einer Person der kleinbürgerliche Moral-Kodex charakterisiert: er
verlangt die rigide Befolgung von Regeln, die eingefahrene Sprach- und Verhaltensmuster nach sich ziehen.

Der Verlauf des Festes bildet eine ähnliche Dramatisierung der Verhaltensmuster,
die die Beziehung zwischen Agnes und Jan bestimmen. Die Darstellung verschiedener Familienfeste im Roman erweitert die Sicht kleinbürgerlicher Symbol- und
Orientierungssysteme, ohne qualitativ Neues vorzustellen. Diese Art der Wiederholung kann im Blick auf die Struktur des Romans nicht als überflüssige Redundanz diskreditiert werden. Denn gerade in der Darstellung einer kleinbürgerlichen
Gruppe und ihrer äußerlich unterschiedlich, in den Grundmustern aber gleich ge-

kennzeichneten Mitglieder wird die historisch-politische Ungleichzeitigkeit der Kleinbürger als allgemeines Kennzeichen dieser Schicht einsichtig. Die Wiederholung ist hier nicht Redundanz im schlechten Sinne, sondern Intensivierung und gleichzeitig - als Wiederholung - Aufweis der Gleichförmigkeit der kleinbürgerlichen Schicht, des ritualisierten und phantasielosen Ablaufs ihrer Erlebnisweisen. Die Rezeption von 'Gleichem' lenkt zurück auf die Frage, warum die Situationen gleich sind. Die Episodenaneinanderreichung wird dann rezipiert als Information über das Kleinbürgertum. Die Struktur des Romans im Blick auf die Episodenreihung und auf die Personenkonfiguration ist Abbild des Kleinbürgertums, sie hat außerästhetischen Informationswert.

Die politische Entwicklung, die Zeit des Faschismus bestimmt das Verhältnis der Familien in zwei Punkten. Vor dem Tode Jans vermieden die Menschen den Umgang mit ihm, da er als Pole für sie politisch unangenehm werden konnte. Die Einladung der Großmutter, Vinzent Bronskis und Hedwigs zur Taufe des Sohnes Kurt ist nur möglich, da die Personen mittlerweile eingedeutscht und damit den politischen Anordnungen konform sind. Zudem hat Hedwig einen Ortsbauernführer aus Ramkau geheiratet, einen Mann also, dessen Bekanntschaft für Mitglieder der NSDAP eher nützlich als schädlich werden kann. Während also vor der faschistischen Herrschaftszeit Kriterium für die Einladung zu Festen und für den Umgang mit Menschen Verwandschafts- und Nachbarschaftsbeziehungen waren, spielten während der faschistischen Zeit ihre nationale Zugehörigkeit und ihre Stellung im faschistischen System eine ausschlaggebende Rolle. Dieser Wechsel in der Auswahl wird nicht problematisiert oder als einschränkend empfunden, er wird gar nicht bewußt registriert, sondern als natürlich und ratsam aufgenommen. Dieser Sachverhalt konkretisiert die kleinbürgerliche Bewußtseinsstruktur dahingehend, daß sie sich einem System, das machtvoll ist, total unterwerfen, ohne ihre Unterwerfung und Hörigkeit als solche zu empfinden.

Jeder potentielle Konflikt wird im Zusammensein mit anderen vermieden, politisch brisante Themen werden tabuisiert:

"Es gaben sich alle Mühe, nicht von Jan Bronski zu sprechen, bis ich ihnen einen Strich durch die schweigsame Rechnung machte und mit kindlich drolliger Mundstellung laut und mehrmals nach Oskars Onkel Jan rief. Matzerath gab sich einen Ruck, sagte etwas Freundliches und etwas Besinnliches über seinen ehemaligen Freund und Nebenbuhler. Ehlers stimmte sofort und wortreich zu, obgleich er seinen Vorgänger nie gesehen hatte. Hedwig fand sogar einige echte und ganz langsam kullernde Tränen und schließlich das Schlußwort zum Thema Jan: 'Ain guter Mänsch warrer ja. Und konnt kaine Flieje nich ain Haarchen krümmen. Wä hätt jedacht, dasser mißt so zu Grund jähen, wo ä doch ängstlich war und konnt sich verfeiern vor nuscht un wieder nuscht.' "(S. 248)

Der Ich-Erzähler provoziert hier eine allen peinliche Situation, indem er das tabuisierte Gebiet, die Frage nach Jan Bronski, so aufreißt, daß eine Reaktion für die anderen unumgänglich wird. Die damit hervorgerufene Situation erhellt, mit welchen Mechanismen manifeste Probleme abgewehrt und in den Bereich der unverbindlichen 'Banalitäten' verdrängt werden. Die Reaktion besteht in allgemeinen Aussagen über den 'im Grunde guten Menschen', dessen Tod überraschend war im Blick auf seine angeborene Furchtsamkeit. Das Politikum, das hinter seinem Tod steht, wird umgeformt zu einem individuellen Schicksalsschlag. Die Redewendungen, die die Aussagen jeweils einleiten ("... gab sich einen Ruck"; "... fand dann sogar einige echte und ganz langsam kullernde Tränen") demonstrieren die Peinlichkeit der Lage. Die Situation wird schließlich behoben durch bekannte Ablenkungs- und Verdrängungshilfen wie Skat und Bier. In den Sprach- und Handlungsmustern der Menschen zeigt sich, daß selbst in den Situationen, wo kommunikative Bewältigung eines prekären Sachverhalts von außen aufgezwungen wird, die Kommunikation im Sinne eines dialogischen Verhaltens vermieden wird und durch monologische Stellungnahmen umgangen und abgeblockt wird.

Der zweite Punkt, in dem politische Verhältnisse das Zusammensein der Menschen berühren, wird beim Taufessen sichtbar:

"Man sprach von der Kesselschlacht bei Kijew, zählte an den Fingern die Gefangenenzahlen zusammen. Der Balte Ehlers zeigte sich dabei besonders fix, ließ bei jedem Hunderttausend einen Finger hochschnellen, um dann, als seine beiden gespreizten Hände eine Million umfaßten, weiterzählend einen Finger nach dem anderen zu köpfen. Als man das Thema russische Kriegsgefangene, die durch die wachsende Summe immer wertloser wurden, erschöpft hatte, erzählte Scheffler von den U-Botten in Gotenhafen, und Matzerath flüsterte meiner Großmutter Anna ins Ohr, daß bei Schichau jede Woche zwei Unterseeboote vom Stapel zu laufen hätten. Hierauf erklärte der Gemüsehändler Greff allen Taufgästen, warum Unterseeboote mit der Breitseite und nicht mit dem Heck zuerst vom Stapel laufen müßten. Er wollte es anschaulich bringen, hatte für alles Handbewegungen, die ein Teil der Gäste, die vom U-Boot fasziniert waren, aufmerksam und ungeschickt nachmachten." (S. 250)

Thema des Gesprächs sind Kriegsereignisse, Kriegstechniken etc., die aufgezählt werden, wie sie in den Funk-Meldungen zu hören sind. Dieses Thema erscheint angemessen, weil es spannende und faszinierende Bereiche umgreift. Kriterium für spannendes Erzählen bildet die Fähigkeit, permanent Neues und Anschauliches erzählen zu können. Dies erkennt der Leser mittelbar in der Begründung, warum die Aufzählung der russischen Kriegsgefangenen bei den Zuhörern an Interesse verliert: die Zahl ist zu groß, d.h. die Aufzählung des doch immer gleichen Sachverhalts dauert zu lange.

Dieses Gespräch präzisiert dem Leser das Selbstverständnis der Kleinbürger über politische Ereignisse: sie verstehen sich als Partizipanten an einem politischen Machtsystem, wenn sie politische Details referieren. Die Frage nach einem politischen Kontext, in dem diese Details stehen könnten, bleibt aus. Eine solche Einstellung wird gefördert durch die Kriegs-Sondermeldungen, deren Funktion hier indirekt deutlich wird: sie sind so konzipiert und werden auch so rezipiert, daß keine Meinungs- und Urteilsbildung eingeleitet werden kann. Sie haben lediglich Unterhaltungs- und Suggestionsfunktion: sie wecken die Illusion, daß die Hörer, die solche Meldungen aufnehmen, an weltpolitischen Ereignissen teilhaben. [37]

Die Dialogstruktur des Taufgesprächs bestätigt die Bestimmung der kleinbürgerlichen Rezeption, wie sie hier formuliert wurde: diese ist geprägt durch die Absicht jedes Gesprächsteilnehmers, den anderen in spannenden Berichten und anschaulicher Vortragsweise zu übertreffen. Über diese Intention besteht stillschweigendes Einvernehmen. Der Verlauf des als monologsich zu bestimmenden Gesprächs ist damit vorher festgelegt, was zu einer Form der 'ritualisierten' Kommunikation führt. Bezeichnend für diese Form der Kommunikation ist die Bedeutung, die die Gestensprache einnimmt. So versucht jede Person den eigenen Beitrag durch Gesten - nicht durch sprachliche Mittel - verständlich zu machen.

Im hervorgehobenen Text wird das Hintergrundgeschehen in das Vordergrundgeschehen integriert, es wird Thema des Vordergrundgeschehens. Dies geschieht so, daß das Hintergrundgeschehen nicht mehr im Blick auf den Leser seine Bedeutung erhält in dem Sinne, daß dieser zur Einordnung des Betrachteten aufgefordert ist, sondern in der Weise, daß die Wirkung des Hintergrunds auf die Kleinbürger betrachtet wird. Der Hintergrund wird damit hier zum Vordergrund. Sobald die politischen Ereignisse also Gesprächsthema der Kleinbürger werden, wird ihr politischer Kontext eliminiert. Die Rezeption politischer Ereignisse durch die Kleinbürger läßt sich damit folgendermaßen zusammenfassen: Die politischen Fakten nehmen die Funktion von Informationsbesitz für den privaten Gebrauch ein. Sie werden von den Kleinbürgern adaptiert, aber nicht als politische Ereignisse verarbeitet und in einen Zusammenhang mit der eigenen sozio-politischen Lage gebracht.[38] Die Gespräche über politische Ereignisse werden zur monologischen Aufzählung scheinpolitischer Details. Die allgemein politisch bedingten Verhältnisse werden zu isoliertem und quasi gegenständlichem, 'greifbarem' Informationsbesitz verkürzt.

3.1.7.   Die Beziehung der Kleinbürger zum Faschismus.

Alle kleinbürgerlichen Gestalten im Roman werden in die politischen Verhältnisse der faschistischen Zeit verwickelt. Am Beispiel Alfred Matzeraths, dessen Parteitätigkeit episodenmäßig am ausführlichsten behandelt wird, soll im folgenden Kapitel untersucht werden, in welcher Weise die faschistische Herrschaftszeit das Privatleben der kleinbürgerlichen Romangestalten beeinflußt.

Alfred Matzerath tritt bereits 1934 in die NSDAP ein:

> "...(Agnes) sah Jan Bronski maßvoll gelegentlich, das heißt, in der
> Tischlergasse auf Jans Kosten und beim Skatspiel... Matzerath
> aber...trat im Jahre vierunddreißig, also verhältnismäßig früh die
> Kräfte der Ordnung erkennend, in die Partei ein und brachte es den-
> noch nur bis zum Zellenleiter." (S.92/93)

Während Agnes Matzerath ihr Verhältnis zu Jan aufrecht erhält und sich jeden Donnerstag in einer Pension mit ihm trifft, tritt Alfred Matzerath in die Partei ein. Die Gegenüberstellung dieser beiden Sachverhalte - sprachlich betont durch das disjunktiv verwendete 'aber' - richtet die Aufmerksamkeit des Lesers auf den gemeinsamen Ursprung der beiden verschiedenen Handlungen: So wie Agnes Matzerath ihre difzitäre Situation in der Beziehung zu Jan ausgleicht, so Alfred

Matzerath mit dem Eintritt in die faschistische Partei. [39] Beide Reaktionen haben ihre Basis in einer defizitären Situation, die Art der Defizite aber unterscheidet sich, wie aus der folgenden Begründung von Alfred Matzeraths Eintritt in die Partei hervorgeht.

Neben der im Text durch das Wort 'aber' angedeuteten psychologischen Motivation zum Eintritt steht im gleichen Satz eine zweite Erklärung, nämlich in dem Ausdruck "früh die Kräfte der Ordnung erkennend". Diese Erklärung beinhaltet zwei Komponenten: zum einen gibt sie Aufschluß über die Struktur der faschistischen Partei, zum anderen kann daraus auf die Bedürfnisse Alfreds, die er in der Partei offensichtlich befriedigt sieht, zurückgekoppelt werden, wenn es heißt, daß der streng hierarchische Aufbau der Partei "Kraft" verleiht. In der Organisation der Partei, dies wird hier angedeutet, erhält jedes Mitglied eine exakte und klar definierte Statuszuweisung. Jeder wird so eingegliedert, daß er sowohl seine Machte nach unten ausüben, als auch sich selbst an eine stärkere Macht anlehnen kann. [40] Die Sicherheit in der Rollenzuweisung steht im Gegensatz zu der unsicheren und vagen Rolle, die Matzerath in seiner Familie einnimmt. Er erhält also in der Partei einen Ersatz für seine familiären Defizite. Zudem bietet die Partei Prinzipien und einen Katalog von Normen, die ihn der eigenen Entscheidung entheben. [41] Seine Schuldgefühle gegenüber Oskar [42], seine Machtlosigkeit Agnes gegenüber - er hat vor seinem Eintritt in die Partei nie ihre Liebesbeziehung zu Jan kritisiert - verlieren hier an Bedeutung, denn seine 'Identität' findet er in dem Angebot, an einer Macht zu partizipieren.

Diese Leistung und Ideologie der faschistischen Partei wird konkretisiert, indem im Text vornehmlich die Rolle der formalen Kennzeichen des Faschismus aufgezeigt werden. Der Leser, der mit dem oben formulierten Vorverständnis den Roman rezipiert, wird in seiner Aufmerksamkeit immer wieder umgelenkt im Vergleich zu seinem Vorverständnis. Sein 'theoretisches Modell' wird durch die literarische Kommunikation zur Anschauung gebracht und erweitert durch den verschiedenartigen Modus der Erkenntnis.

> "Nach und nach kaufte sich Matzerath die Uniform zusammen. Wenn ich mich recht erinnere, begann er mit der Parteimütze, die er gerne, auch bei sonnigem Wetter mit unterm Kinn scheuerndem Sturmriemen trug. Eine Zeitlang zog er weiße Oberhemden mit schwarzer Krawatte zu dieser Mütze an oder eine Windjacke mit Armbinde. Als er das erste braune Hemd kaufte, wollte er eine Woche später auch die kackbraunen Reithosen und Stiefel erstehen. Mama war dagegen, und es dauerte abermals Wochen, bis Matzerath endgültig in Kluft war."
> (S. 93)

Die Bedeutung der Uniform für Matzerath geht aus der detaillierten Schilderung des Kauf-Prozesses hervor. Hier wird das erstemal berichtet, daß Matzerath trotz der Widerstände von seiten Agnes' sein Ziel erreicht. Die Parteimütze, das erste erworbene Teil, trägt er mit kindlichem Stolz, obwohl sie Schmerz bereitet. Kategorien wie vernünftig, geschäftlich, angenehm, die das Denken und Handeln von Agnes bestimmen, sind hier unangemessen. Dieses unverständliche Verhalten Matzeraths verdeutlicht seine Beziehung zur Partei: Nicht die inhaltliche Seite der faschistischen Ideologie ist der entscheidende Impuls zum Eintritt in die Partei, sondern die Formen, die hier propagandistisch angeboten werden. [43] Die Bedürfnisse des Kleinbürgers Alfred Matzerath und die 'Angebote' der faschistischen Partei entsprechen sich also.

Dieses Rezeptions-Urteil wird erhärtet durch die Episode, in der von Matzeraths Vorbereitungen zur Teilnahme an den sonntäglichen Kundgebungen der Partei erzählt wird:

> "Es gab mehrmals in der Woche Gelegenheit, diese Uniform zu
> tragen, aber Matzerath ließ es bei der Teilnahme an sonntägli-
> chen Kundgebungen auf der Maiwiese neben der Sporthalle genug
> sein. Hier erwies er sich jedoch selbst dem schlechtesten Wet-
> ter gegenüber unerbittlich, lehnte auch ab, einen Regenschirm
> zur Uniform zu tragen, und wir hörten oft genug eine Redewen-
> dung, die bald zur stehenden Redensart wurde. 'Dienst ist Dienst',
> sagte Matzerath, 'und Schnaps ist Schnaps!' verließ, nachdem
> er den Mittagsbraten vorbereitet hatte, jeden Sonntagmorgen
> Mama..." (S. 93)

Der Formalismus dieses Engagement erhellt aus der übertreibenden und ins Groteske gehenden Beschreibung seiner Haltung. Selbst normale Reaktionen, nämlich bei Regen einen Regenschirm zu tragen, muß Matzerath, um sich unter keinen Umständen einen Formfehler zu Schulden kommen zu lassen, ablehnen. Das Leben in der Partei, die Teilnahme an Massenkundgebungen, darf nicht die Züge des normalen Lebens tragen: das, was sein privates Leben bestimmt, steht nur insofern mit seinem Parteileben in Beziehung, als durch die Partei die Defizite des Privatbereichs ausgefüllt werden. Von politischen Programmen erfährt der Leser im Kontext von Matzeraths Parteileben nichts, dies scheint für ihn irrelevant zu sein. Von Bedeutung ist allein das Gefühl, einer mächtigen Gruppe anzugehören und die damit verbundene Demonstration dieser Zugehörigkeit durch äußerlich sichtbare Zeichen, durch eine Uniform und durch die Teilnahme an den Partei-Ritualen.

Entsprechend reicht die Parteitätigkeit Matzeraths nur in bezug auf Äußerlichkeiten in sein Privatleben hinein:

> "Anläßlich dieser Beförderung (scil. zum Zellenleiter), die, wie
> alles Außergewöhnliche Grund zum Familienskat bot, gab Matze-
> rath erstmals seinen Ermahnungen, die er Jan Bronski wegen
> der Beamtentätigkeit auf der polnischen Post schon immer er-
> teilt hatte, einen etwas strengeren, doch auch besorgteren Ton.
> Sonst änderte sich nicht viel. Über dem Piano wurde das Bild
> des finsteren Beethoven... vom Nagel genommen und am selben
> Nachmittag der ähnlich finster blickende Hitler zur Ansicht ge-
> bracht." (S. 93)

Die übliche Demonstration der Zustimmung zu Hitlers Herrschaftssystem, näm-lich das Aufhängen seines Bildes, und die Warnung wegen Jan Bronski sind die beiden Faktoren, die Matzeraths politische Tätigkeit im Privatbereich sichtbar werden lassen. Er ermahnt wegen Jan Bronski nicht aus genuin faschistischen Überzeugungen heraus (z.B. mit dem Hinweis auf die niedere Rasse der Polen), sondern weil die Beziehung zu Jan Bronski wegen seiner Tätigkeit in der polnischen Post gefährlich und unangenehm werden könnte. Nicht Überzeugung und Argumente bestimmen seine Kritik, sondern Furcht vor der Macht, der er sich anvertraut hat und deren Befehle als Befehle dieser einen Macht immer berechtigt sind und befolgt werden müssen. Hier wird im kleinbürgerlichen Bereich des Romans sichtbar, wie ambivalent sich die Beziehung zur Partei als der undurchschaubaren Macht auswirkt: auf der einen Seite stehen Treue und Vertrauen, auf der anderen Seite die Angst, die Macht könnte verloren gehen, wenn man sich nicht in allen Details ihr gegenüber konform verhält. Daraus erhellt - in Konfrontation zu einer Theorie des Faschismus gesehen - die Stellung dieser Ideologie im Leben der Kleinbürger: unfähig zu distanzierter Beurteilung und aus Angst, das gefundene Mittel zum Ausgleich der eigenen Schwäche wieder zu verlieren, wird Stellung gegen etwas bezogen, ohne die Gründe und Auswirkungen dieser Position zu durchschauen. [44]

Eine Intensivierung dieses Sachverhalts und eine Erweiterung des kleinbürgerlichen Lebens erhält der Leser durch die Episoden, in denen Alfred Matzeraths Verhältnis zu Jan Bronski nach Agnes' Tod erzählt wird. Alfred Matzerath, der auf das Skatspiel angewiesen ist, da dieses die eigene Kommunikationsunfähigkeit überspielt, findet in der ersten Zeit nach Agnes' Tod keine - politisch gesehen - geeigneten Skatpartner. Dies zwingt ihn dazu, mit Jan zu spielen. Der Konflikt, der aus der Diskrepanz zwischen politischer Norm und privatem Handeln entsteht, wird, wie bei Jan Bronski vorher in seinem Verhältnis zu Agnes Matzerath, dadurch kaschiert, daß man heimlich spielt, um das Bild, das man vor anderen vorstellt und vor sich selbst vorstellen will, zu bewahren (cf. S. 171/172). Nachbarn und Freunde von früher mißtrauen sich jetzt gegenseitig und ihr Zusammensein kann allein begründet werden mit der Situation unangemessenen Rationalisierungen. Die Angst vor der Macht wird zur Angst vor Personen, die die gleiche soziale Stellung haben, zu denen aber politische Gesetze die Gemeinsamkeit brechen.

Im Zusammenhang mit dieser unterwürfigen Beziehung zur faschistischen Partei steht die Funktion der Partei als 'Vaterersatz', als schützende Autorität. Diese Funktion wird narrativ vermittelt in der Episode, in der der Einfall der Russen in Danzig und die dann folgende Ermordung Alfred Matzeraths geschildert werden. Matzerath, der sich den Brand Danzigs trotz der damit verbundenen Gefahr vom Dachboden aus ansieht, verläßt diesen erst, als in der Nähe Granaten einschlagen:

> "Später wollte Matzerath noch einmal hinauf, aber Maria verbot es
> ihm. Er fügte sich, weinte, als er der Witwe Greff, die unten ge-
> blieben war, den Brand lang und breit schildern mußte. Noch ein-
> mal fand er in die Wohnung, stellte das Radio an: aber es kam nichts
> mehr. Nicht einmal das Feuer des brennenden Funkhauses hörte man
> knistern, geschweige denn eine Sondermeldung. Fast zaghaft wie ein
> Kind, das nicht weiß, ob es weiterhin an den Weihnachtsmann glauben
> soll, stand Matzerath mitten im Keller, zog an seinen Hosenträgern

äußerte erstmals Zweifel am Endsieg und nahm sich auf Anraten der Witwe Greff das Parteizeichen vom Rockaufschlag..." (S. 324/325).

Matzerath reagiert auf den Zusammenbruch der faschistischen Herrschaft mit infantilem Gebahren. An dieser Stelle wird wieder durch ein Bild, das des Weihnachtsmannes [45], die Beziehung der Kleinbürger zum Faschismus konkretisiert: Der Faschismus verkörpert für sie das Mächtige, von dem man Gutes erwartet und an das man glauben muß, ohne die Hintergründe durchschauen zu wollen. Der Verlust dieses Mächtigen und des mit ihm verbundenen Glaubens führt zu infantiler Reaktion, zu Hilflosigkeit und Unsicherheit. Denn allein in der Unterordnung unter diese Macht war das masochistische Streben, d.h. das Bedürfnis nach Bindungen, die den Verlust der primären, kindlichen Bindungen ersetzen, erfüllt.

Zusammenfassend soll in folgenden Thesen formuliert werden, welche Bedeutung aufgrund der schwerpunktmäßigen Rezeption der Romangestalt Alfred Matzerath der faschistischen Ideologie im kleinbürgerlichen Romanbereich zugesprochen werden muß: Der Text konkretisiert die Faktoren der faschistischen Ideologie, die in Reaktionen der Romangestalten manifest werden. Es ist signifikant, daß nie das Zusammensein Alfred Matzeraths mit Parteigenossen episodenhaft dargestellt wird. Der Leser erfährt allein etwas über die Erscheinungsformen des 'Faschisten' Matzerath und zwar so, daß für ihn daraus die Grundzüge der faschistischen Ideologie und ihre Implikationen für das Kleinbürgertum selektiv deutlich werden. Die sprachlichen Konkretionen des Textes entlarven die Motivation zum Eintritt in die Partei. Sie machen es möglich, die Funktion dieser Macht als Vaterersatz zu erkennen. Matzerath wird so dargestellt, daß seine Parteitätigkeit als Konsequenz aus seinem früheren Leben erscheint: der Faschismus als die Herrschaftsform, in der das Kleinbürgertum sich bestätigt fühlt. Die Auswirkungen der faschistischen Herrschaft im Blick auf die sozioökonomischen und soziokulturellen Folgen werden privatisiert und nicht in einen allgemeinen Kontext gestellt.

Konfrontiert man die oben als Vorverständnis formulierten theoretischen Einsichten mit der Darstellung des Faschismus im Roman, so erweist sich als Selektionsprinzip des Romans die Selektion auf die Manifestation der faschistischen Ideologie im kleinbürgerlichen Leben. Dabei wird die Formulierung der psychologischen und politischen Entstehungsprozesse dieser Manifestationen durch reflektierende Aussagen des Ich-Erzählers und terminologische Andeutungen für den Leser als Problem einsichtig. Die Rezeption des Romans ist angewiesen auf die vorhergehende Reflexion über eine Theorie des Faschismus, um sowohl die Manifestation als solche erkennen zu können, als auch, um die Andeutungen des Ich-Erzählers, seine mehrdeutige Erzählweise, in Korrelation zu dem politischen Kontext setzen zu können.

3.1.8. Die Darstellung der faschistischen Ideologie außerhalb der kleinbürgerlichen Verhältnisse.

Die beiden Bereiche, in denen der Faschismus und seine Organisationen außerhalb der kleinbürgerlichen Verhältnisse dargestellt werden, sind im Roman dadurch gekennzeichnet, daß der Ich-Erzähler hier insofern seine Rolle aufgibt, als er in einer bestimmten Gruppe als Mitglied bzw. Führer agiert. Er setzt seine Fähigkeiten, das Trommeln und das Glaszersingen, zu einem bestimmten Zweck ein, der den Mitgliedern der Gruppe bekannt ist.[46] Wurde bisher von der Gestalt des Ich-Erzählers in der Weise abstrahiert, in der seine Beziehung zur Umwelt, sein Lebensprinzip, Konsequenzen für die Rezeption der Romanwelt hat, so wird diese Abstraktion hier überflüssig, da Oskar die distanzierte Haltung im Zusammensein mit diesen Gruppen partiell aufgibt.

3.1.8.1. Die Fronttheater-Gruppe.

Bei einem Circus-Besuch im Frühjahr 1934 trifft Oskar den Liliputaner Bebra, der dort eine Liliputaner-Gruppe leitet (cf. S. 91). Bebra durchschaut bei der Begegnung sofort Oskars Lebensprinzip, nämlich die Größe eines Dreijährigen beizubehalten, um Distanz zu den Erwachsenen wahren zu können. Als Oskar Bebras Angebot, Mitglied in seiner Gruppe zu werden, ablehnt, warnt und ermahnt Bebra ihn im Blick auf die kommenden politischen Verhältnisse:

> " 'Bester Oskar, glauben Sie einem erfahrenen Kollegen. Unsereins
> darf nie zu den Zuschauern gehören. Unsereins muß auf die Bühne,
> auf die Arena. Unsereins muß vorspielen und die Handlung bestim-
> men, sonst wird unsereins von jenen da behandelt. Und jene da spie-
> len uns allzu gerne übel mit.' Mir fast ins Ohr kriechend, flüsterte
> er und machte uralte Augen: 'Sie kommen! Sie werden die Festplätze
> besetzen! Sie werden Fackelzüge veranstalten! Sie werden Tribünen
> bauen, Tribünen bevölkern und von den Tribünen herunter unseren
> Untergang predigen. Geben Sie acht, junger Freund, was sich auf
> den Tribünen ereignen wird! Versuchen Sie immer, auf der Tribüne
> zu sitzen und niemals vor der Tribüne zu stehen! ' " (S. 92)

In dieser leicht änigmatischen Form kündigt Bebra die Festaktivitäten der Faschisten an. Es bleibt offen, was untergeht, wenn es heißt, daß sie "unseren Untergang" ankündigen. Aus dem Kontext heraus, vor allem im Blick auf das letzte Kapitel des ersten Buches und auf Bebras Tätigkeit im Circus, könnte man die Äußerung über den Untergang als den Verlust der spielerischen Unabhängigkeit, des nicht funktional Besetzten verstehen (s. u.).

Bebra fordert, daß Oskar sich nie dem Zauber hingibt, den die Symmetrie einer Tribüne bewirkt, sondern daß er ihn durchbricht, indem er auf der Bühne steht. Diese Lehre seines "Meisters Bebra" führt Oskar auch durch, so in der Episode über die Maikundgebung (s. u.). Als er Bebra im Frühjahr 1938 zusammen mit der Somnambule Roswitha wiedertrifft, muß er die Aufforderung Bebras, Mitglied seiner Gruppe zu werden, ablehnen, da er dessen ehemalige Lehre zum Kriterium seiner Entscheidung, ob er Mitglied werden kann oder nicht, erhebt.

" 'Bei einiger Selbstzucht und Beschränkung sollte es ihnen möglich sein, selbst bei den heutzutage herrschenden politischen Verhältnissen ein Publikum zu finden.' Ich begriff sofort. Bebra, der mir geraten hatte, immer auf Tribünen, niemals vor Tribünen zu stehen, war selbst unters Fußvolk geraten, auch wenn er weiterhin im Zirkus auftrat. So war er auch gar nicht enttäuscht, als ich sein Angebot höflich bedauernd ablehnte." (S. 140)

Eine Erklärung für die wahren Gründe seiner Ablehnung und einen ausführlichen Bericht darüber, womit Bebra seinen Wechsel zur angepaßten Haltung, vor der er Oskar gewarnt hatte, begründet, gibt Oskar in einem späteren Abschnitt:

"Es gab leichte, doch nicht unerhebliche politische Differenzen; Bebra stand dem Reichspropagandaministerium nahe, trat, wie ich seinen Andeutungen entnehmen konnte, in den Privatgemächern der Herren Goebbels und Göring auf und versuchte mir diese Entgleisung auf verschiedenste Art zu erklären und zu entschuldigen. Da erzählte er von den einflußreichen Stellungen der Hofnarren im Mittelalter, zeigte mir Reproduktionen nach Bildern spanischer Maler, die irgendeinen Philipp oder Carlos im Hofstaat zeigten; und inmitten dieser steifen Gesellschaften ließen sich einige kraus, spitzig und gepudert gekleidete Narren erkennen, die in etwa Bebras, womöglich auch meine, Oskars Proportionen aufwiesen. Gerade weil mir diese Bildchen gefielen - ... -, wollte ich es Bebra nicht so leicht machen. Er ließ dann auch davon ab, das Zwergenwesen am Hofe des vierten spanischen Philipp mit seiner Stellung in der Nähe des rheinischen Emporkömmlings Joseph Goebbels zu vergleichen. Von den schwierigen Zeiten sprach er, von den Schwachen, die zeitweilig ausweichen müßten, vom Widerstand, der im verborgenen blühe, kurz es fiel das Wörtchen 'Innere Emigration' und deswegen trennten sich Oskars und Bebras Wege." (S. 253)

Das Tätigkeitsfeld Bebras und seiner Gruppe wird in seinem politischen Stellenwert evident, wenn es heißt, daß sie dem Reichspropagandaministerium unterstehen. Die Begründung Bebras für diese Tätigkeit ist eine Art intellektualisierter Rationalisierung der eigenen politischen Haltung. Sie wird von Oskar als solche entlarvt, er erkennt die Alibi-Funktion, die Bebras Vergleiche mit mittelalterlichen Hofnarren haben [47] und faßt den Grund seiner Ablehnung schließlich zusammen in dem Stichwort von der Inneren Emigration (ein Schlagwort der Nachkriegszeit), die Bebra für sich in Anspruch nimmt.

Trotz der hier dekretierten "nicht unerheblichen politischen Differenzen" verbringt Oskar später ein Jahr als Mitglied des Fronttheaters. Er motiviert diesen Aufenthalt rein individuell, privatistisch:

"Doch Bebra allein hätte mich nicht zur Reise überreden können. An Bebras Arm hing Raguna, die Senora Roswitha, die große Somnambule." (S. 263)

Oskar erklärt als alleinigen Wert seiner Reise das Zusammensein mit Roswitha. Er geht weder auf die politischen Implikationen dieses Unternehmes noch auf die Widersprüche zwischen dem oben gefaßten Entschluß und seinem jetzigen ein.

In dem Bericht über den Verlauf der Reise erfährt der Leser, mit welchen Intentionen das Reichspropagandaministerium eine solche Gruppe organisierte und finanzierte. Die Darstellung der Fronttheaterzeit ist so aufgebaut, daß die Verquickung von Kriegsauswirkungen und Vergnügungen durch die Auftritte der Gruppe zum Schwerpunkt der Rezeption wird. So berichtet Oskar von seinem fünftägigen Aufenthalt in Berlin, wo er das erstemal auftritt:

> "Das war nicht Weltklasse, was wir boten, aber es unterhielt die Leute, ließ sie die Front und den Urlaub vergessen, das machte Gelächter frei, endloses Gelächter; denn als über uns die Luftminen runtergingen, den Keller mit Inhalt schüttelten und verschütteten, das Licht und Notlicht wegnahmen, als alles durcheinander lag, fand dennoch immer wieder Gelächter durch den dunklen stickigen Sarg..." (S. 270).

Die Aufführung der Theater-Gruppe wird nicht mit ästhetischen Kategorien gemessen, sondern als Kriterium für das Gelingen gilt, wie (und ob) sie die Leute unterhält. Unterhaltung ist dabei gleichgesetzt mit dem Vergessen dessen, was die Situation hervorgebracht hat. Das Ziel des Vergessens, sein Ergebnis, ist das Freiwerden eines "endlose(s)n Gelächter(s)". Die Diskrepanz zwischen der de-facto-Situation und dem durch die Gruppe provozierten Verhalten wird in dem letzten Satzteil im Bild vom stickigen Sarg, durch den Gelächter dringt, formuliert. Das Ergebnis der Aufführung besteht in der Produktion eines der Situation konträren Verhaltens. Dieses kontrafaktische Verhalten soll ablenken von den realen Verhältnissen und eine Traumwelt imaginieren, die mit nichts zu vergleichen ist (sowohl Front als auch Urlaub werden vergessen) und die daher keine Bedürfnisse stimulieren kann, die an einer realen Situation gemessen werden können.

In der folgenden Zeit tritt das Fronttheater in verschiedenen von deutschen Truppen besetzten französischen Städten auf (cf. S. 271 ff.). Im April 1944 muß es Paris, wo es den Winter verbracht hat, verlassen. Der Grund für den Aufbruch wird andeutend formuliert in der Parenthese "- von allen Fronten wurden erfolgreiche Frontverkürzungen gemeldet -" (S. 273). In einer ironisierenden Zwischenbemerkung zeigt der Ich-Erzähler die kriegspolitische Situation an, die durch den zu erwartenden Einfall der Alliierten in Paris bestimmt ist. Diese politische Situation führt die Gruppe des Fronttheaters an den Atlantikwall.

Der Aufenthalt und die Besichtigung eines Betonbunker enden im Text mit einem Einakter. Die Personen des Einakters sind der Obergefreite Lankes, der Oberleutnant Herzog, Bebra und die Gruppe. Die Romanform und die Perspektive des Ich-Erzählers werden hier also unterbrochen.

Das unterwürfige Verhalten des Obergefreiten Lankes seinem Vorgesetzten gegenüber füllt eine parodistische Szene. [48] Thema des Gesprächs zwischen den Personen sind der Aberglaube der Soldaten [49], die möglichen Verwendungen der Kriegserkenntnis für spätere Berufe [50], die durch Ironisierungen und groteske Übertreibungen die Sinnlosigkeit der Kriegsarbeit demonstrieren. Dieses Gespräch wird begleitet von dem Motto, das Bebras Leute sprechen:

"Bebras Fronttheater singt für euch, spielt für euch, hilft euch den Endsieg erringen." (S. 276)

Dieser stereotyp wiederholte Satz macht die Szene zu einer Satire auf die Ernsthaftigkeit der missionarisch verstandenen Tätigkeit des Propagandaministeriums und gleichzeitig - durch die historische Situation (Vorabend der Invasion der Alliierten) - zu einer Parodie auf die Vaterlandskämpfer.

Der Titel dieses Romakapitels ist gleichzeitig der Titel eines Kunstwerkes, das Lankes in die Wand des Bunkers eingearbeitet hat:

"Mystisch, barabarisch, gelangweilt".

Bebra kommentiert diesen Titel mit den Worten:

"Damit dürften Sie unserem Jahrhundert den Titel gegeben haben." (S. 278)

Von dem bisherigen Verlauf des interpretativen Dialogs her kann man diesen Titel für das 20. Jahrhundert nun nicht als das eigentliche Thema des Romans deklarieren. Dies widerspräche der Konzeption des Romans. Denn gerade das Pathetische, Deklamatorische dieser Äußerung steht im Gegensatz zur gesamten Erzählweise. Dort wird ja gerade die Situation aufgezeigt und durch Vergegenständlichung sichtbar gemacht ohne deklamatorische Urteile und Beschwörungen des Mystischen, Barabarischen und Gelangweilten.

Gleichfalls wird das pathetische und in gravitätischem Stil verfaßte Gedicht Oskars (cf. S.280), das Kitty vorträgt, parodiert durch die am Ende angefügte Regieanweisung:

"Alle klatschen Beifall, auch Lankes." (S.280)

Weder der Einakter noch dieses Gedicht können so verstanden werden, als handle es sich um einen Versuch des Autors, das in Episoden Vermittelte auf den Begriff zu bringen. Sie sind vielmehr zu verstehen als Parodie auf die, die die Zeit in eindeutigen Begriffen zu erklären versuchen, d.h. auch als Parodie auf ein bestimmtes Rezeptionsverhaltens diesem Raum gegenüber. (s.u.) Die in diesem Kapitel aufgeführten Urteile und Wertungen werden nicht unmittelbar im Text widerlegt, sondern der Kontext des Romans parodiert insgesamt diese Aussagen.[51]

Das Gespräch und der nachfolgende Handlungsverlauf enden mit der Erschießung einer Gruppe von Nonnen, die am Strand Muscheln suchen (S. 283). Das Makabre dieser Erschießung verstärkt noch einmal die Diskrepanz zwischen den verbalen Äußerungen der Gesprächsteilnehmer und ihren Aktionen; denn die Erschießung wird exakt von denen vorgenommen, die zuvor schön zu reden verstanden.

Die Vorstellung an dem Betonbunker ist die letzte des Fronttheaters in Frankreich. Die Invasion macht den Aufenthalt der Gruppe dort unmöglich und erzwingt die Rückkehr nach Berlin, wo Oskar sich von der Gruppe trennt.

3.1.8.2.   Der Widerstand der Stäuberbande.

Der Ich-Erzähler stellt die Stäuberbande als eine "Jugendgruppe, der die Krimi-
nalpolizei und mehrer Züge des HJ-Streifendienstes hinterher waren" (S. 305) vor.
In der Zusammensetzung teilt sich die Stäuberbande in zwei Gruppen: Die eine besteht nur aus Gymnasiasten, die andere wird von Gymnasiasten geführt, setzt
sich jedoch zu zwei Dritteln aus Lehrlingen von der Schichauwerft und der Wag-
gonfabrik zusammen (cf. S.305).

Oskar, der den Stäubern durch seine Fähigkeit, Glas zu zersingen, aufgefallen
ist, wird unter dem Namen "Jesus" zu ihrem Führer. Das Glaszersingen Oskars
wird im folgenden zur "Wunderwaffe" (S. 307) der Stäuberbande. Oskar selbst
beteiligt sich an den Aktionen nur passiv, indem er eben Glas zersingt. Das Ak-
tionsfeld der Gruppe umreißt er folgendermaßen:

> "Die Stäuberbande kämpfte gegen alles. Sie räumten die Dienststellen
> der Hitlerjugend aus, hatten es auf die Orden- und Rangabzeichen von
> Fronturlaubern abgesehen, die mit ihren Mädchen in den Parkanlagen
> Liebe machten, stahlen Waffen, Munition und Benzin mit Hilfe ihrer
> Luftwaffenhelfer aus den Flakbatterien und planten von Anfang an ei-
> nen großen Angriff auf das Wirtschaftsamt." (S. 305)

Indem Oskar diesen Abschnitt mit dem programmatischen Satz einleitet, daß die
Bande gegen alles kämpft, verhindert er, daß ihre Aktionen, die gegen Einrich-
tungen (bzw. Personen) der faschistischen Partei gerichtet sind, als Beispiel
für gezielten Widerstand gegen den Faschismus rezipiert werden.[52] Die Motivation zu den Aktionen wird präzisiert in der Schilderung einer Begegnung zwischen Stäubern und Erwachsenen:

> "Ein einziges Mal nahmen während unserer Tätigkeit Erwachsene
> zu uns Kontakt auf. Werftarbeiter - wie ich sofort vermutete,
> kommunistischer Herkunft - versuchten über unsere Lehrlinge von
> der Schichauwerft Einfluß zu gewinnen und uns zu einer roten Un-
> tergrundbewegung zu machen. Die Lehrlinge waren nicht einmal ab-
> geneigt. Die Gymnasiasten jedoch lehnten jede politische Tendenz
> ab. Der Luftwaffenhelfer Mister, Zyniker und Theoretiker der
> Stäuberbande, formulierte seine Absicht während einer Bandenver-
> sammlung dahin: 'Wir haben überhaupt nichts mit Parteien zu tun,
> wir kämpfen gegen unsere Eltern und alle übrigen Erwachsenen; ganz
> gleich wofür oder wogegen sie sind." (S. 310)

Die politische Tendenzlosigkeit der Gymnasiasten - hier wird andeutungsweise
schichtenspezifisch differenziert zwischen Lehrlingen und Mittelschichtkindern -,
die Deklaration des Kampfes als eines Generationskampfes widerspricht der auf-
wendigen Organisation der Stäuberbande und ihrem großangelegten Plan, das
Wirtschaftsamt zu stürmen (cf.S. 305). Das Selbstverständnis der Stäuberbande
als organisierter Gruppe mit Waffenlager (cf. S. 308), Gruppenkasse (cf.S. 308)
und Gruppenschwur (cf.S. 311) erscheint dem Leser brüchig und unglaubhaft im
Blick auf das 'theoretische' Selbstverständnis. Dort spielt lediglich die Negation,

die destruktive Intention eine Rolle, nicht die positive Perspektive dieser Gruppe.

In gleicher Weise unangemessen ist der Prozeß, der der Stäuberbande nach ihrer Gefangennahme gemacht wird. Oskar verweist die öffentlichen Anschuldigungen in den Bereich der "Legende" (S. 309).

Oskars Bericht über die Stäuberbande hat seinen Höhepunkt in der detaillierten Beschreibung der "Schwarzen Messe" (S. 315), und er endet mit der Darstellung des Prozesses (cf. S. 317/18). Eine ironische Zuspitzung findet die Aktivität der Stäuberbande, wenn Oskar sie auf seine Pläne der "Nachfolge Christi" (S. 305) verpflichtet und die Gruppe von den Faschisten festgenommen wird gerade bei der Einleitung der "Nachfolge Christi".

Oskar berichtet von der Stäuberbande aus der Sicht dessen, der sich distanziert und überheblich zu ihnen verhält, sie gleichzeitig aber für seine eigenen Zwecke benutzt. Er stellt die Stäuberbande so dar, daß ihr Widerstand als Folge eines Identitäts- und Generationskonflikts aufgefaßt werden muß, nicht als politischer Widerstand. Oskar schließt sich hier keineswegs einer politischen Widerstandsgruppe an, er wird nicht der kämpferische Gegner des Faschismus, vielmehr zerstört er die mögliche Leser-Erwartung und -Illusion, daß in diesem Kapitel dem faschistischen Kleinbürgertum eine aus genuin politischen Überzeugungen begründete Widerstandsgruppe gegenübergestellt würde. Im Kontext des Romans gesehen, geht es darum, die Widerstands-Alibis, die in der Nachkriegszeit laut wurden, durch die Darstellung einer sich als Widerstandsgruppe verstehenden Jugendgruppe infrage zu stellen. [53]

3.1.9. Zusammenfassung: Die Ursprünge und Folgen des Faschismus in der "Blechtrommel".

Die Haupt- und Nebengestalten des Romans gehören ihrer sozialen Stellung nach dem Kleinbürgertum an. Sie sind im Roman so konfiguriert, daß die Nebengestalten die Hauptgestalten präzisieren, d.h. sie erweitern das Spektrum der kleinbürgerlichen Lebensform. Sie konkretisieren und explizieren das Bild des Kleinbürgertums aber nicht aufgrund einer Erlebnisweise, die der der Kleinbürger widerspricht. [54] Die Zeit vor dem Faschismus und die Zeit des Faschismus werden in Episoden vermittelt, die in der Horizontweite des Ich-Erzählers liegen. Diese ist in ihren Grenzen bestimmt durch die kleinbürgerliche Welt. Allein in bezug auf die Weltanschauung und Lebensform der Kleinbürger muß im Blick auf den Ich-Erzähler ein - allerdings entscheidender - Unterschied konstatiert werden.

Die Entwicklung der sozialen und ökonomischen Lage der Kleinbürger erscheint als persönliches Schicksal der einzelnen und als Ausdruck ihrer individuellen Fähigkeiten, d.h. die Darstellung entspricht zu großen Teilen der Denkweise der kleinbürgerlichen Romangestalten. Der Leser, der mit einem 'soziologisch orientierten' mimetischen Realitätsbezug rechnet, wird enttäuscht. Dies heißt aber nicht, daß die fiktive Welt des Romans in ihrer Struktur isoliert ist von der dar-

gestellten geschichtlichen Situation. Die Frage nach dem mimetischen Realitätsbezug ist keine inadäquate Fragestellung der Rezeption, vielmehr muß die geschichtliche Zeit und ihre allgemeinpolitische Lage in den andeutenden Formulierungen des Ich-Erzählers, die den Text durchziehen, vom Leser aufgenommen
und in ihrer Relation zum Romangeschehen mit-konstituiert werden.

Das Verhältnis der Kleinbürger zu politischen Ereignissen, Institutionen etc.
wird nur dann episodenhaft erzählt, wenn es auf ihren Privatbereich reflektiert,
ihre Orientierungs- und Symbolsysteme erhellt. Diese werden bildlich und gegen-
ständlich erfaßt und in ihren konkreten Erscheinungsformen betrachtet. Die Struktur des Romans ist gekennzeichnet durch sprachliche und bildliche (szenische)
Konkretion der kleinbürgerlichen Bewußtseinsformen. Reflektierende Passagen
des Ich-Erzählers, die in den Handlungsverlauf eingefügt sind, indizieren dem
Leser eine mögliche Analyse der Ursprünge der kleinbürgerlichen Bewußtseinsformen, sind aber im Text nicht selbst Analyse dessen, was sonst episodenhaft 'illu-
striert' wird.

Der Eintritt der kleinbürgerlichen Gestalten in die NSDAP ist privat motiviert.
Die Übernahme des Freistaates Danzig durch die deutschen Faschisten bildet für
sie keine einschneidende Zäsur in ihrer Lebensform, sondern die faschistische
Herrschaftsform wird von ihnen verkürzt aufgenommen, indem sie sie auf ihre Konsequenzen für den kleinbürgerlichen Privatbereich reduzieren. Der Kleinbürger
erfährt die Zeit des Faschismus in dieser Sichtweise als Fortführung und positive
Ergänzung seiner bisherigen Lebensform. Der Ursprung des Faschismus und die
Zeit des Faschismus ist demnach bedingt durch die kleinbürgerliche Lebensform:
der Faschismus macht manifest, was latent für das Kleinbürgertum schon immer
kennzeichnend war im Blick auf ihre Weltanschauung.

Der Leser muß sich in der Rezeption der ersten beiden Bücher mit der kleinbürgerlichen Ideologie auseinandersetzen, wenn er die Gegenständlichkeit des Romans
als relevante Komponente des kommunikativen Prozesses anerkennt, d.h. wenn
er den Bedingungen einer kritischen Rezeption folgt. Der Roman vermittelt, in
welchem Zusammenhang die kleinbürgerliche Ideologie und die faschistische Weltanschauung stehen. Diese Konzentration auf das Kleinbürgertum bedingt, daß die
dargestellte Zeit in großem Maße selektiv dargestellt wird: weder andere gesellschaftliche Schichten treten im Roman explizit auf [55], noch wird die faschistische Herrschaftsstruktur über den kleinbürgerlichen Bereich hinaus konkretisiert.

Die Selektion des Romans, seine Beschränkung auf das Kleinbürgertum, bezieht
sich auf die episodenhaft dargestellte Welt. [56] Um die Frage beantworten zu können, in welche Beziehung das Kleinbürgertum zu den gesamtpolitischen Verhältnissen gesetzt wird, ist es abschließend für diesen Komplex notwendig, die Art
der Verknüpfung von Vorder- und Hintergrundgeschehen im Roman als gesonder-
ten Rezeptionsvorgang zu untersuchen.

3.1.10. Die Verknüpfung von Vorder- und Hintergrund im Roman.

Es ist auffallend, daß im Text viel mehr politische Fakten genannt sind, als in die episodenhafte Darstellung der kleinbürgerlichen Welt integriert und in ihr verarbeitet werden. Es ist weiterhin bezeichnend, daß diese historischen Details als 'Zwischenstücke' eingefügt sind, dem Text additiv hinzugesetzt erscheinen. Die Addition dieser historischen Fakten zu Episoden, die die kleinbürgerliche Welt darstellen, muß daraufhin untersucht werden, ob und inwiefern damit der kleinbürgerliche Raum in einen geschichtlich-gesellschaftlichen Kontext gestellt wird und in welcher Relation dieser Kontext dann zu der kleinbürgerlichen, eingegrenzten Welt steht.[57]

Im Blick auf die Nennung politischer Fakten im Roman muß man unterscheiden zwischen Angaben über politische Ereignisse, die der Ich-Erzähler im Kontext eigener Handlungen und Äußerungen macht, um z.B. bestimmte Vergleiche und Interpretationen in der Rezeption abzuwehren,[58] und solchen, die im Kontext von Episoden auftreten, die das kleinbürgerliche Leben darstellen. Im folgenden Kapitel ist die zweite Form der Verknüpfung von Vorder- und Hintergrundgeschehen von Interesse. Hier kann man im Text zwischen drei verschiedenen Formen der Verknüpfung differenzieren, die jeweils an einigen exemplarischen Stellen untersucht werden sollen.

Eine häufig auftretende, typische Form der Verknüpfung ist die zeitliche Parallelisierung von Vorder- und Hintergrundereignissen. In einem Temporalsatz, eingeleitet durch "während", "da", "seit" etc., wird ein politisches Ereignis als gleichzeitig mit einem Ereignis formuliert, das die Romangestalten betrifft. Diese zeitliche Parallelisierung deutet bei einigen Textstellen daraufhin, welche Folgen das politische Faktum für das gleichgesetzte kleinbürgerliche Ereignis hat. In der episodenhaften Ausführung des kleinbürgerlichen Ereignisses erkennt der Leser dann durch diese Art der Verknüpfung, welche Diskrepanz zwischen dem Denken der Kleinbürger über ihre Verhältnisse und dem, was diese de facto bestimmt, besteht. Exemplarischen Charakter für diese Art der Verknüpfung haben folgende Stellen (cf. auch oben):

(1) "Er (scil. der Kolonialwarenhändler Mühlen) ist nur nenneswert, weil Mama und Matzerath von ihm einen schlechtgehenden, durch Pumpkundschaft ruinierten Kolonialwarenladen im Vorort Langfuhr zu einem Zeitpunkt übernahmen, da die Rentenmark eingeführt wurde." (S. 33/34)

(2) "Da gab es zwar immer noch die alte Teppichklopfstange, auch stand in der Hausordnung: Dienstag und Freitag Teppichklopfen, aber das knallte nur noch spärlich an den zwei Wochentagen: seit Hitlers Machtübernahme gab es mehr und mehr Staubsauger in den Haushaltungen; die Teppichklopfstangen vereinsamten..." (S. 142).

Die sozialen und ökonomischen Verhältnisse der Kleinbürger werden im Roman nicht in der Weise in einen allgemeinen sozioökonomischen Kontext gestellt, daß daraus die bedingenden Faktoren für den Leser unmittelbar ablesbar wären. Diese Art der Verknüpfung formuliert nur andeutend den allgemeinen Kontext. Dies entspricht der kleinbürgerlichen Rezeption politischer Kontexte, gleichzeitig wird durch diese Verknüpfung dem Leser ein Hinweis auf eine mögliche Analyse gegeben, zu der er so vom Text angehalten wird.

Nicht alle Textbeispiele, in denen Vorder- und Hintergrund durch zeitliche Parallelisierung verknüpft werden, haben 'analytischen' Hinweischarakter. In vielen Fällen werden beziehungslose Ereignisse in dieser Weise parallelisiert:

(1) "Im Juli vierzig, kurz nachdem Sondermeldungen den hastig erfolgreichen Verlauf des Frankreichfeldzuges gemeldet hatten, begann die Badesaison an der Ostsee." (S. 218)

(2) "Während man bei hellstem Tageslicht im Pazifik ein Inselchen von Japanern säuberte, lag hier der Mond in allen Fenstern der Fabrik gleichzeitig." (S. 306)

(3) "Als er (scil. Matzerath) ihn (scil. den Brief ans Gesundheitsministerium) am elften Tag unterschrieben abschickte, lag die Stadt schon unter Artelleriebeschuß, und es war fraglich, ob die Post noch Gelegenheit fände, den Brief weiterzusenden. Panzerspitzen der Armee des Marschalls Rokossowski drangen bis Elbing vor. Die zweite Armee, von Weiß, bezog Stellung auf den Höhen um Danzig. Es begann das Leben im Keller." (S. 320)

Die ersten beiden Texte sind so aufgebaut, daß im Nebensatz ein kriegspolitischer Vorgang formuliert wird, während der Hauptsatz einen sich wiederholenden, fast alltäglichen (bzw. alljährlichen) Vorgang der kleinbürgerlichen Welt und ihrer Umgebung enthällt. Im dritten Text wird im Nebensatz eine Vordergrundhandlung formuliert, eine private Entscheidung Matzeraths, die durch politischen Einfluß bedingt ist, während im Hauptsatz das politische Geschehen in der Stadt Danzig ausgedrückt ist.

Diese formale Parallelisierung von im Grunde 'gegensätzlichen' Ereignissen erhellt, in welchem zeitlichen Verhältnis das kleinbürgerliche Leben zu den politischen Ereignissen steht: die formale Parallelisierung erschließt sich dem Leser als eine dem kleinbürgerlichen Leben angemessene, insofern zwischen dem Kleinbürgertum und den weltpolitischen Ereignissen tatsächlich nur eine formale zeitliche Parallelität besteht, im Sinne einer subjektiven Ungleichzeitigkeit des Kleinbürgertums. [59]

So wie in den ersten beiden Beispielen aufgrund der Einfügung eines politisch relevanten Faktums als Zeitangabe für ein kleinbürgerliches Ereignis erkennbar wurde, inwieweit die folgende Entwicklung der kleinbürgerlichen Verhältnisse und die Rezeption dieser Verhältnisse kleinbürgerlich-privatisierend gebildet ist, so wird hier durch inhaltlich beziehungslose zeitlich parallelisierende Verknüpfung von Vorder- und Hintergrund die kleinbürgerliche Welt als ungleichzeitig gegenüber den politischen Verhältnissen ausgewiesen. Die Ungleichzeitigkeit ist dabei bedingt durch die Unfähigkeit der Kleinbürger, ihre eigenen Verhältnisse in Relation zu den allgemeinen zu sehen. [60]

Eine ähnliche Funktion wie aus den oben untersuchten Textstellen läßt sich aus denen erschließen, in denen ein politisches Faktum in Paranthese genannt wird, während sich der Satz als Ganzes auf die Vordergrundereignisse bezieht:

(1) "Im September zweiundvierzig - ich hatte gerade sang- und klang-
los meinen achtzehnten Geburtstag hinter mich gebracht, im Radio
eroberte die Armee Stalingrad - baute Greff die Trommelmaschine." (S. 255)

(2) "Im heißen Monat August - ich glaube, es wurde gerade wieder
einmal der erfolgreiche Abschluß einer Kesselschlacht, jener
von Smolensk gemeldet - da wurde mein Sohn Kurt getauft."
(S. 247)

(3) "Kurz nach meinem fünften Geburtstag im Jahre neunundzwan-
zig - man erzählte sich damals viel von einem New Yorker Bör-
senkrach, und ich überlegte, ob auch mein mit Holz handelnder
Großvater Koljaiczek im fernen Buffalo Verluste zu erleiden
hatte - begann Mama, durch mein nicht mehr zu übersehendes,
ausbleibendes Wachstum beunruhigt, mich bei der Hand nehmend,
mit den Mittwochbesuchen in der Praxis des Dr.Hollatz im Brunshöferweg." (S. 55)

Die Sätze beginnen mit einer genauen Datenangabe, dann folgt die Paranthese, in
der ein politisches Ereignis und ein den Ich-Erzähler betreffendes genannt werden; der Rest des Satzes ist ausgefüllt durch den Bericht eines Vordergrundgeschehens. Durch die Parenthese, die durch die einleitende Datenangabe als gleichzeitig mit dem im Satz Formulierten ausgewiesen wird, wird wiederum die Diskrepanz zwischen den kleinbürgerlichen Interessen und den politischen Geschehnissen
signalisiert. Die zitierten Textstellen sind im Kontext Einleitungen zu Episoden,
deren 'Thema' in dem Satz formuliert wird. So folgt nach dem ersten hier angeführten Beispiel eine detaillierte Beschreibung der Greffschen Trommelmaschine,
die zu dem Ereignis überleitet, mit dem Greffs Tod verbunden ist. Im Blick auf
das zweite Beispiel fährt der Text fort mit der Schilderung des Tauffestes und im
dritten Textbeispiel mit Oskars Erlebnissen in der Praxis des Dr.Hollatz.

Vergleicht man die quantitative Relation zwischen dem Bericht über politische
Ereignisse und der Darstellung der kleinbürgerlichen Welt, so wird deutlich, daß
im Roman der kleinbürgerliche Bereich, das 'Mikrokosmische', entscheidend dominiert vor dem 'Makrokosmischen', vor der Darstellung allgemeiner politischer
Entwicklungen. Im Rezeptionsprozeß wird dem Leser durch diese parenthetische
Stellung weltpolitischer Ereignisse einsichtig, inwiefern der Roman selektiv darstellt, indem exemplarisch erwähnt wird, was im Text 'fehlt'.[61]

Dieses Rezeptions-Ergebnis wird erhärtet durch die Textstellen, in denen der
Vordergrund durch den Hintergrund präzisiert wird:

(1) "Man hatte Jan schon dreimal gemustert, ihn aber bei jeder Muste-
rung wegen seines miesen Zustandes zurückgeschickt; was in jenen
Zeiten, da man alles nur einigermaßen gerade Gewachsene nach Ver-
dun schickte, um es auf Frankreichs Boden in die Waagerechte zu
bringen, allerlei über die Konstitution des Jan Bronski besagte."
(S. 31)

(2) "Ich kalkulierte: entweder schleppt sie (scil.Maria) mich zum
Brunshöferweg in die Praxis des Dr.Hollatz oder sie will konvertieren, will in die Herz-Jesu-Kirche. Die sah mit dem Portal
gegen den Bahndamm. Zwischen Bahndamm und offenem Portal
blieben wir stehen. Später Augustnachmittag mit Gesumm in der
Luft. Hinter und auf dem Scholler, zwischen den Gleisen hockten
Ostarbeiterinnen mit weißen Kopftüchern. Wir standen und guckten
in den schattigen, kühlatmenden Kirchenbauch: ganz hinten, ge-
schickt verlockend, ein heftig entzündetes Auge - das ewige Licht.
Hinter uns auf dem Bahndamm stellten die Ukrainerinnen das Schau-
feln und Hacken ein. Ein Horn tutete, ein Zug nahte, kam, war da,
immer noch da, noch nicht vorbei, dann weg, und Horn tutete,
Ukrainerinnenen schaufelten." (S. 293)

In dem ersten Beispiel wird das Vordergrundgeschehen durch die Nennung eines
Hintergrundgeschehens präzisiert: erst durch den Hinweis auf die Kriegssituation wird deutlich, in welch schlechtem Zustand Jan Bronski gewesen sein muß,
daß er in dieser Zeit nicht eingezogen wurde. In dem zweiten Textbeispiel wird
in Zeitlupen-Stil eine Situation geschildert. Integraler Bestandteil dieser Schilderung ist das politische Faktum, daß die Ukrainerinnen Zwangsarbeit leisten.
Besonders betont wird dies in dem letzten Satz, der einzelne Bildsequenzen an-
einanderreiht. Allein der oberflächlich-visuelle Eindruck ist für die kleinbürgerliche Erlebnisweise entscheidend. Nicht die Synthetisierung bestimmter Einzelheiten zu einem stringenten Zusammenhang charaktersiert die kleinbürgerliche
Orientierungsweise, sondern die Addition von Einzelheiten, die konkret sichtbar
sind.[62]

Aus der Art der Verknüpfung von Vorder- und Hintergrund erhellt, mit welchen
Akzentsetzungen das Kleinbürgertum im Roman dargestellt wird: es geht darum,
die Denk- und Lebensform der Kleinbürger als subjektiv ungleichzeitig zu ihrer
Zeit erkennbar zu machen.[63] Dies geschieht so, daß die weltpolitischen Ereignisse zum einen als Hinweis und Impuls für eine mögliche Analyse der Situation
formuliert werden, zum anderen, daß sie durch ihre formale Verknüpfung mit
dem Vordergrundgeschehen in der Weise den Text bestimmen, wie sie vom Kleinbürgertum aufgefaßt werden.[64]

Die politische Situation kommt im Roman unter dem Aspekt zur Sprache, wie
sie vom Kleinbürgertum rezipiert wird. Die Rezeptionsart wird unter anderem
konkretisiert durch die additive Verknüpfung von Vorder- und Hintergrund. Der
Leser erhält also im Roman keine Erklärung für die Entstehung und Auswirkung
der faschistischen Zeit, er wird aber dazu angehalten die dargestellte Haltung
der Kleinbürger als eine politisch problematische zu erkennen.

3.1.11.   Die Nachkriegszeit als die Zeit des Biedermeier.[65]

Das dritte Buch des Romans unterscheidet sich im Blick auf die Gestalt des Ich-
Erzählers entscheidend von Buch eins und zwei. Der Ich-Erzähler Oskar Matzerath, der durch seine Trommel und durch sein Verhalten als Dreijähriger in Di-

stanz zu den Erwachsenen gelebt hat, ist auf der Flucht in den Westen gewachsen. Den Entschluß zu wachsen, hatte er am Grab seines Vaters Alfred Matzerath gefaßt. Mit seinem Wachstum ist der Verlust seiner 'Dreijährigkeit' verbunden. Dieser Wechsel wird im Roman dargestellt im letzten Kapitel des zweiten Buches, das zu großen Teilen als ein Bericht Brunos, Oskars Pfleger in der Heilanstalt, ausgewiesen wird. In dem Kapitel wird in zeitraffender Form von der Flucht aus Danzig berichtet: während der Flucht bildet sich bei Oskar ein Buckel, und er bekommt Fieberanfälle, so daß er in eine Klinik eingeliefert werden muß. Von August 1945 bis Mai 1946 liegt er in den Düsseldorfer Krankenanstalten, während Maria und Kurt bei Guste Köster, Marias Schwester, wohnen.

Am Ende des letzten Kapitels des zweiten Buches übernimmt Oskar wieder die Rolle des Erzählers. Er erklärt dort, worüber er im dritten Buch berichten will:

> "Er (scil. Oskar) wird nun berichten, wie es ihm nach dem Krieg erging,
> als man ihn, einen sprechenden, zögernd schreibenden, fließend le-
> senden, zwar verwachsenen, ansonsten ziemlich gesunden jungen
> Mann aus den Städtischen Krankenanstalten Düsseldorf entließ, damit
> ich ein - wie man bei Entlassungen aus Krankenanstalten immer an-
> nimmt - neues, nunmehr erwachsenes Leben beginnen konnte." (S. 357)

Oskar hat seine Dreijährigkeit aufgegeben, die Blechtrommel und seine Fähig-keit, Glas zu zersingen, bilden nicht mehr die Mittel, mit denen er sich die, für ihn vorher allein entscheidende, Distanz zu den Erwachsenen halten kann. Er wird das Leben eines Erwachsenen führen, das nur manchmal unterbrochen ist durch den Vergleich mit seinem früheren Leben [66] und durch den Einsatz seiner Trommel. [67] Bezeichnenderweise endet der Roman mit Oskars Rückkehr in die Isolation, weg von der Welt der Erwachsenen; diese von ihm erwünschte Isola-rion ist zugleich auch wieder gefährdet.

Die Perspektive, die Horizontweite des Ich-Erzählers ändert sich entsprechend dieser Wandlung der Gestalt im dritten Buch entscheidend. Während die Gestal-ten aus dem zweiten Buch, die im dritten auch wieder auftreten - Maria und Kurt - weiterhin in kleinbürgerlichen Verhältnissen leben, überschreitet Oskar in seinem Tätigkeitsbereich diesen Raum.

Im folgenden sollen beide Bereiche getrennt untersucht werden. Dabei ist der kleinbürgerliche Raum in dritten Buch nicht mehr der dominierende.

3.1.11.1. Das Kleinbürgertum in der Nachkriegszeit.

Maria Truczinski, die ihren Kolonialwarenladen in Danzig-Langfuhr verlassen mußte, macht in Düsseldorf zusammen mit ihrem damals sechsjährigen Sohn Kurt eine Schwarzhändler-Zentrale auf, um sich ihren Lebensunterhalt zu ver-dienen (cf. S. 358). Der Verdienst beim Schwarzhandel erweist sich nach einiger Zeit als zufriedenstellend, da Kurt als einziger der nächsten Umgebung eine Quelle für Feuersteine kennt und diese Steine so entsprechend teuer verkaufen kann. Im Mai 1948 aber heißt es, daß Maria

"sich allerlei Sorgen machte, weil Kurtchens Feuersteinquelle
versiegte, weil das Geschäft mit dem Kunsthonig nachließ,
weil - wie sie es nannte - ich mit meinen schwachen Kräften seit
Monaten für die ganze Familie aufkäme." (S. 381)

Warum das Schwarzhandelsgeschäft nachläßt, kann hier nur aus der Zeitangabe,
die auf die bevorstehende Währungsreform hinweist, erschlossen werden. Die
Entwicklung der finanziellen Verhältnisse wird nicht erklärt, sondern konstatiert,
wie im vorhergehenden Teil des Romans.

Nach der Währungsreform erhält Maria Arbeit in einem Feinkostgeschäft. Das
verbessert ihre wirtschaftliche und soziale Lage. Wie sich die Situation und die
Einstellung Marias zu ihrer Situation geändert hat, zeigt ihre Reaktion auf ein
Kunstplakat, das Oskar, der in jener Zeit sein Geld durch Modellsitzen verdient,
nackt auf dem Schoß einer "Madonna" abbildet:

"So sah mich Maria auf dem Kunstplakat, das eine Kunstausstellung
ankündigte. Sie besuchte ohne mein Wissen die Ausstellung, muß
wohl lange und zornansammelnd vor dem Bild gestanden haben; denn
als sie mich zur Rede stellte, schlug sie mich mit dem Schullineal
meines Sohnes Kurt. Sie, die seit einigen Monaten eine gutbezahlte
Arbeit in einem größeren Feinkostgeschäft, zuerst als Verkäuferin,
recht bald, bei ihrer Tüchtigkeit, als Kassiererin gefunden hatte,
begegnete mir als nunmehr im Westen gut eingebürgerte Person,
war kein Schwarzhandel treibender Ostflüchtling mehr und konnte
mich deshalb mit ziemlicher Überzeugungskraft ein Ferkel, einen
Hurenbock, ein verkommenes Subjekt nennen, schrie auch, sie wolle
das Saugeld, das ich mit der Schweinerei verdiene, nicht mehr sehen, auch mich wolle sie nicht mehr sehen." (S. 393)

Wiederum wird die Entwicklung der ökonomischen Verhältnisse in einem Nebensatz (Relativsatz) genannt. Der Aufstieg Marias vom Schwarzhandel treibenden
Ostflüchtling zur Verkäuferin bedingt gleichzeitig ihre Entwicklung zu einer im
Westen gut eingebürgerten Person. Die Veränderung ihrer sozialen Lage, die
Möglichkeit, wieder durch gewohnte Arbeit Geld zu verdienen, hat zur Folge,
daß sie wieder zurückfindet in die alten Normen von Sittlichkeit und Ordnung und
diese Oskar entgegenhalten kann. Die finanzielle Abhängigkeit von ihm hatte ihr
dies vorher unmöglich gemacht.

Die Verhaltensstruktur, die hier sichtbar wird, unterscheidet sich nicht von den
kleinbürgerlichen Verhaltensmustern zur Zeit des Faschismus: das, was andere
abweichend von kleinbürgerlichen Normvorstellungen tun, wird verbal verachtet,
aber man zieht trotzdem den eigenen Vorteil daraus. So läßt Maria den Verdienst
Oskars, den er durch diese von ihr als unsittlich erachtete Arbeit erlangt, ihrem
Wirtschaftsgelt zugute kommen.

Nach einiger Zeit beginnt Maria ein Verhältnis mit ihrem verheirateten Arbeitgeber Stenzel (cf. S. 403). Dieses Verhältnis löst sie wieder, als Oskar, der durch
seine Künstlertätigkeit reichgeworden ist, ihr folgendes Angebot macht:

"Ich sagte zu Maria: wenn du dem Stenzel den Laufpaß gibst, ihn
nicht nur nicht heiratest, sondern simpel davonjagst, kaufe ich
dir ein modern eingerichtetes Feinkostgeschäft in bester Geschäftslage, denn schließlich bist du, liebe Maria, fürs Geschäft und nicht
für einen hergelaufenen Herrn Stenzel geboren. Ich hatte mich in
Maria nicht getäuscht. Sie ließ vom Stenzel ab, baute mit meinen
Geldmitteln ein erstklassiges Feinkostgeschäft in der Friedrich-
straße auf, und vor einer Woche konnte man in Oberkassel - wie
mir Maria gestern freudig und nicht ohne Dankbarkeit berichtete -
eine Filiale ihres Geschäftes eröffnen, das vor drei Jahren gegründet wurde." (S. 466)

Auffallend ist hier, wie parallel sich das Kleinbürgertum vor und während der
Zeit des Faschismus und in der Nachkriegszeit verhält: die Reaktionen sind die
gleichen geblieben, verändert hat sich lediglich das äußere Erscheinungsbild.
Maria hatte als Verkäuferin in Matzeraths Laden ein Verhältnis mit ihm und heiratete ihn als sie schwanger war. Hier pflegt sie ebenfalls ein Verhältnis mit ihrem
Arbeitgeber. Es endet nicht mit der Heirat; doch die in den Grundzügen gleiche
Art des Verhältnisses wird deutlich durch die Motivation, mit der sie es abbricht:
der größere finanzielle Vorzug, der ihr von Oskar angeboten wird, wird von ihr
wahrgenommen, um ihr kleinbürgerliches Ideal, den Besitz eines eigenen Geschäftes, verwirklichen zu können. Maria ist durch die Flucht in den Westen, das
Verlassen ihrer alten Umgebung in ihrem gewohnten Lebensrhythmus zwar unterbrochen worden, findet aber, sobald sich ihre neue soziale Stellung der alten an-
geglichen hat, in genau die alten Orientierungs- und Symbolsysteme zurück.

Ein weiteres Beispiel für das Leben der Kleinbürger in der Nachkriegszeit bildet
das Ehepaar Zeidler, bei dem Oskar seit Mai 1948 zur Untermiete wohnt. Zeidler
ist von Beruf Vertreter, seine Frau Sekretärin.

Oskar beschreibt die Gegend, in der das Zeidlersche Mietshaus steht, so:

"Jenes Haus, in dessen dritter Etage Zeidler eine Dreizimmer-
wohnung bewohnte, stand in bröckelndem Putz hinter einer stau-
bigen Kastanie. Da die Jülicher Straße zur guten Hälfte aus Trüm-
mern bestand, konnte man schlecht von Nachbarhäusern und dem
Haus gegenüber sprechen. Links ließ ein mit verrosteten T-Trä-
gern durchwachsener, Grünzeug und Butterblumen treibender Berg
die einstige Existenz eines vierstöckigen Gebäudes vermuten, das
sich dem Zeidlerschen Haus angelehnt hatte. Rechts war es gelungen, ein teilzerstörtes Grundstück bis zum zweiten Stockwerk wieder
instandzusetzen." (S. 395)

Die Beschreibung der Häuserfassade zeigt an einem konkreten Beispiel die Veränderung, die der Krieg bewirkt hat. Die Zerstörung durch den Krieg steht in
Kontrast zu der Zeidlerschen Wohnung und dem Verhalten der Bewohner. Betrachtet der Leser diesen Kontrast, so erkennt er, daß es sich bei der Veränderung im
Grunde um eine äußere Fassadenveränderung handelt. Die Vorstellung eines radikalen Wechsel, einer völligen Wende zum Neuen bei allen Bevölkerungsschichten
wird hier bildlich-konkret zerstört.

"Als Oskar am späten Nachmittag mit seinem Gepäck... abermals
bei Zeidler klingelte und die Ummeldeformulare schwenkte, führte
mich der frischrasierte Igel...ins Wohnzimmer. Da roch es nach
kaltem Zigarettenrauch. Nach mehrmals angezündeten Zigaretten
roch es. Dann kamen die Ausdünstungen mehrerer gestapelter, in
den Ecken des Zimmers gerollter, womöglich kostbarer Teppiche
...Merkwürdigerweise hatten die bequemen, lederbezogenen Sitz-
möbel keinen Geruch an sich..." (S. 397/398).

Es ist typisch für die Bilder des Romans, eine Wohnung in ihren verschiedenen
Gerüchen zu bestimmen. Die Beschreibung dieser Wohnung ist vergleichbar der
von Matzeraths und Schefflers, die beide mit dem Attribut "kleinbürgerlich" versehen waren. Während in Matzeraths Wohnung zuerst Beethovens, dann Hitlers
Bild an der Wand hing, hängt in der Zeidlerschen Wohnung das Bild Bismarcks,
ein Symbol für obrigkeitsstaatliches Denken.

Die Kleinbürger stellen im dritten Buch nicht mehr die einzige Gesellschaftsschicht
des Romans dar, sie sind hier mehr oder weniger Nebengestalten. Wenn die Kleinbürger im dritten Buch nur eine Randstellung einnehmen, wird für den Leser, der
nach den Gründen für diesen Wechsel sucht und sich nicht auf rein formale Gesichtspunkte beschränkt, folgendes einsichtig: während vor und während des Faschismus
die kleinbürgerliche Schicht die gesellschaftliche Gruppe repräsentierte, deren
Lebensform der faschistischen Ideologie entspricht, leben sie in der Nachkriegszeit mit den gleichen, jetzt allerdings nicht mehr in der Weise öffentlich propagierten, Normvorstellungen und Idealen [68], aber sie bilden in dieser Zeit für den
Autor offenbar nicht mehr dieselbe relevante Gruppe wie im Faschismus. Die
Kleinbürger in der Nachkriegszeit darzustellen, hieße hier, zu großen Teilen
das zu wiederholen, was im ersten Teil des Romans gezeigt wurde. Denn sie
haben den Übergang vom Faschismus zur Demokratie, wenn überhaupt bewußt,
dann als quasi naturgegeben registriert [69] und leben nach wie vor in einem un-
gleichzeitigen Verhältnis zu der geschichtlich-gesellschaftlichen Entwicklung.

3.1.11.2. Oskars Leben als Erwachsener. [70]

Die erste Zeit nach seiner Entlassung aus dem Krankenhaus lebt Oskar zusammen
mit Maria und Kurt in Guste Kösters Wohnung. Er verbringt die Zeit mit Besuchen
im Theater, in der Volkshochschule und mit der Lektüre verschiedenster Bücher.
Aus der Sicht des Kulturkritikers der fünfziger Jahre referiert er die Beurteilung
jener Zeit:

"Allerlei wohlbestallte Kritiker des Wirtschaftswunders behaupten heute,
und je weniger sie sich der damaligen Situation erinnern können, umso
begeisterter: 'Das war noch eine dolle Zeit vor der Währungsreform!
Da war noch was los! Die Leute hatten nischt im Magen und stellten sich
trotzdem nach Theaterkarten an. Und auch die schnell improvisierten
Feste mit Kartoffelschnaps waren einfach sagenhaft und viel gelungener
als Parties mit Sekt und Dujardin, die man heute feiert.' So sprechen
die Romantiker verpaßter Gelegenheiten. Ich müßte eigentlich genauso

lamentieren, denn in jenen Jahren, da Kurtchens Feuersteinquelle
sprudelte, bildete ich mich nahezu kostenlos im Kreis von tausend
Nachhol- und Bildungsbeflissenen... diskutierte mit Kahtoliken
und Protestanten die Kollektivschuld, fühlte mich mit all denen
schuldig, die dachten: machen wir es jetzt ab, dann haben wir
es hinter uns und brauchen später, wenn es wieder aufwärts geht,
kein schlechtes Gewissen mehr zu haben." (S. 360)

Oskar beschreibt in diesem Abschnitt, was in der Zeit nach dem Krieg im Blick
auf die Verarbeitung der Vergangenheit de facto geschah und wie diese Zeit in den
fünziger Jahren gesehen wird. Die Vorstellung von kulturell ausgehungerten
Menschen, die trotz physichem Hunger stundenlang an Theaterkassen warten können, nennt er eine romantische Glorifizierung der Vergangenheit, die mit Anklagen gegen die jetzige Zeit von Kritikern erhoben wird, die die Vorzüge des Wirtschaftswunders, unbeschadet ihrer Kritik daran, genießen. Oskar kritisiert hier
also beides, die Kritik an der jetzigen Zeit, die nach rückwärts gewandt das Positive sieht, und die damalige Zeit. So sagt er, daß die Diskussion über eine Kollektivschuld rein funktionalen Wert hatte: sie wurde geführt, um das Alte um des
Neuen willen hinter sich zu bringen, zu verdrängen. Vergangenheitsbewältigung
fungiert hier als Alibi für kommende Handlungen.

Eine weitere Charakterisierung der damaligen Zeit enthält der folgende Abschnitt:

"Heute, da ich das hinter mir habe und weiß, daß ein Nachkriegs-
rausch eben doch nur ein Rausch ist und einen Kater mit sich führt,
der unaufhörlich miauend heute schon alles zur Historie erklärt,
was uns gestern noch frisch und blutig als Tat oder Untat von der
Hand ging, heute lobe ich mir Gretchen Schefflers Unterricht zwischen Kdf-Andenken und Selbstgestricktem..." (S. 361).

Das, was heute noch oft als Zeit der demokratischen Wende der BRD angeführt
wird, ist hier in dem Bild des Rausches zusammengefaßt, dem ein Kater folgt.
Oskar relativiert damit die eindeutig positive Beurteilung der damaligen Zeit und
nennt deren Hintergründe und Folgen. Dem, was im Rausch erkannt wird, folgt
die Ernüchterung. Die Zeit des Katers hat zum Ziel, das, was im Grunde ein gegenwärtiges Problem ist, zur Historie zu erklären und damit als unverbindlich zu
'rationalisieren'[71]. Die unmittelbare Nachkriegszeit als Rauschzustand zu zeigen, dem unweigerlich der Kater als Mahnung folgt, heißt das positive Bild der
Nachkriegszeit, das die Kulturkritiker der fünfziger Jahre apostrophieren, zerstören. Gleichzeitig wird damit aber auch das Wirtschaftswunder, das die Sta-
bilisierungsphase der BRD kennzeichnet, als eine Fortsetzung dessen bestimmt,
was auch schon im Faschismus zu beobachten war. Nicht die Zeit des Faschismus
ist der Rausch, dem die Ernüchterung folgt, sondern gerade die Nachkriegszeit.
Oskars Konsequenz aus dieser Betrachtung, das Lob für Gretchen Schefflers Unterricht, kann hier nur als ironische Selbstbetrachtung nach einem für den Roman
unüblichen 'grundsätzlichen' Abschnitt verstanden werden.

Im Spätsommer 1947 wird Oskar Praktikant bei dem Steinmetz Korneff (cf. S. 366).
Die Aufträge, die Korneff erhält, und die Art der Bezahlung konkretisieren die

wirtschaftliche Entwicklung der Zeit. So stellt Korneff im Mai 1947 den Krüppel Oskar nur ein, da er keine Lehrlinge bekommen kann. Die Jungen in diesem Alter treiben Schwarzhandel. Anfang Oktober 1947 setzte bei der Firma Julius Wöbel, deren Produktionsart nicht genannt wird, Hochkonjunktur ein und die dort arbeitenden Hilfsarbeiter waren nicht mehr abkömmlich, um Korneff bei der Versetzung von Grabsteinen zu helfen. Die Art der Bezahlung ist das Tauschverfahren gegen Waren:

> "Grabsteine konnten sich damals nur Leute leisten, die Wertvolles
> auf der Erdoberfläche zurückließen. Es mußte nicht einmal ein Dia-
> mant oder eine ellenlange Perlenkette sein. Für fünf Zentner Kar-
> toffeln gab es schon einen ausgewachsenen Meterstein aus Grenz-
> heimer Muschelkalk. Stoff für zwei Anzüge mit Weste brachte uns das
> Denkmal für ein Doppelgrab aus Belgischem Granit auf drei Sockeln
> ein..." (S. 371).

Der Begriff des Wertvollen und seine Verbindung mit Dingen, denen normalsprachlich nicht unbedingt die Bezeichnung 'wertvoll' zukommt, macht hier die finanzielle Lage evident.

Im März 1948 nimmt Oskar an der Umbettung einer Leiche teil. In diese Episode fügt er folgende Beschreibung des Erftlandes ein:

> "Welch eine Aussicht! Zu unseren Füßen das Braunkohlenrevier
> des Erftlandes. Die acht gegen den Himmel dampfenden Kamine
> des Werkes Fortuna. Das neue, zischende, immer explodieren
> wollende Kraftwerk Fortuna Nord. Die Mittelgebirge der Schlacken-
> halden mit Drahtseilbahn und Kipploren darüber. Alle drei Minu-
> ten ein Elektrozug mit Koks und leer. Vom Kraftwerk kommend,
> zum Kraftwerk hin, spielzeugklein, dann Spielzeug für Riesen,
> die linke Ecke des Friedhofes überspringend die Starkstromlei-
> tung in Dreierkolonne, summend und hochgespannt nach Köln lau-
> fend. Andere Kolonnen dem Horizont zu, nach Belgien und Holland
> eilend...hier wurden Reparationsleistungen vollbracht...der To-
> tengräber trug eine gezwirnte Brille und zankte halblaut mit sei-
> nem Schugger Leo, bis die Sirene von Fortuna eine Minute lang
> ausatmete, atemlos wir, von der umzubettenden Frau gar nicht
> zu sprechen...während von dörflichen schiefergrauen Schiefer-
> dächern Rauch mittäglich kräuselte und die Kirchenglocken gleich
> hinterdrein: Bete und arbeite - Industrie und Religion Hand in Hand.
> Schichtwechsel auf Fortuna, wir Butterbrote mit Speck, aber Um-
> betten duldet keine Pause, auch rastlos Starkstrom zu Siegermäch-
> ten hin eilend, Holland erleuchtend, während hier immer wieder
> Stromsperre - doch die Frau kam ans Licht!" (S. 378)

Der emphatische erste Satz wird expliziert in einer detaillierten Beschreibung dessen, was Oskar sieht. Die Form dieses Abschnittes gleicht der einer 'romantischen Landschaftsbeschreibung', der Inhalt dagegen meint die Erftlandschaft, die durch Kohlenbergwerke in ihrem Aussehen bestimmt ist, verbunden mit der

Umbettung einer Leiche. Dieses Auseinanderklaffen von Form und Inhalt macht das Zynische und zugleich Parodistische des Abschnitts aus. Der Inhalt der Parodie läßt sich zusammenfassen in dem Satz: "Bete und arbeite - Industrie und Religion Hand in Hand." Die Aufbauarbeit der fünfziger Jahre nimmt in dieser Verknüpfung den Stellenwert eines Religionssystems ein. Unterbrochen wird die parodistische Beschreibung der Industrielandschaft durch die Erwähnung des politischen Kontextes, in dem der Aufbau steht: der Hinweis auf die Reparationsleistungen, auf die Demontage an Rhein und Ruhr, auf den Nachkriegswinter 1947/48. Durch die Verknüpfung von Aufbauarbeit und Hinweis auf Kriegsfolgen ist die positive Wertung der Aufbauarbeiten aufgehoben. Es ist bezeichnend für den Roman, daß nicht die wirtschaftliche Situation in ihren Schwierigkeiten und Verflechtungen konkretisiert wird, sondern daß der Akzent auf der ideologischen Funktion der wirtschaftlichen Gegebenheiten liegt und daß diese parodiert wird. So wie teilweise in der Darstellung über den Faschismus werden auch hier die politischen Hintergründe zum Bestandteil einer parodistischen Landschaftsbeschreibung. Die gleichzeitige Wahrnehmung von politischen Sachverhalten und landschaftlichen Gegebenheiten ist dem Leser aus dem kleinbürgerlichen Bereich bekannt. Aufgrund dieser Parallelität kann er ersehen, daß die Einsicht in politische Veränderungen sich nicht prinzipiell unterscheidet von der zur Zeit des Faschismus. Die Unterschiede liegen lediglich in den Objekten, die wahrgenommen werden.

Bei der Umbettung der Leiche faßt Oskar den Entschluß, Maria zum wiederholten Male einen Heiratsantrag zu stellen. Maria lehnt diesen Antrag ab. Die Konsequenz dieser Ablehnung für Oskars weiteres Leben formuliert er in dem folgenden Abschnitt:

> "Die Währungsreform kam zu früh, machte aus mir einen Narren, zwang mich, Oskars Währung gleichfalls zu reformieren; ich sah mich fortan gezwungen, aus meinem Buckel, wenn auch kein Kapital, so doch mein Lebensunterhalt zu schlagen. Dabei hätte ich einen guten Bürger abgegeben. Die Zeit nach der Währungsreform, die - wie wir heute sehen - alle Voraussetzungen fürs momentan in Blüte stehende Biedermeier hatte, hätte auch Oskars biedermeierliche Züge fördern können. Als Ehemann, Biedermann hätte ich mich am Wiederaufbau beteiligt, hätte jetzt einen mittelgroßen Steinmetzbetrieb, gäbe dreißig Gesellen, Handlangern und Lehrlingen Lohn und Brot, wäre jener Mann, der alle neuerbauten Bürohäuser, Versicherungspaläste mit den beliebten Muschelkalk- und Travertinfassaden ansehnlich macht. Geschäftsmann, Biedermann, Ehemann - aber Maria gab mir einen Korb." (S. 381/382)

Oskar zeichnet hier die Entwicklung eines Normalbürgers der Nachkriegszeit: Die Zeit nach der Währungsreform wird als günstig für den Aufbau eines Kleinbetriebes erklärt. Der Besitz eines solchen Betriebes bildet das Kriterium für ein Leben in Ruhe und Ordnung. Die Zeit der fünfziger Jahre als die Blütezeit des Biedermeier ist also charakterisiert durch Ruhe, Ordnung, einen regelmäßigen Verlauf. Die Stabilität der Wirtschaft hat die 'Stabilität' der Symbol- und Orientierungssysteme zur Folge.

Oskar kündigt nach diesem Erlebnis bei Korneff, "dessen von Grabsteinen abhängige Existenz gleichfalls durch die Währungsreform in Frage gestellt wurde" (S. 382), und verdient in der folgenden Zeit Geld durch Modellsitzen in der Kunstakademie. Diese Zeit Oskars und die Beschreibung des Lebens in der Kunstakademie, des Selbstverständnisses der Künstler ist im Ganzen eine Satire auf die Nachkriegskunst, in der das Zeitlos-Schreckliche dargestellt werden soll (cf. S. 385-389). [72]

Im September 1949 gründet Oskar zusammen mit Klepp und Scholle eine Jazz-Band, die den Namen "Rhine River Three" (S. 432) trägt. Die Vorgeschichte dieser Gründung ist die Geschichte des Mitgliedes Klepp. Klepp wohnte wie Oskar bei Zeidlers zur Untermiete. Die Lebensform Klepps beschreibt Oskar zusammenfassend aus seiner Sicht als Insasse einer Heilanstalt:

"Einmal in der Woche muß ich mir seinen (scil. Klepps) Besuch gefallen lassen, seine optimistischen Jazztiraden, seine musikalisch-kommunistischen Manifeste muß ich mir anhören, denn er, der als Betthüter einen treuen Royalisten abgab und dem englischen Königshaus anhing, wurde, kaum hatte ich ihm sein Bett und seine Dudelsack-Elisabeth genommen, zahlendes Mitglied der KPD, treibt das bis heute noch als illegales Hobby, indem er Bier trinkt, Blutwurst tilgt und harmlosen Männchen, die an der Theke stehen und Flaschenaufschriften studieren, die beglückenden Gemeinsamkeiten einer vollbeschäftigten Jazzband und einer Kolchose aufzählt. Es bieten sich dem aufgescheuchten Träumer heutzutage nur noch wenige Möglichkeiten. Einmal dem eingelegten Bett entfremdet, konnte Klepp Genosse werden - sogar illegal, was den Reiz erhöhte. Jazzfan hieß die zweite ihm gebotene Konfession. Drittens hätte er, der getaufte Protestant konvertieren und Katholik werden können. Man muß es Klepp lassen: er hat sich die Zufahrtsstraßen zu allen Glaubensbekenntnissen offengelassen." (S. 423/424)

Klepp bildet eine Karikatur derer, die sich in wechselnden Gruppen engagieren und sich deren jeweiligen 'Glaubensbekenntnissen' zuwenden. Der Leser erfährt hier in einer allzu konzentrierten, d. h. aufdringlichen, Form, was im Roman im ganzen vermittelt werden soll: Alle positiven Bilder einer eindeutig festgelegten Position werden zerstört und decouvriert als bequeme Lebensformen. [73] Während aber in Buch eins und zwei des Romans der interpretative Dialog davon bestimmt war, daß die Position des Romans offen war, daß er ihm kein vollständiges Wertsystem anbot, besteht im dritten Buch die Tendenz, daß die Negation einer bestimmten Position als Intention des Romans auf der Hand liegt, ohne daß dem Leser Zeit gelassen würde für eine eigene Reflexion. Die kritische Rezeption wird hier vom Roman eher gehindert als gefördert, denn kritische Rezeption heißt ja nicht, sich positiv oder negativ der angebotenen, im Roman bloß konstatierten Position gegenüber zu verhalten.

Der Wirt Schmuh des "Zwiebelkellers", in dessen Lokal die Band ein Engagement erhält, kommt durch einen Autounfall ums Leben. Bei der Beerdigung wird Oskar von dem Leiter einer Konzertagentur angesprochen, der ihm einen Vertrag in dieser Agentur anbietet. Als Oskar Tage später die Konzertagentur aufsucht, trifft er Bebra wieder, der sich als der Direktor der Agentur vorstellt. Im folgenden wird detailliert geschildert, wie in der Nachkriegszeit Kunst produziert und verkauft wird und welche Wirkung sie auf die Nachkriegsgesellschaft hat (cf. S. 463 ff.). Bebra tritt hier in der gleichen Funktion auf wie zur Zeit des Fronttheaters. Die Arbeit dieser Agentur unterscheidet sich von der des Fronttheaters nur durch Äußerlichkeiten. [74] Die Art der Werbung und die Wirkung von Oskars Auftritten sind Ausdruck der Bedürfnisse der Menschen in der Nachkriegszeit:

> "Eine Woche vor Beginn der Tournee tauchten jene ersten, schändlich wirksamen Plakate auf, die meinen Erfolg vorbereiteten, meinen Auftritt wie den eines Zauberers, Gesundbeters, eines Messias ankündigten." (S. 464)

Oskar, der als organisierter und bezahlter Musiker auftritt und das spielt, was sich gut verkauft, wird von der Werbung als Zauberer, Messias und Gesundbeter angekündigt. In der Werbung, die die Bedürfnisse der Menschen aufgreift und stimuliert, wird Oskar die gleiche Funktion zugesprochen, die das Fronttheater während des Zweiten Weltkrieges einnahm: Er soll eine heile Welt vorspielen, die die Realität vergessen läßt. Die Menschen reagieren auf die Verdrängungsangebote mit kindlichem Verhalten, das sie aller Verantwortung für eine Zeitlang enthebt, so wie im Krieg ein endloses Gelächter die Kriegssituation vergessen ließ.

Nach Bebras Tod gibt Oskar die Tätigkeit als Berufstrommler auf und wird Ende Juli 1951 des Mordes an einer Krankenschwester verdächtigt und in eine Heil- und Pflegeanstalt eingeliefert. Der Aufenthalt in dieser Anstalt ist am Ende des Romans gefährdet durch einen möglichen Freispruch. Etwas Endgültiges erfährt der Leser indes nicht. Damit bleibt auch offen, ob Oskar eine isolierte Lebensweise fortsetzen wird oder zur Rückkehr in die 'Welt der Erwachsenen' gezwungen ist.

3.1.12.   Zusammenfassung zum dritten Buch des Romans.

Versucht man das, was im dritten Buch dargestellt wird zu resümieren, so ergibt sich: Die kleinbürgerliche Welt, die in den ersten beiden Büchern in detaillierter Schilderung vermittelt wird, tritt hier in den Hintergrund. Hier spielt Oskars Leben als Erwachsener die Hauptrolle, seine Erlebnisse mit Kleinbürgern und vor allem die in der Kulturindustrie. Das Spektrum der dargestellten gesellschaftlichen Gruppen wird erweitert auf Kosten ihrer detaillierten Betrachtung. [75] Die Probleme und Verhaltensweisen der Menschen werden vornehmlich im Blick auf das Problem der Vergangenheitsbewältigung aufgezeigt. Dabei ist nicht die politische Relevanz dieses Sachverhalts der primäre Gesichtspunkt, der Roman konzentriert sich vielmehr auf das Problem der Bewußtseinshaltung der Menschen und dramatisiert diese. Die Nachkriegsgesellschaft, so wie sie hier erscheint, läßt sich in folgender These charakterisieren: Der Faschismus wird zur Historie deklariert und nicht als Gegenwartsproblem vorgelassen und bearbeitet. Die Folgen des Faschismus und des Zweiten Weltkrieges bilden die Fassade der Zeit, aber nicht ihre inhaltliche Bestimmung. Der Faschismus wird in der Weise verarbeitet, daß die Menschen ihn zu vergessen versuchen und sich ihnen als Hilfe zum Vergessen die Vorführungen der Kulturindustrie anbieten.

Der Roman geht also auch im dritten Buch in großem Maße selektiv vor, allerdings auf einer qualitativ anderen Stufe als in den ersten beiden Büchern. Dort wurden die Bereiche, die außerhalb der kleinbürgerlichen Welt standen, in der Weise selektiert, daß durch die Art der Verknüpfung von Vorder- und Hintergrundgeschehen die Selektion für den Leser deutlich und begründet wurde. Im dritten Buch dagegen wird, abgesehen von der Erwähnung einiger politischer Fakten, der politische Kontext weder als für das Leben der Menschen konstitutiv, noch in dieses Leben integriert dargestellt. Das Problem der Vergangenheitsbewältigung wird im dritten Buch als innere Angelegenheit der Menschen aufgenommen, die öffentlich, durch Darbietungen aus dem Bereich der Kunst aufgefangen und gelöst wird. Vergangenheitsbewältigung und Bewältigung der Gegenwart sind für die Menschen und - zwar in anderer Weise, aber auch - für den Roman zwei getrennte Bereiche, wobei die Probleme der Gegenwart im Roman nur am Rande in Erscheinung treten. [76]

Indem die Nachkriegszeit eingeteilt wird in eine Zeit des Rausches und eines folgenden Katers, wird deutlich, daß die Diskrepanz zwischen Bewußtsein und Handlung, die für das Kleinbürgertum signifikant ist, auch in der Nachkriegsgesellschaft herrscht. Das Bewußtsein ist ideologisch geprägt, die Handlungsweise der Menschen verläuft - als Kater nach dem Rausch - kontinuierlich weiter. Ein grundlegender Wechsel zwischen Faschismus und Nachkriegszeit in bezug auf die Verarbeitung politischer Ereignisse und im Blick auf die Handlungsnormen besteht demnach nicht. Von daher kann das vom Roman intendierte Thema, die Relativierung und Zerstörung von Vorstellungswelten, als ein Problem des Faschismus und der Nachkriegszeit behandelt werden. Dabei wird allerdings der Glaube der Nachkriegsgesellschaft nur klischeehaft-negativ bestimmt, indem gezeigt wird, welche Fluchtmechanismen praktiziert werden, die inhaltliche Bestimmung dieses Glaubens wird nicht episodenhaft konkretisiert, wie in Buch eins und zwei. [77]

3.2.   Die Erweiterung der fiktiven Realität des Romans durch den Ich-Erzähler.

3.2.1.   Das Lebensprinzip des Ich-Erzählers.

3.2.1.1. Oskar Matzerath als 'Negativ'-Bürger.

Die Beschreibung der Umwelt, Vorfahren, Eltern und Nachbarn bildet einen Kontrast zu der Darstellung der Geburt des Ich-Erzählers. Dieser Kontrast zum 'Realismus' des Handlungsverlaufs liegt nicht im Verlauf der Geburt selbst, in dem Ereignis als solchem, sondern in der Gestalt des Ich-Erzählers, wenn er sich als Säugling beschreibt:

> "Bis auf den obligaten Dammriß verlief meine Geburt glatt. Mühe-
> los befreite ich mich aus der von Müttern, Embryonen und Heb-
> ammen gleichfalls geschätzten Kopflage. Damit es sogleich gesagt
> sei: Ich gehörte zu den hellhörigen Säuglingen, deren geistige Ent-

wicklung schon bei der Geburt abgeschlossen ist und sich fortan nur noch bestätigen muß. So unbeeinflußbar ich als Embryo nur auf mich gehört und mich im Fruchtwasser spiegelnd geachtet hatte, so kritisch lauschte ich den ersten spontanen Äußerungen der Eltern unter den Glühbirnen. Mein Ohr war hellwach, wenn es auch klein, geknickt, verklebt und allenfalls niedlich zu benennen war, bewahrte es dennoch jene fortan für mich so wichtigen, weil als erste Eindrücke gebotenen Parolen. Noch mehr: was ich mit dem Ohr einfing, bewertete ich sogleich mit winzigstem Hirn und beschloß, nachdem ich alles Gehörte genug beachtet hatte, dieses und jenes zu tun, anderes gewiß zu lassen." (S. 35)

Alle Beurteilungskriterien, die dem Leser für die Personen des Romans zur Verfügung stehen, wie Erfahrungspotential, Sozialisation, Abhängigkeit von der sozialen Umgebung etc., wehrt der Ich-Erzähler durch die Beschreibung seines Lebensprinzips von sich ab. Denn äußerlich verläuft die Geburt zwar normal, aber nicht die Normalität des sichtbaren Verlaufs wird betont, sondern die befremdende 'psychische Struktur' dieses Säuglings. Die Entwicklung Oskar Matzeraths ist schon bei der Geburt abgeschlossen, d.h. seine Handlungen können nicht von einer Entwicklungsgeschichte her beurteilt werden. [78] Für seine Stellung als Erzähler des Romans folgt daraus: Er berichtet seine Lebensgeschichte, ohne in die Welt, von der er berichtet, integriert zu sein. Er beobachtet und kritisiert sie, und er ist selbst der Maßstab dieser Kritik. [79] Er läßt seine Kriterien nicht von außen infrage stellen. Oskar achtet nur sich selbst, seine Umgebung lehnt er ab. Diese eigene Wertschätzung wird nicht begründet mit dem Angebot eines alternativen Lebensmodells, sondern er bezieht die Reduktion auf sich selbst aus dem Zweifel an allem Bestehenden und aus der Negation des Bestehenden. Die Erfahrung der kleinbürgerlichen Welt und die Konsequenzen einer Integration in diese Welt läßt der Ich-Erzähler in den Äußerungen des Vaters bei der Geburt vorwegnehmen:

"'Ein Jung', sagte jener Herr Matzerath, der in sich meinen Vater vermutete. 'Er wird später einmal das Geschäft übernehmen. Jetzt wissen wir endlich, wofür wir uns so abarbeiten.'" (S. 35)

Das negative Urteil Oskars über diese Äußerung wird sprachlich manifest in der Bezeichnung seines Vaters als "jener Herr Matzerath", die die Geringschätzung für den Inhalt des Gesagten zum Ausdruck bringt.
Die Negation des Bestehenden und die Reduktion auf sich selbst ist für Oskar aber nicht identisch mit der Isolation im Sinne von Blindheit und Taubheit gegenüber seiner Umgebung. Im Gegenteil, Oskars erklärtes Programm besteht darin, diese Welt zu beobachten und zu beurteilen. Diese Beobachtungen erheben den Anspruch, sich nicht von Vorurteilen, Tabus, Klischeevorstellungen der Gesellschaft einschränken zu lassen. Er recherchiert, um diese Recherchen seinem Zweifel unterziehen zu können. [80] Oskar nimmt, von seinem Lebensprinzip her gesehen, eine doppelte Position ein: Er lebt innerhalb der kleinbürgerlichen Verhältnisse als Mitglied einer Familie; gleichzeitig lehnt er die Im-

plikationen dieses Status ab. [81] Von dieser Doppelposition aus kann Oskar nicht als produktiver und positiver Gegensatz zu dem kleinbürgerlichen Menschen definiert werden, sondern er kennzeichnet sich als 'Negativ'-Bürger, indem er die ihn umgebende negative Welt seinerseits negiert. Seine Bedürfnisse
-sich ungestört ästhetischen Genüssen hingeben zu können, [82]
-unter den Röcken der Großmutter leben zu dürfen, [83]
-zur Nabelschnur zurückkehren zu können, [84]
karikieren die kleinbürgerliche Bedürfniswelt, nämlich in Abhängigkeit von einem anderen, der vor der Außenwelt schützt und alle Entscheidungen abnimmt, leben zu können.

3.2.1.2. <u>Der Infantilismus Oskars: Provokation und Schutz.</u>

Oskar inszeniert an seinem dritten Geburtstag einen Sturz von der Kellertreppe, um den Erwachsenen ein sichtbares Zeichen und eine an einem fixierbaren Ereignis ableitbare Erklärung für seinen unsichtbaren Entschluß zu geben, nämlich das Wachstum einzustellen und die Größe eines Dreijährigen beizubehalten. Er begründet dieses Rollenspiel und diesen Kompromiß den Erwachsenen gegenüber in doppelter Hinsicht:

"Beschrieb ich soeben ein Foto, das Oskars ganze Figur mit Trommel, Trommelstöcken zeigt, und gab gleichzeitig kund, was für längst gereifte Entschlüsse Oskar während der Fotografiererei und angesichts der Geburtstagsgesellschaft um den Kuchen mit den drei Kerzen faßte, muß ich jetzt...jene Dinge zur Sprache bringen, die zwar meine anhaltende Dreijährigkeit nicht erklären, sich aber dennoch - und von mir herbeigeführt - ereigneten. Von Anfang an war mir klar: die Erwachsenen werden dich nicht begreifen, werden dich, wenn du für sie nicht mehr sichtbar wächst, zurückgeblieben nennen, werden dich und ihr Geld zu hundert Ärzten schleppen, und wenn nicht deine Genesung, dann die Erklärung für deine Krankheit suchen. Ich mußte also, um die Konsultationen auf ein erträgliches Maß beschränken zu können, noch bevor der Arzt seine Erklärung abgab, meinerseits den plausiblen Grund fürs ausbleibende Wachstum liefern."
(S. 47/48)

Die Erklärung für den Sturz von der Kellertreppe zeigt auf der einen Seite, welche Denkmechanismen Oskar bei den Erwachsenen voraussetzt, und zum anderen, wie er diesen begegnet, so daß sie ihn nicht in seinem Leben tangieren. Er geht davon aus, daß die Erwachsenen eine sichtbare, handgreifliche Kausalerklärung verlangen, wenn etwas eintritt, das für ihren Erlebnishorizont außergewöhnlich ist. [85] Da Oskars äußere Gestalt und seine Entwicklung gegen die Normalitätsvorstellungen der Erwachsenen verstoßen, muß er, um ungestört leben zu können, ihnen ein ihrer Erlebnisweise angemessenes Ereignis liefern. Diese beiden Aspekte, das Kausalitätsdenken der Erwachsenen zu befriedigen und durch diese Befriedigung sich selbst vor den Menschen zu schützen, werden in der Episode vom Kellersturz evident.

Die Strategie, sich den Erwachsenen gegenüber ihren Verhaltensmechanismen angepaßt zu zeigen, um die eigenen Interessen ungestört durchzusetzen, setzt Oskar im Verlauf des Romans fort, indem er infantile Handlungs-, Sprach- und Reaktionsmuster praktiziert (bzw. vortäuscht).[86] Die infantile Gestalt und das infantile Gebaren geben Oskar die Möglichkeit, eine Beziehung zwischen der Welt der Erwachsenen und seiner eigenen herzustellen, wenn es darum geht, die Erwachsenen zu beobachten, zu fliehen oder sich ihrer Mittel zu bedienen, um sie sich selbst zugute kommen zu lassen.[87]

Eine zusammenfassende Begründung für den Entschluß, mit der Größe eines Dreijährigen das Wachstum einzustellen, gibt Oskar im Anschluß an die Beschreibung eines Photos, das ihn an seinem dritten Geburtstag zeigt:

"Kleine und große Leut', kleiner und großer Belt, kleines und
großes ABC, Hänschen-Klein und Karl der Große, David und
Goliath, Mann im Ohr und Gardemaß; ich blieb der Dreijährige, der Gnom, der Däumling, der nicht aufzustockende
Dreikäsehoch blieb ich, um Unterscheidungen wie kleiner
und großer Katechismus enthoben zu sein, um nicht als eins-
zweiundsiebzig großer, sogenannter Erwachsener, einem
Mann, der sich selbst vor dem Spiegel beim Rasieren mein
Vater nannte, ausgeliefert und einem Geschäft verpflichtet
zu sein, das, nach Matzeraths Wunsch, als Kolonialwaren-
geschäft einem einundzwanzigjährigen Oskar die Welt der Erwachsenen bedeuten sollte. Um nicht mit einer Kasse klappern
zu müssen, hielt ich mich an die Trommel und wuchs seit meinem dritten Geburtstag keinen Fingerbreit mehr, blieb der
Dreijährige, aber auch Dreimalkluge, den die Erwachsenen
alle überragten, der den Erwachsenen so überlegen sein sollte, der seinen Schatten nicht mit ihrem Schatten messen wollte, der innerlich und äußerlich vollkommen fertig war, während jene noch bis ins Greisenalter von Entwicklung faseln
mußten, der sich bestätigen ließ, was jene mühsam genug und
oftmals unter Schmerzen in Erfahrung brachten, der es nicht
nötig hatte, von Jahr zu Jahr größere Schuhe und Hosen zu
tragen, nur um beweisen zu können, daß etwas im Wachsen
sei." (S. 47)

Oskar beginnt mit der Aufzählung einer Reihe von Gegensatzpaaren, die entweder assoziativ (z.B. David/Goliath) oder als Zusammensetzungen (z.B. kleiner/gro-ßer Belt) mit Vorstellungen von groß und klein verbunden werden. Dabei wechselt die Verwendung von groß und klein in ihrer Bedeutung als Quantitäts- und als Qualitätsangabe. Der Akzent liegt - quantitativ gesehen und durch die Steigerung innerhalb der Reihe selbst - auf der Bedeutung von groß und klein als Qualitäts-bezeichnung. Diese Aufzählung repräsentiert die Welt, von der sich Oskar dis-tanziert und gegen die er protestiert. Durch die Unsystematik der Aufzählung, durch ihre assoziative Reihung wird evident, daß Oskar sich nicht absetzt von einer spezifischen Gesellschaftsordnung oder von bestimmten gesellschaftlichen

Erscheinungen, sondern, undifferenziert, von allem, was er in seiner Umgebung als die Welt der Erwachsenen erkennt. Die folgende Begründung für seine Existenz als Gnom, als Däumling, d.h. als ein Mensch, der in den Augen der anderen krank ist (verstärkt durch den Chiasmus "blieb...blieb"), besteht gleichfalls aus einer Aufzählung von Gegenständen, wobei wiederum (mit zunehmender Steigerung zum echten Gegensatz hin) gewechselt wird zwischen äußerlichen, peripheren Dingen und gesellschaftlich entscheidenden Faktoren. Bezeichnend ist dabei, daß er die den Erwachsenen aufgetragenen Lernprozesse an die Unterscheidung von großem und kleinem Katechismus anhängt und seine Existenz als Erwachsener in dem Besitz eines Kolonialwarenladens sieht. Er charakterisiert hier also nur die kleinbürgerliche Welt. Das Positive, das Oskar der Existenz eines Dreijährigen zuschreibt, definiert sich für ihn ganz formal aus der Negativität der Welt der Erwachsenen heraus. Während Erwachsene einen Lernprozeß vollziehen, eine Entwicklung durchmachen müssen, ist er "innerlich und äußerlich" vollkommen fertig, er ist unabhängig von Erfahrungen, die die Möglichkeiten des Lebens einschränken können, und damit den Erwachsenen überlegen. [88]

Die Perspektive des Ich-Erzählers und seine Auffassung von Welt stellt sich dem Leser auf diesem Hintergrund in folgenden Punkten dar:
- Die Welt, in der Oskar lebt und gegen die er protestiert, ist die der Kleinbürger. Von daher ist die Interpretation von Oskars Leben als einem Protest gegen die 'Existenz schlechthin' eine vorschnelle Erweiterung der im Roman dargestellten Welt.
- Der Protest ist motiviert aus der Negation des Bestehenden heraus, speziell des bestehenden Weltbildes. Er wird manifest in Oskars Infantilismus. Dieser ist gleichzeitig Provokation für die Welt der Erwachsenen und Schutz vor dieser. Der Infantilismus wirkt provokativ, insofern durch die Existenz Oskars als Dreijähriger kleinbürgerliche Verhaltensweisen beobachtet werden können, die als beobachtbare tabuisiert sind. [89] Er bildet Schutz für Oskar, insofern er Bereiche der Erwachsenenwelt erkunden kann, ohne die Konsequenzen tragen zu müssen, die derartige Erfahrungen für die Erwachsenen bedeuten. [90]
- Die Welt des Romans wird durch den Ich-Erzähler nicht quantitativ, sondern qualitativ erweitert, d.h. Oskar repräsentiert nicht eine weitere gesellschaftliche Gruppe, die als Ergänzung oder Gegenpol zu den Kleinbürgern aufzufassen wäre, sondern er ist die bewußt eingesetzte Figur des Autors, die sowohl funktionalen Wert für die Darstellung des Kleinbürgertums als auch eigenen Wert für das Darstellungsprinzip des Romans allgemein hat und die damit im Rezeptionsprozeß im Blick auf diese beiden Bereiche betrachtet werden muß. [91] Durch Oskar wird die kleinbürgerliche Welt von der Perspektive dessen aus erzählt, der sie ablehnt. [92] Er will diese Welt weder verändern, noch will er die Gräßlichkeit und das Ekelhafte des kleinbürgerlichen Lebens unter moralischen Gesichtspunkten darstellen. [93]
- Die Welt der Kleinbürger wird von einer Gestalt erzählt, die auf der einen Seite durch phantastische Komponenten ausgezeichnet ist, auf der anderen den Anspruch eines ungebrochenen Realismus erhebt. Diese Verbindung bestimmt die Struktur des Romans und den weiteren Rezeptionsprozeß. [94]

3.2.1.3. Die Blechtrommel als Kommunikationspartner Oskars.

Oskars Entschluß, nicht unmittelbar nach der Geburt wieder in den embryonalen Zustand zurückzukehren, sondern am kleinbürgerlichen Leben teilzunehmen, ohne sich allerdings seinen Gesetzen zu unterwerfen und ohne sich auf Kommunikation mit den Erwachsenen einzulassen, ist motiviert durch die Äußerung seiner Mutter Agnes, daß er am dritten Geburtstag eine Blechtrommel erhält (cf. S. 37).

Die Blechtrommel, ein Gegenstand [95], ein Kinderspielzeug gehört also entscheidend zu Oskars Lebensprinzip. Ohne die Blechtrommel ist er Teil der bürgerlichen Welt (so im dritten Buch). [96] Die Bedeutung der Blechtrommel soll hier mit der allgemeinen Fragestellung untersucht werden, welche Rolle dieser Gegenstand für die Rezeption des Romans spielt. Um eine Antwort zu erhalten, die mit dem Kontext des Romans und dem Erkenntnisinteresse der Rezeption sinnvoll vermittelt ist, muß diese allgemeine Frage spezifiziert werden: Welche Rolle spielt die Trommel in Ergänzung des infantilen Verhaltens, in welchem Maße unterstützt sie dieses Verhalten? Welche Rolle spielt sie im Blick auf Oskars eigene Erlebnisweise und im Blick auf sein Verhältnis zu anderen Menschen?

Oskar erklärt, daß die Trommel ihm die Fähigkeit gibt, zwischen sich und den Erwachsenen "eine notwendige Distanz ertrommeln zu können" (S. 50). Nur im Besitz seiner Trommel und mit ihrer Hilfe kann er sein Programm durchführen. Die Begründung, warum die Blechtrommel dies leistet, erweist sich als eine doppelte: Da die Blechtrommel für die Erwachsenen ein Kinderspielzeug ist und nicht mehr, wird Oskar, solange er die Trommel trägt und auf ihr spielt, sich nicht als ein die Welt der Erwachsenen Durchschauender verraten. Die Blechtrommel ist die Gewähr dafür, daß die anderen ihn für ein unverständiges Kind halten. Den Verlust der Trommel beurteilt er als eine Existenzbedrohung:

> "Oskar war allein, verraten und verkauft. Wie sollte er auf die
> Dauer sein dreijähriges Gesicht bewahren können, wenn es ihm
> am Notwendigsten, an seiner Trommel fehlte?" (S. 171)

Die Möglichkeit, sich mit Hilfe der Trommel vor den Erwachsenen akustisch und entwicklungsmäßig [97] zu schützen, wird ergänzt durch die personale Beziehung Oskars zu seiner Trommel. Oskar spricht von seiner Trommel als einer ihn verstehenden und ihm gleichgestellten Person:

> "Auf dem weißen Rand meiner Trommel läßt sich schlecht experi-
> mentieren. Das hätte ich wissen müssen. Mein Blech verlangt
> immer dasselbe Holz. Es will schlagend befragt werden, schla-
> gende Antworten geben oder unterm Wirbel zwanglos plaudernd
> Frage und Antwort offen lassen." (S. 230)

Die Blechtrommel hat die Funktion - und von ihrer personalen Beziehung zu Oskar ausgehend die Intention -, zu Oskar eine kommunikative Beziehung aufzunehmen. Oskar, der programmatisch von niemandem befragt und beraten sein will, wird von der Trommel zu Fragen und Antworten aufgefordert. [98] In dieser Funktion erfüllt die Blechtrommel die durch Kommunikation zu befriedigenden Bedürfnisse: sie gibt Rat (cf. S. 68), Schutz (cf. S. 124, 171), Trost (cf. S. 141,

159). Von dieser affirmativen Aufgabe der Trommel her scheint sie für Oskar das zu bedeuten, was die Gegenstände den Kleinbürgern bedeuten. Von da aus gesehen wäre die Beziehung Oskars zu seiner Trommel allein eine Karikatur der Beziehung der Kleinbürger zu ihrem gegenständlichen Besitz.[99] Dies kann jedoch nicht die endgültige Beurteilung Oskars und seiner Trommel·sein. Denn es kommt die Bedeutung der Blechtrommel als Oskars Ankläger hinzu:

> "Gleich nach der Entlassung aus den Städtischen Krankenanstalten
> begann ich, den Verlust meiner Krankenschwestern beklagend,
> heftig wirbelnd zu arbeiten und arbeitend zu wirbeln. Der verreg-
> nete Nachmittag auf dem Friedhof Saspe ließ mein Handwerk nicht
> etwa zur Ruhe kommen, im Gegenteil, Oskar verdoppelte seine
> Anstrengungen und setzte all seinen Fleiß in die Aufgabe, den letz-
> ten Zeugen seiner Schmach angesichts der Heimwehrleute, die
> Trommel zu vernichten." (S. 211)

Die Blechtrommel hält Oskar das, was geschehen ist, vor Augen und leistet Widerstand gegen Oskars Versuche, eigene schuldhafte Verhaltensweisen zu verdrängen.[100] Sie bietet sich in ihrer Funktion als Spiegelbild des Geschehenen und als Ankläger des Geschehenen als die konsequente Durchführung von Oskars Lebensprinzip an. Die Beziehung der Trommel zu Oskar ist also sowohl affirmativ, insofern sie ihn in seinem Lebensprinzip unterstützt, als auch anklagend, insofern sie ihn mahnend erinnert an Handlungen und Reaktionen, die er selbst als Schuld bezeichnet.

Der Einsatz der Trommel in Anwesenheit anderer Menschen bedeutet immer Provokation und Destruktion des Normalen. Sie und die Fähigkeit Oskars, Glas zu zersingen, sind die Mittel, mit denen Oskar seiner Außenwelt provokativ entgegentritt.[101]

Auf diesem Hintergrund - die Trommel als Instrument zur Provokation der Welt und als affirmierender und anklagender Kommunikationspartner Oskars - muß ihre Funktion, in Oskar Erinnerungen an das Vergangene zu wecken (cf. z.B. S. 17, 28, 35, 42, 150), gesehen werden.[102] Durch diese Funktion wird die Perspektive des Romans erweitert, indem nämlich Verdrängungen und Verstellungen von Ereignissen durch die Blechtrommel angemahnt werden. Nicht Oskar allein erzählt, die Blechtrommel ist an dem beteiligt, was er berichtet. Sie bildet für den Ich-Erzähler ein Kriterium zur Beurteilung seiner Erlebnisweise [103]: an der Zahl der verbrauchten Trommel spiegelt sich Oskars Stimmung. Und der Leser muß sie als einen Modus der Erzählweise des Romans betrachten, der den interpretativen Dialog mitbestimmt.

Fragt man danach, welche Rolle die Blechtrommel im Kontext von Oskars Lebensprinzip, seiner negativen Beziehung zu den Menschen, seinem Infantilismus spielt, so kann man dies jetzt noch weniger einfach als karikierte Darstellung der Beziehung, die die kleinbürgerlichen Menschen zu ihren Gegenständen haben, bestimmen. Dies ist nur ein Aspekt im Roman. Die Blechtrommel als Kommunikationspartner Oskars, als Gegenstand, der ihn auf sein Lebensprinzip festlegt, bildet nämlich in gleicher Weise wie die Gestalt Oskars ein entscheidendes Strukturprinzip des Romans. Denn in ihrer Funktion als Kommunikationspartner Oskars stellt sie die 'Alleinherrschaft' des Ich-Erzählers infrage. [104] Durch die Blechtrommel als ein den Ich-Erzähler relativierendes Element ist es vollends unmöglich, daß der Leser sich allein von der Autorität des Ich-Erzählers leiten lassen kann und sein Urteil als das im Roman gültige Urteil annehmen muß. Er ist vielmehr aufgrund dieser Struktur genötigt, das bequeme Autoritätsverhalten, das gläubige Rezeptionsverhalten aufzugeben.

3.2.2. Die Beziehung Oskars zu seiner Umwelt.

Die Beziehung Oskars zu seiner Umwelt und zu den Menschen ist präjudiziert durch seine infantile Gestalt, seine Trommelei und seine Fähigkeit, Glas zu zersingen. Diese drei Charakteristika treten im Verlauf des Romans als eine Art Vermittler zwischen ihm und seiner Umwelt auf, sie provozieren eine - vermittelte - Beziehung. Oskar tritt mit seiner Umwelt nur auf indirekte Weise zusammen.

Im folgenden Abschnitt soll an einigen exemplarischen Textstellen diese Beziehung untersucht werden. Das Interesse liegt bei dieser Untersuchung auf der Frage, wie die geschichtlich-gesellschaftliche Zeit in den Episoden dargestellt wird, in denen Oskar, die Vermittler (die Fähigkeit des Glaszersingens und die Trommel) und seine Umwelt, die Kleinbürger gemeinsam agieren und welche mögliche Erweiterung durch diese Gestaltung der Leser in seiner Sicht der Dinge erhält.

3.2.2.1. Die glaszersingende Stimme: Irritation und Decouvrierung der Kleinbürger.

Den Einsatz seiner Stimme begründet Oskar als Notwehr gegen die Gefahr, daß man ihm seine Trommel abnimmt (cf. S. 51). Seine Notwehr besteht in der Zerstörung von Gegenständen. Was also für Oskar Notwehr ist, ist für den Kleinbürger existenzbedrohende Provokation. Denn die Zerstörung von Gegenständen bedeutet für sie die Zerstörung ihrer gewohnten Ordnung, die ihnen Sicherheit und Identität verleiht.
So richtet sich "die erste erfolgreiche Darbietung dieser Art" (S. 51) gegen das Glas der Standuhr in Matzeraths Wohnung, als Alfred Matzerath Oskar eine Trommel abnehmen will, die, durch Trommelei beschädigt, Oskar verletzen könnte.
War der Anlaß dieser Episode Oskars Trommel und die Gefahr, sie zu verlieren, so richtet sich das Interesse des Erzählers im folgenden auf die Reaktion der Erwachsenen im Blick auf die zerstörte Glasscheibe. Die Reaktion wird anschaulich in ihren Bewegungen des Tastens, Äugens. Sie erweist sie als Orientierungs- und Hilflosigkeit. Die einzigen Fluchtmechanismen der Menschen sind die zu anderen Gegenständen der Wohnung, die unversehrt sind, und zu religiösen Handlungen wie Jans gestammeltes Gebet um "Hilfe und Erbarmen" (S. 52). Die existentielle Betroffenheit durch eine zerbrochene Glasscheibe, die - was das Ganze grotesk werden läßt - nur Schutzfunktion für das Zifferblatt der Uhr hat, gibt dem Erzähler Anlaß, die folgende, parodistisch gefärbte Reflexion einzufügen:

"Es ist aber das Verhältnis der Erwachsenen zu ihren Uhren
höchst sonderbar und kindisch in jenem Sinne, in welchem ich
nie ein Kind gewesen bin. Dabei ist die Uhr vielleicht die groß-
artigste Leistung der Erwachsenen. Aber wie es nun einmal
ist: im selben Maß, wie die Erwachsenen Schöpfer sein können
und bei Fleiß, Ehrgeiz und einigem Glück auch sind, werden
sie gleich nach der Schöpfung Geschöpfe ihrer eigenen epoche-
machenden Erfindungen. Dabei ist die Uhr nach wie vor nichts
ohne den Erwachsenen. Er zieht sie auf, er stellt sie vor oder
zurück. Er bringt sie zum Uhrmacher, damit der sie kontrol-
liere, reinige und notfalls repariere. Ähnlich wie beim Kuckucks-
ruf, der zu früh ermüdet, beim umgestürzten Salzfäßchen, beim
Spinnen am Morgen, schwarzen Katzen von links, beim Ölbild
des Onkels, das von der Wand fällt, weil sich der Haken im Putz
lockerte, ähnlich wie beim Spiegel sehen die Erwachsenen hinter
und in der Uhr mehr, als eine Uhr darzustellen vermag."
(S. 52/53)

Im ersten Satz, der gravitätisch eingeleitet ist durch die einen Sachverhalt onto-
logisierende Formulierung: "Es ist aber...", wird eine Behauptung aufgestellt:
das Verhältnis der Erwachsenen zu ihren Uhren ist höchst sonderbar. Der zweite Satz enthält eine weitere Behauptung, die im Vergleich zu der gravitätisch-
pathetischen Einleitung des ersten Satzes durch das Einleitungswort "dabei"
deliberativen, abwägenden Charakter erhält. Diese zweite These bildet inhaltlich eine Verstärkung und Explikation der ersten. Sie verschiebt darin die Beschreibung eines reinen de facto-Verhältnisses ("sonderbar", "kindisch") zur
Behauptung eines ursprünglichen Verhältnisses ("großartige Leistung"). Im dritten Satz wird die gravitätische Einleitung von Satz eins umgewandelt in eine do-
zierende, eine differenzierende Betrachtung einleitende Formel: "Aber wie es
nun einmal ist...". Die logische Funktion dieses einleitenden Satzes besteht darin, den Gegensatz von These eins und zwei als solchen auszuführen. In der Ausführung wird das Problem verallgemeinert: Das Verhältnis von Erwachsenen
und Uhren wird in den Kontext von Schöpfung und Geschöpf gerückt. [105] Die Erwachsenen werden im Akt der Schöpfung ihrer eigenen Erfindungen die Geschöpfe
ihrer Schöpfungen. Sie nehmen also fast gleichzeitig zwei verschiedene Rollen
ein. Dies macht die Verabsolutierung einer Rolle unmöglich und indiziert, daß
der Gegensatz von These eins und zwei ein 'dialektischer' ist. Die Begriffe
Schöpfung und Geschöpf rücken den Text zudem in die Nähe von allgemeinen religiösen Abhandlungen, wie sie bis zum vorigen Jahrhundert in Fülle abgefaßt
wurden. Sie verstärken damit das parodistische Moment, das Auseinanderklaffen von behandeltem Gegenstand und Form der Behandlung. Der vierte Satz beginnt wie Satz zwei mit der den Sachverhalt abwägenden, differenzierenden Einleitung "dabei" und ist auch syntaktisch analog aufgebaut. Satz vier problematisiert die Ausführung von Satz drei, die als solche schon eine Problematisierung
von Satz eins und zwei war, nochmals, indem der Akzent auf die Abhängigkeit
der Uhr vom Menschen gelegt wird. Die Erläuterung der Abhängigkeit im folgenden fünften Satz läßt das Parodistische des Abschnittes deutlich hervortreten:

Die Explikation des dozierenden, schweren Satzes ("Dabei ist die Uhr nach wie vor nichts ohne den Erwachsenen") besteht in einer Aufzählung banaler, selbstverständlicher Tätigkeiten. Der letzte Satz verallgemeinert das Problem quantitativ, indem er analoge Beispiele für dieses Verhältnis von Mensch und Gegenstand anführt. Der Schluß des Satzes, in dem auf das Ausgangsproblem zurückgegriffen wird, bestimmt nun das, was im ersten Satz als höchst sonderbar bezeichnet wurde, nämlich, daß die Erwachsenen "hinter und in den Uhren mehr als eine Uhr darzustellen vermag" sehen. Dabei bleibt der Text auch hier bei einer formalen Bestimmung stehen, indem er nicht ausführt, was die Erwachsenen hinter der Uhr sehen, sondern nur sagt, daß sie mehr sehen, als die Uhr ihrer Form und Funktion nach darstellt.

Das Parodistische, das Auseinanderklaffen von behandeltem Thema - Uhr/Erwachsener - und der Form - gravitätischer, dozierender Stil - wird intensiviert durch das Ende der Episode, in dem der Handlungsverlauf wieder aufgegriffen wird. Die konfliktgeladene Situation wird entspannt durch die Äußerung der Mutter Agnes:

> "'Scherben bringen Glück', rief sie fingerschnalzend, holte Kehr-
> blech und Handfeger und kehrte die Scherben oder das Glück zu-
> sammen." (S. 53)

Das Thema der Episode und des in sie eingefügten 'theoretischen' Abschnittes wird abschließend so aufgegriffen, daß die Praktizierung des Aberglaubens die Konflikte löst. Damit wird die Ausführung gleichzeitig bestätigt und ironisiert. [106]

War der Abschnitt, der parodistisch das Verhältnis von Mensch und Gegenstand behandelte, schon so aufgebaut, daß sich durch den Wechsel von These, Explikation und Einschränkung des Gesagten keine ideale Bestimmung des infrage stehenden Verhältnisses ableiten läßt, so wird dieses Prinzip, ein Problem zu indizieren, aber in seiner Lösung offen zu lassen, verstärkt durch die abschließende Bemerkung des Ich-Erzählers: "und kehrte die Scherben oder das Glück zusammen". Dem Leser wird also bis zum Ende ein Auslegungsspielraum belassen, der nur durch das Parodistische in bestimmte Bahnen gelenkt ist.

Oskars Einsatz der glaszersingenden Stimme provoziert in dieser Episode eine Reaktion, die für die kleinbürgerliche Welt ein typisches Verhalten demonstriert. Bezeichnenderweise wird dieses Verhalten so vermittelt, daß durch die Verbindung von realistischem Problem, unrealistischer Provokation des Problems und grotesk parodistischer Behandlung keine in sich konsistente und eindeutig definierbare Romanwelt entsteht. Der Leser wird von einer Rezeptionshaltung zur anderen geführt, d.h. sein Versuch, den Sinn des Textes zu erstellen, ist auf keinen Fall als geradliniger Prozeß vollziehbar. Diesem Sachverhalt korrespondiert, daß die kleinbürgerlichen Verhaltensmuster ohne abschließendes - z.B. in Form von Kommentaren angefügtes - moralisierendes Urteil betrachtet werden. Die Beziehung Oskars zu seiner Umwelt, hier vermittelt durch Glaszersingen, ist eine negative und provozierende, aber nicht eine moralisierende. Die Versuche des Lesers, Sinnkonstitution durch moralische Urteile zu vollziehen, stößt auf den Widerstand Oskars.

Ein weiteres Beispiel, das für den Rezeptionsprozeß dieses Komplexes interessant ist, bildet die Episode, in der Oskar Löcher in Schaufenster singt, um die Menschen, die die Auslagen gerade betrachten, zum Diebstahl zu verführen. Art und Objekte der Versuchung bestimmt er folgendermaßen:

> "Es kam mir nicht auf Leute an, die im Vorbeischlendern einen
> Blick auf grelle Schaufenster, mehr auf die Preisschildchen
> denn auf die Ware warfen, auf die Leute, die in spiegelnden
> Scheiben feststellten, ob der Hut gerade sitze. Die Kunden,
> auf die ich bei trockener, windstiller Kälte hinter großflocki-
> gem Schneetreiben, inmitten lautlosem, dichtem Schneefall
> oder unter einem Mond wartete, der mit dem Frost zunahm,
> diese Kunden blieben vor den Schaufenstern wie auf Anruf ste-
> hen, suchten nicht lange in den Regalen, sondern ließen den
> Blick entweder nach kurzer Zeit oder sogleich auf einem win-
> zigen Ausstellungsobjekt ruhen. Mein Vorhaben war das des
> Jägers. Es bedurfte der Geduld, der Kaltblütigkeit und eines
> freien und sicheren Auges. Erst wenn alle diese Vorausset-
> zungen gegeben waren, kam es meiner Stimme zu, auf unblutig
> schmerzlose Art, das Wild zu erlegen, zu verführen, wozu?
> Zum Diebstahl..." (S. 102/103)

Im Gegensatz zu den beiden Arten von Versuchungen, die der Leser aus Oskars vorheriger Erzählung kennt (cf. S. 102) und die beide der Befriedigung von elementaren Bedürfnissen dienten, setzt Oskar seine Stimme als Jäger ein, der das Wild erlegt, aber selbst keinen sichtbaren Nutzen von seiner Handlung hat. Oskars Versuchungen können ab ovo nicht als 'rationale' Handlungen erfaßt werden. Sein Interesse richtet sich nicht auf die Menschen, die in irgendeiner Beziehung zu ihm selbst stehen [107], sondern er wählt sie danach aus, welche Beziehung sie zu den Auslagen in den Schaufenstern haben. Nicht diejenigen, die auf den Preis der Auslagen schauen, also ihre Chancen, die Ware durch Kauf zu erwerben, taxieren oder diejenigen, die das Schaufenster als Spiegel benutzen, sind für sein Vorhaben interessant. Entscheidend ist für Oskar, daß die Menschen auf einer bestimmten Auslage, auf einem bestimmten Gegenstand ihren Blick ruhen lassen, d.h. daß sie ihn betrachten ohne an seine Eigenschaft als kaufbare, zweckgebundene Ware zu denken. Sein Interesse richtet sich auf Menschen, die einen Gegenstand fetischisieren. [108]

Oskar expliziert sein Vorhaben als das des Jägers. In der Ausführung des Vergleichs mit der Jagd wird deutlich, daß nicht das eigentliche Ziel des Jägers, nämlich Wild als Nahrungsmittel für den eigenen Bedarf zu erlegen, seinen Jagdplänen entspricht, sondern nur die Art der Tätigkeit: die Geduld, die Fixierung des Objekts, die Kaltblütigkeit. Betrachtet man seinen Vergleich der Menschen vor den Schaufenstern mit dem Wild, das erlegt werden soll, so ergibt sich folgendes: Oskar expliziert das Wort "erlegen" mit den Worten "zum Diebstahl verführen". Zwar vergleicht er den Menschen mit dem Wild, das erlegt wird, aber er sagt nicht, was er erlegt (etwa ihre moralischen Grundsätze), sondern nur, daß er etwas erlegt, indem er sie zum Diebstahl verführt. Die extensive Beschäftigung mit diesem Bild hat nicht die Funktion, seine letzte Stichhaltigkeit zu beweisen oder auch zu widerlegen. Damit soll vielmehr deutlich gemacht werden, daß die Episode nicht mit einem eindeutigen moralischen Zeigefinger im Hintergrund berichtet wird, dem der Leser, in Entrüstung darüber, wie schnell die moralischen Grundsätze aufgegeben werden, sich leicht und schnell zustimmend anschließen kann. Ein vorschnelles, moralisierendes Verständnis der Episode, die von der Moral der Kleinbürger handelt, wird durch weitere Merkmale . des Textes verhindert. So schildert Oskar einen "Modellfall" seiner "Kunst des Verführens" (S. 103), indem er in Zeitlupenstil alle für die Handlung wichtigen und unwichtigen Details aufzählt:

> "...aber jene junge Frau mit dem Kaninchenfell auf dem Kragen
> des braunen, sicher schon einmal gewendeten Wintermantels, sie
> hörte den kreisrunden Ausschnitt, zuckte bis ins Kaninchenfell,
> wollte davon, durch den Schnee, blieb aber doch, vielleicht weil
> es schneite, auch weil bei Schneefall, wenn er nur dicht genug
> fällt, alles erlaubt ist. Daß sie sich dennoch umsah und Flocken
> beargwöhnte, sich umsah, als wären hinter den Flocken nicht
> weitere Flocken, sich immer noch umsah, als ihre rechte Hand
> schon aus dem gleichfalls mit Kaninchenfell besetzten Muff glitt!
> Und sah sich dann nicht mehr um, sondern griff in den kreisrun-
> den Ausschnitt, schob erst das abgefallene Glas, das auf die be-
> gehrte Auslage gekippt war, zur Seite, zog den einen, dann den
> linken mattschwarzen Pumps aus dem Loch, ohne sich an den
> scharfen Schnittkanten die Hand zu verletzen." (S. 103)

Das Anhalten der Zeit, die Aufzählung von den Handlungsverlauf retardierenden Details und die grotesken Begründungen revidieren die Rezeptions-Meinung, die in Oskars glaszersingender Stimme allein ein Mittel zum Aufweis der latenten Amoralität der Menschen sieht. Der wechselnde Stil des Abschnitts signalisiert die Mehrdeutigkeit des Dargestellten. [109] Oskar begründet die Bewegungen und Handlungsschritte der Frau 'kontextlos', d.h. er geht nicht davon aus, daß ihr Verhalten durch Skrupel vor einem Diebstahl bestimmt ist, sondern er zählt seine visuellen Eindrücke isoliert von der Situation auf. Die Komik in der Beschreibung, die durch extreme Detailgenauigkeit und Anschaulichkeit hervorgerufen wird, läßt gleichzeitig Oskars phantastisches Vorhaben mit dem realistischen Kontext verknüpft erscheinen.

In einer abschließenden parodistischen Selbstreflexion beantwortet Oskar die Frage nach dem Ergebnis seiner Versuchungen. Hier erweist sich die oben als revisionsbedürftig vorgestellte Rezeptions-Meinung als eine, die von einer falschen Fragestellung ausgeht:

> "Wenn Sie mich fragen: War es das Böse, das Oskar befahl, die
> ohnehin starke Versuchung einer gutgeputzten Schaufensterschei-
> be durch einen handgroßen Einlaß zu steigern, muß ich antwor-
> ten: Es war das Böse. Allein schon deshalb war es das Böse, weil
> ich in dunklen Hauseingängen stand. Denn ein Hauseingang ist, wie
> bekannt sein sollte, der beliebteste Standort des Bösen. Anderer-

seits, ohne das Böse meiner Versuchungen schmälern zu wollen, muß ich heute... sagen: Oskar, du hast all den stillen und in Wunschobjekten verliebten winterlichen Spaziergängern nicht nur die kleinen und mittelgroßen Wünsche erfüllt, du hast den Leuten vor den Schaufenstern auch geholfen, sich selbst zu erkennen. Manch solid elegante Dame, manch braver Onkel, manch ältliches, im Religiösen frischbleibendes Fräulein hätte niemals in sich eine Diebesnatur erkannt, wenn nicht deine Stimme zum Diebstahl verführt hätte, obendrein Bürger gewandelt hätte, die zuvor in jedem kleinen und ungeschickten Langfinger einen verdammenswerten Halunken sahen." (S. 105)

Die Frage des Lesers, was Oskars Versuchung im Blick auf die Kleinbürger erhellen soll, muß hier umgeformt werden in die Frage, warum Oskar die Menschen versucht hat und welche Vorurteile er durch die Versuchung als nicht haltbare Vorurteile dargelegt hat. Die erste Frage beantwortet Oskar mit der Erklärung, daß es das "Böse" war, das ihn getrieben hat. Die Begründung, warum es das Böse gewesen sein muß, baut nun gerade auf einem Vorurteil auf: nämlich daß in dunklen Hauseingängen nichts Gutes geschehen kann. Den Nutzen der Versuchung sieht er in der Zerstörung von Vorurteilen bei den versuchten Menschen. Seine Selbstanklage wird damit unglaubwürdig durch Selbstverteidigung.[110]

An zwei Stellen sollte exemplarisch untersucht werden, welche Rolle die glaszersingende Stimme in der Beziehung Oskars zu seiner Umwelt spielt und welche Konsequenzen diese Art der Beziehung für die Betrachtung der Romanwelt hat. Zusammenfassend lassen sich folgende Thesen zu diesem Abschnitt formulieren:
- Oskar begründet den Einsatz seiner Stimme egozentrisch. Das entspricht seinem Lebensprinzip: in einem Fall muß die zerstörende Stimme die Trommel schützen, im anderen dient sie seinem Lebensprinzip, indem sie es als begründet, den Menschen hilfreich ausweist.
- In der Art der Beziehung Oskars zu seiner Umwelt erkennt der Leser, daß weder Oskars Urteile über die bestehenden Verhältnisse noch die Normen der Kleinbürger Endgültigkeitscharakter haben. Beides muß er als revidierbar und fraglich erachten, wenn er versucht, den verbindenden Sinn zwischen Oskars phantastischem Vorhaben und dem realen Kontext zu konstituieren.[111]

3.2.2.2.   Die Blechtrommel als Kulissenzerstörer.

Die Rolle der Blechtrommel und Oskars Einsatz der Trommel sollen in diesem Anschnitt wiederum an zwei exemplarischen Stellen und mit den gleichen Fragestellungen wie die Funktion seiner Stimme 'modellhaft' rezipiert werden.

Eine für diese Fragestellung interessante und aufschlußreiche Episode ist die der Zerstörung der Maikundgebung. Oskar setzt seine Trommel gegen die Musik der Faschisten ein, weil er die Menschen, die an der Kundgebung teilnehmen, bemitleidet. Denn er nimmt an, daß sie die Kundgebung aus einem Ungenügen heraus besuchen (cf. S. 96) und daß sie keinen Gefallen an der Marschmusik finden können. Oskar überträgt also seine ästhetischen Empfindungen und die daraus resultierende Abscheu vor der Marschmusik auf die Anwesenden:

> "Nein, sprach Oskar sich zu, sie sollen den Weg nicht umsonst ge-
> macht haben. Und er legte ein Auge an ein Astloch der Verschalung,
> bemerkte die Unruhe von der Hindenburgallee her. Sie kamen! Kom-
> mandos wurden über ihnen laut, der Führer des Spielmannszuges
> fuchtelte mit seinem Tambourstab, die hauchten ihre Fanfaren an,
> die preßten sich das Mundstück auf, und schon stießen sie in übel-
> ster Landsknechtsmanier in ihr sidolgeputztes Blech, daß es Oskar
> weh tat und 'Armer SA-Mann Braun', sagte er sich, 'armer Hitler-
> junge Quex, ihr seid umsonst gefallen! '... Jene Gasse, die mitten
> durch die Menge zur Tribüne führte, ließ von weit heranrückende
> Uniformen ahnen, und Oskar stieß hervor: 'Jetzt mein Volk, paß auf,
> mein Volk! ' " (S. 97)

Entgegen der normalen Reaktion auf eine Maikundgebung beurteilt Oskar diese vom Standpunkt des Ästheten aus, wie er die Tribüne vom Standpunkt des Regis-seurs aus beurteilt.[112] Gleichzeitig wird das ästhetische Urteil Oskars durch seine Identifizierung der Musik mit dem faschistischen Herrschaftssystem in seiner Bedeutung als isoliert-ästhetisches Urteil überschritten. Zwei, dem Le-ser unverbindbare Bereiche, setzt Oskar wie selbstverständlich in Relation zu-einander. Diese Identifizierung verkürzt hier das gesamte faschistische System auf seine Maikundgebungen. An den Maikundgebungen, an der Organisationsform des Systems, die die Befriedigung der Menschen leisten soll, wird ausgewiesen, daß das System die Bedürfnisse der Menschen nicht hinreichend befriedigt.[113]

Oskar beabsichtigt mit dem Einsatz der Blechtrommel, die Fanfarenkorps dazu zu bewegen, andere Rhythmen als Märsche zu spielen. Für ihn stellt sich die Frage, wie die Bedürfnisse der Menschen befriedigt werden können, als eine Frage nach dem Rhythmus, der geboten wird.

> "Heimlich locker ließ ich die Knüppel in meinen Händen spielen und
> legte mit Zärtlichkeit in den Handgelenken einen kunstreichen,
> heiteren Walzertakt auf mein Blech, den ich immer eindring-
> licher, Wein und die Donau beschwörend, laut werden ließ, bis
> oben die erste und zweite Landsknechtstrommel an meinem
> Walzer Gefallen fand... Und das Volk dankte es mir, Lacher
> wurden laut vor der Tribüne, da sangen schon welche mit, oh
> Donau, und über den ganzen Platz, so blau, bis zur Hinden-
> burgallee, so blau und zum Steffenspark, so blau, hüpfte mein
> Rhythmus, verstärkt durch das über mir vollaufgedrehte Mikro-
> phon." (S. 97)

Oskar nimmt die Rolle des Ästheten ein, dessen Mission darin besteht, die Mu-siker und das Volk davon zu überzeugen, daß andere Rhythmen als Märsche den Menschen angemessen sind. Er verkehrt hier also die Bedürfnisse der Kleinbür-ger, er streitet sie ab.[114] Die Berechtigung und die Begründung für die An-sicht, daß die Bedürfnisse der Kleinbürger nicht allein in Ordnungs- und Sicherheitsstreben zu finden sind, erweist der "Dank" des Volkes. Die Heiterkeit und das Lachen zeigen, daß sie den Ausgangspunkt ihrer Zusammenkunft vergessen haben. Der Dank besteht in dem Austausch der eigenen Gefühle durch den getrommelten Rhythmus, in der rhythmischen Inszenierung der Gefühle. Diese Rezeptions-Meinung resultiert vor allem aus den innersyntaktischen Bezügen des Textes: Subjekt des Satzes ist der Rhythmus, der durch die Verbindung mit dem Verbum "hüpfen" personalisiert wird. Der Gegensatz zwischen diesem Rhythmus und dem strengen der Marschmusik wird sprachlich manifest durch die Interruption der syntaktischen Struktur des Satzes mit Wendungen wie "oh Donau", "so blau", die Teile des zur Musik gesungenen Liedes sind.

Oskar wechselt vom Walzertakt zu dem im Vergleich bewegteren und unkonventionelleren Charleston-Rhythmus mit der Begründung, daß dem Gauschulungsleiter Löbsack der Walzertakt 'erstaunlicherweise nicht lag' (cf. S. 97). Die Begründung für den Wechsel, daß nämlich Löbsack den geradlinigen Rhythmus der Marschmusik gewohnt sei und daß Oskar aus Mitleid mit ihm in einen Rhythmus wechselt, der dann dessen Lebensform noch entgegengesetzter ist als der Walzertakt, macht Oskars Verhalten grotesk: das Gegensätzliche und Unvereinbare dient ihm zur Begründung, es zu verbinden.

Das Groteske an der Haltung Oskars hindert den Leser daran, Oskars Haltung als politischen Widerstand gegen das faschistische Herrschaftssystem auszulegen; es verstärkt vielmehr das von ihm erklärte Urteil über seine Motive, daß es sich nämlich um Ästhetizismus handele und - wie der Leser hinzufügen kann - um ein der Situation unangemessenes Mitleid, das allerdings bewirkt, daß die eingefahrenen Vormeinungen über faschistische Maikundgebungen verunsichert werden.

Die Art des Widerstandes, die Oskar durch den Einsatz der Trommel bei den Menschen hervorruft, erhellt aus dem Effekt, den der Rhythmus "Jimmy the Tiger" bewirkt:

"Das Volk tanzte sich von der Maiwiese, bis die zwar arg zertreten, aber immerhin grün und leer war. Es verlor sich das
Volk mit 'Jimmy the Tiger' in den weiteren Anlagen des angrenzenden Steffensparkes. Dort bot sich Dschungel, den Jimmy
versprochen hatte, Tiger gingen auf Sammetpfötchen, ersatzweise Urwald fürs Volk, das eben noch auf der Wiese drängte. Gesetz ging flöten und Ordnungssinn. Wer aber die Kultur liebte,
konnte auf den breiten Promenaden jener Hindenburgallee, die
während des achtzehnten Jahrhunderts erstmals angepflanzt,
bei der Belagerung durch Napoleons Truppen achtzehnhundertsieben abgeholzt und achtzehnhundertzehn zu Ehren Napoleons
wieder angepflanzt wurde, auf historischem Boden also konnten
die Tänzer auf der Hindenburgallee meine Musik haben, weil
über mir das Mikrophon nicht abgestellt wurde, weil man mich
bis zum Olivaer Tor hörte, weil ich nicht locker ließ, bis es
mir und den braven Burschen am Tribünenfuß gelang, mit Jimmys entfesseltem Tiger die Maiwiese bis auf die Gänseblümchen zu räumen." (S. 98)

Die Beschreibung der Wirkung gleicht der Beschreibung einer märchenhaften Welt. Sie wird unterbrochen durch eine historische Reminiszenz, in der in ironisierender Weise an den Wechsel von Aufbau und Zerstörung durch Krieg erinnert wird. Diese historische Reminiszenz in der phantastischen Welt bindet das Phantastische an den realen Kontext; der Leser kann diese märchenhafte Welt nicht einfach aus dem Romanverlauf herausfallend und ihn störend beiseite schieben, sondern wird gerade durch die artifizielle Welt und die gleichfalls artifizielle Verknüpfung mit dem realen Kontext zur Konstitution einer Relation zwischen beidem angehalten.

Der Titel des Charleston-Rhythmus wird Akteur der Szenerie: Jimmy, der Tiger, führt das Volk in den Dschungel, in Ordnungslosigkeit und Chaos. Das Attribut des Gefahrvollen fehlt; dies verstärkt das phantastische Moment. Oskar hat sein Ziel erreicht, als durch die Dschungelmusik, die zum Führer des Volkes geworden ist, die Maiwiese, der Ort der Kundgebung, geräumt ist.

Diese kurze Deskription der Textstelle hat die Funktion, die Beantwortung folgender Fragen vorzubereiten, die wiederum als Spezifizierung der allgemeinen Fragestellung zu verstehen sind, nämlich welche Rolle die Blechtrommel für den Rezeptionsprozeß spielt:
- Welche Vermittlerfunktion hat die Trommel in diesem Kontext?
- Mit welcher Wirkung zerstört die Trommel die bestehende Ordnung?
- Welche Qualität erhält das destruktive Werk Oskars durch das Ergebnis der Destruktion?

Oskar setzt die Trommel, die einen bestimmten Rhythmus vergegenständlicht, gegen die dirigistische Marschmusik ein. 'Negatives' Verbindungsglied zwischen Oskar und den Menschen, die an der Kundgebung teilnehmen, ist die Marschmusik, indem nämlich Oskar von der Prämisse ausgeht, daß sie weder seinen noch den Bedürfnissen der Menschen entspricht. Oskars Beziehung zu den Menschen tritt also dann ein, wenn beide Defizite empfinden. Er kann aber, im Gegensatz zu den Menschen, mithilfe der Blechtrommel diese Defizite aufheben. Positiv vermittelt zwischen Oskar und den Menschen der Rhythmus, den Oskar auf der Trommel schlägt. Der Rhythmus übt aber eine unterschiedliche Wirkung aus: Oskar bleibt der Außenstehende, die Menschen identifizieren sich mit dem Rhythmus.

Versucht man einmal - als heuristischen Prozeß - mit den drei Kommunikation formal konstituierenden Faktoren Sender (Oskar), Kanal (Trommel), Empfänger (Umwelt) das Verhältnis zwischen Oskar und seiner Umwelt zu bestimmen, so ergibt sich: Oskar übermittelt mit der Blechtrommel einen bestimmten Rhythmus. Die Intention dieser Übermittlung besteht darin, die den Menschen von ihm unterstellten Bedürfnisse zu befriedigen. Diese Nachricht wird zwar wirkungsvoll übermittelt, aber die Wirkung wird nicht durch eine Antwort an den Empfänger sichtbar. Für den Empfänger ist der Rhythmus Kanal und Sender in einem. Oskar ist damit der Initiator einer Situation; die Ausführung dessen, was er einleitet, vollzieht der Rhythmus, der Gefühle in Bewegungen sichtbar werden läßt. Die Blechtrommel vermittelt also zwischen Oskar und seiner Umwelt, indem sie einen Teil seines Lebensprinzips in akustische Formen umsetzt und ihn selbst zur Distanz befähigt, wenn die Umwelt sich mit dieser Lebensform identifiziert: denn Oskar schlägt immer nur den Rhythmus, er tanzt nicht nach ihm. [115]

Die Wirkung von Oskars Trommelei, die Reaktion der Menschen stellt keine Alternative zu der bestehenden Ordnung dar, sondern ist die Flucht in eine mär-chenhaft-phantastische Welt. Dies erhellt aus der oben zitierten und kurz be-schriebenen Textstelle: der neue Führer des Volkes ist Jimmy, eine Märchenge-stalt, der Ort des Geschehens ist der Dschungel, die Negation aller Sozialations- und Kulturformen. Die Reaktion der Menschen entbehrt jeder bewußten Handlung: der reflexive Gebrauch des Verbums "tanzen" signalisiert die Bewegung und das Verhalten der Menschen als mechanisch, als eine Art Reflexbewegung. Die De-struktion der Ordnung bewirkt nicht das Bewußtwerden der Unzulänglichkeit der bestehenden Ordnung, sondern die Negation dieser Ordnung ohne die Perspektive neuer Lebensformen. Die Menschen nehmen reine Konsumentenhaltung ein.

Die Episode läßt einerseits erkennen, daß das faschistische Herrschaftssystem und die von ihm organisierten Veranstaltungen nicht allen Bedürfnissen der Men-schen gerecht werden, daß sie diese vielmehr dirigieren. Anderseits werden die Bedürfnisse der Menschen in Oskars Umlenkung als chaotisch-unbewußt sicht-bar. Die Wirkung qualifiziert das Zerstörungswerk als eine zynische Karikatur der menschlichen Bedürfnisäußerungen. [116]

Eine weiteres Beispiel für Oskars Beziehung zu seiner Umwelt, die in diesem interpretativen Dialog als eine Beziehung der Blechtrommel zur Umwelt erfaßt wurde, bildet die Episode im "Zwiebelkeller". Oskar ist Mitglied in einer Band, die ein Engagement in dem Düsseldorfer Lokal "Zwiebelkeller" hat. Die Band hat die Aufgabe, von dem Erlebnis des Zwiebelschneidens, das die Menschen zu rein emotionalem Handeln stimuliert, dazu überzuleiten, daß die Gäste wieder in ihr normales Rollenverhalten zurückfinden (cf. S. 441). Diese sich regelmäßig wiederholende groteske Situation wird eines abends durch eine Auseinandersetzung zwischen dem Wirt und seiner Frau unterbrochen. Schmuh sieht sich daraufhin veranlaßt, eine "Gratisrunde Zwiebeln" (S. 444) zu verteilen. Das Zerschneiden dieser Zwiebeln führt bei den Gästen zu einer Orgie, die auf Befehl des Wirtes durch den Einsatz der Musik beendet werden soll. Da die anderen Mitglieder der Band, Klepp und Scholl, durch die Orgien-Situation zum Spielen unfähig sind, muß Oskar die Aufgabe allein übernehmen.

> "Ohne jeden Plan machte ich mich auf dem Blech verständlich. Alle
> routinemäßige Gaststättenmusik vergaß ich... Als Schmuh mich um
> den Einsatz bat, spielte ich nicht, was ich konnte, sondern was ich
> vom Herzen her wußte... Alte Wege trommelte ich hin und zurück,
> machte die Welt aus dem Blickwinkel der Dreijährigen deutlich,
> nahm die zur wahren Orgie unfähige Nachkriegsgesellschaft zuerst
> an die Leine, was heißen soll, ich führte sie in den Posadowskiweg,
> in Tante Kauers Kindergarten, hatte sie schon soweit, daß sie die
> Unterkiefer hängenließen, sich bei den Händen nahmen, die Fuß-
> spitzen einwärts schoben, mich, den Rattenfänger erwarteten. Und
> so gab ich den Platz unter der Hühnerleiter auf, übernahm die Spitze...
> formierte den Kindergarten zum Umzug, führte ihn durch den Zwie-

belkeller... Unter einem wie auf Bestellung märchehaft ausgesternten, doch frischen Frühlingshimmel des Jahres fünfzig entließ ich die Damen und Herren... Ich aber fand, ein kichernder, sein Blech streichelnder Oskar, in den Zwiebelkeller zurück..." (S. 445/446).

Oskar, der im dritten Buch sein Lebensprinzip aufgegeben hat, nimmt hier partiell seine alte Blechtrommler-Rolle wieder ein. Im Gegensatz zum planmäßigen Berufs-Trommeln spielt er, was er in der Zeit seiner permanenten Dreijährigkeit erlebt hat. Dabei ist bezeichnend, daß Oskar zwar erklärt, daß er das trommelt, was er "vom Herzen her wußte", dann aber nur den Infantilismus 'rhythmisiert', der ihm die Distanz zu der Welt der Erwachsenen ermöglicht hat. Die Distanzierungsfunktion tritt nun aber zurück; die Trommelei als Ausdruck kindlichen Verhaltens soll nicht mehr die Unabhängigkeit von der Welt der Erwachsenen, wie Oskar sie erstrebte, sichern, sondern der "zur wahren Orgie unfähigen Nachkriegsgesellschaft" Fluchtmechanismen eröffnen. So ist das Ergebnis der Trommelei ein vollkommen infantiles Verhalten der Menschen, hervorgerufen durch Kinderlieder und Hexensprüche.

Vor Oskars Auftritt wurde in der Episode das Verhalten der Nachkriegsgesellschaft dargestellt: ihre Bemühung, Gespräche über die Vergangenheit aus dem normalen Leben zu verdrängen, die Unfähigkeit, über die Vergangenheit zu trauern und der Versuch, mithilfe des Zwiebelschneiden, das durch den Zwang zu weinen Emotionen freisetzt, dies zu überspielen. Mit dem Einsatz Oskars als dreijähriger Trommler und der 'Dramatisierung' einer phantastisch-märchenhaften Welt wird die ursprüngliche Situation aufgehoben. So wie in der Episode der Maikundgebung aufgezeigt wurde, wie die Partei versucht, Bedürfnisse der Menschen in geordneter Weise zu befriedigen, diese Bedürfnisse sich aber als durch Oskars Trommel verschiebbar erwiesen, so wird hier konkretisiert, mit welchen, primär aus der Vergangenheit herrührenden, Defiziten die Nachkriegsgesellschaft belastet ist, wie sie kompensiert werden und wie die Kompensationsmittel durch Oskar verkehrt werden können. Unter diesem Gesichtspunkt handelt es sich in beiden Episoden um den gleichen Aufbau: Bedürfnisse werden in organisierter Form befriedigt und die Organisation wird durch Oskars Blechtrommel zerstört. [117] Die Vergleichbarkeit der Texte macht es sinnvoll, auch an diesem Beispiel die drei oben gestellten Fragen zu überprüfen.

Die Blechtrommel vergegenständlicht hier nicht einen bestimmten Rhythmus, sondern sie bringt den Infantilismus, kindliche Erlebnisweisen in akustische Reize. Die Wirkung dieser Reize ist die Identifikation der Menschen mit der durch die Trommel hergestellten Welt. Oskar vergleicht sich hier mit dem Rattenfänger; dieser Vergleich deutet daraufhin, daß er auf der Trommel eine märchenhafte Welt produziert, an die sich die anderen Menschen verlieren, daß er selbst aber der distanzfähige Verführer bleibt, der das Ende in der Hand hält.

Betrachtet der Leser das Ergebnis der Destruktion durch die Blechtrommel und das Verhalten vor der Trommel-Wirkung, so erkennt er, daß weder das eine noch das andere eine Konkretion 'positiver Lebensformen' sein kann: Das Bestehende wird von Oskar als revisionsbedürftig decouvriert. Indem es dann durch Oskar verändert wird, wandelt es sich in den Augen des Lesers aber nicht zum Positiven, sondern zur Karikatur des Bestehenden und zur Karikatur von Oskars Lebensprinzip. [118]

Folgende Thesen sollen zusammenfassen, wodurch Oskars Beziehung zur Umwelt charakterisiert ist und in welcher Weise der Rezeptionsprozeß davon bestimmt ist:

- Oskar provoziert die Menschen mit seiner Trommelei zu dem Zeitpunkt, wenn sie versuchen, innerhalb von außen angebotener oder selbstgeschaffener Institutionen in geordneter Form Defizite zu kompensieren, die gesellschaftlich bedingt sind. Das Ergebnis der Provokation ist die Aufhebung der bestehenden Ordnung bzw. die Organisation eines beginnenden Rauschzustandes zu einer phantistischen, märchenhaften Welt.
- Die Beziehung zwischen Oskar und seiner Welt wird eingeleitet durch den Einsatz der Trommel. Diese wird im Verlauf des Geschehens zum Führer der Menschen, indem diese sich mit der Trommelmusik identifizieren und ihre ursprüngliche Absicht vergessen. Oskar dagegen bleibt der aus der Distanz Beobachtende. Er provoziert und zerstört, aber er integriert sich nicht in die von ihm initiierte Welt. [119]
- In den Episoden wird die einführende realistische Darstellung fortgesetzt durch einen grotesken, phantastischen Verlauf der Handlung. Die Welt des Romans ist weder kontinuierlich realistisch noch kontinuierlich märchenhaft-phantastisch. Das einzige Verbindungsglied zwischen diesen unterschiedlichen Erzählweisen ist der Ich-Erzähler, der in sich Realistisches und Phantastisches verbindet.
- Die Verbindung dieser beiden Darstellungsmodi im Kontext dieser Episoden veranlaßt dazu, die Rezeptions-Frage nach den vermittelten politischen Inhalten zu ergänzen um die Frage nach der Betrachtung gesellschaftlicher Lebens- und Kommunikations- (Beziehungs-)formen in einer gesellschaftlichen Situation. Denn Oskars Beziehung zur Umwelt und die damit verbundene Initiierung einer Phantasie-Welt stellt die Kommunikationsformen der Gesellschaft infrage, nicht die unmittelbar politischen Inhalte dieser geschichtlichen Situation. Diese letzteren haben lediglich die Funktion, solche Episoden einzurahmen. Der Blick des Lesers, der von seinem Vorverständnis geprägt ist, wird hier umgelenkt. Der Text reißt neue Problemhorizonte auf, er 'verfremdet' die vom Leser gestellte Frage, indem er ihr neue Konturen, neue Aspekte gibt.
- Oskars Destruktion der rigiden Kommunikationsformen der jeweiligen Gruppen führt zur Auflösung aller Beziehungsformen der Menschen, indem er die bestehenden Symbolsysteme ersetzt durch die Blechtrommel.-Sprache. Diese zeichnet sich dadurch aus, daß sie von den Menschen unmittelbar adaptiert, nicht aber 'apperzipert' wird. Die Darstellung von Bestehendem als Negativem und die Konstruktion eines Ich-Erzählers, der dies karikiert durch die Initiierung einer phantastischen Situation, kann nun nicht als 'nihilistische' Grundhaltung des Autors verurteilt werden. [120] Vielmehr erkennt der Leser das Bestehende, die bestehende Kommunikationsform als durch Ideologien verzerrte, wenn er die Einzelepisoden im Kontext des Romans rezipiert und gleichzeitig nicht von dem damit verbundenen politischen Kontext abstrahiert. Die vom Ich-Erzähler hervorgerufene Situation 'verfremdet' diese verzerrten Kommunikationsformen durch Überzeichnung der bestehenden Form und der bestehenden Orientierungssysteme der Menschen, nämlich sich an Ideologemen zu orientieren. Der Leser muß sich hier also nicht auf eine nihilistische Weltanschauung einlassen (die schnell mit einer eindeutigen Gegenposition zu widerlegen wäre), sondern auf das weniger eindeutige Ge-

biet der Weltanschauungen, Ideologien, gesellschaftlich verzerrten Kommunikationsformen allgemein. Wenn man den Textsinn zusammenfassend formulieren will, so kann man ihn lediglich als 'anti-ideologisch', als Ideologien negierend bezeichnen. [121] Allein die (Rezeptions- und Vorverständnisfragen ignorierende) Beurteilung eines Romans mit der - allerdings ideologischen - Alternative von positiv-weltanschaulicher Grundhaltung und nihilistischer Haltung kann hier von Nihilismus sprechen. In einem derartigen Urteil zeigt sich die unreflektierte Rezeption eines Romans als eine intellektuelle Selbstbefriedigung, die sich in ihren vorgefaßten Meinungen bestätigen läßt. Es handelt sich nicht um das Ergebnis eines kritischen Rezeptionsprozesses, der durch eine dem Text adäquate 'Offenheit' der eigenen Position gekennzeichnet ist und der aus der dialektischen Verbindung von Vorverständnis und interpretativem Dialog Kriterien der Wertung erhält.

3.2.3. Die Verbindung von realistischer Erzählweise mit märchenhaft-phantastischen Erzählelementen.

In diesem Kapitel geht es um die Frage, welche Konsequenz die Einfügung von nicht-realistischen, märchenhaften Erzählformen in die fiktiv-realistische Episodik für die Vermittlungsstruktur und Rezeption des Romans ist.

3.2.3.1. Die märchenhaft-phantastischen Gestalten im Roman.

Im Blick auf märchenhafte Elemente im Roman ist das Kapitel "Glaube Hoffnung Liebe" von besonderer Bedeutung, da es formal durchgängig wie ein Märchen aufgebaut ist. Märchenhafte Attribute, die die pseudo-naive Phantasie des Ich-Erzählers ergänzen, besitzen auch bestimmte Romangestalten, wenn sie als quasi zeitlose Gestalten erscheinen, so z.B. Schugger Leo [122] oder Luzie [123] oder der Hexenspruch "Ist die Schwarze Köchin da?"[124]. Ein gesondertes Kapitel füllt die Gestalt der Niobe aus, die der Welt der Sage angehört und an der Schicksale der Menschen und historische Begebenheiten markiert werden. [125] Gleichfalls phantastisch-märchenhafte Attribute haben die Narben Herbert Truczinskis [126], die er bei Schlägereien in der Hafenkneipe erhalten hat. Oskar transformiert sie in ein Spiegelbild der politischen Spannungen.

Für die Erzählweise des Romans ist es signifikant, daß alle märchenhaften Gestalten mit realistischen Elementen verbunden sind, indem sich in ihnen Historisches oder Aktuelles spiegelt, oder indem sie teilweise als Nebengestalten in das fiktiv-realistische Geschehen integriert sind. Die Grenze zwischen phantastischem und realistischem Bereich wird verwischt. Dies verhindert, daß die phantastischen Elemente als 'Fremdkörper' aus dem Romankontext herausfallen und in der Rezeption nivelliert werden. Der Leser ist durch die artifizielle Einfügung angehalten, beide in ihrem Zusammenhang zu sehen und in ihrer Funktion für die Rezeption des gesamten Romans zu bestimmen.

Ausgehend von dieser Feststellung lassen sich die märchenhaften Elemente in der "Blechtrommel" als Erzählelemente bestimmen, die die Funktion haben, die realistische Darstellung im Roman zu relativieren. Die märchenhaften Elemente werden zum Teil parodiert durch den realistischen Kontext, in dem sie auftreten, zum Teil wird der realistische Episodenverlauf unterbrochen durch eben diese märchenhaften Elemente. Die Parodie durch märchenhafte Elemente wiederum bildet - im Zusammenhang des Romans gesehen - eine Intensivierung des Darstellungsprinzips, das mit der Gestalt des Ich-Erzählers gegeben ist. Keine "ästhetische Informationsebene" (Eco) wird von Oskar so durchgeführt, daß man sie als die durchschlagende und endgültige des Romans gelten lassen könnte. Jede Art der Textkonstitution wird mit einer anderen implizit verglichen und durch andere relativiert. Oskar legt sich als Erzähler nicht auf eine bestimmte Erzählform fest, so wenig wie er in rigider Weise das berichtet und als Faktum stehen läßt, was er beobachtet.

3.2.3.2. "Glaube Hoffnung Liebe": Die Zeit des Faschismus und die Nachkriegszeit als märchenhaftes Erlebnis.

Oskar leitet das Kapitel mit dem an seinen Pfleger Bruno gerichteten Satz ein:

> "Ja, Bruno, ich will versuchen ein nächstes, leiseres Kapitel meinem Blech zu diktieren, obgleich gerade jenes Thema nach einem brüllenden, ausgehungerten Orchester schreit." (S. 139)

Oskar erzählt hier keine Begebenheiten, die er mithilfe seiner Trommel erinnert und die einem Fotoalbum vergleichbare exakte Rekonstruktionen von vergangenen Einzelbegebenheiten beinhalten sollen, sondern er "diktiert" dem Blech, er allein 'verfasst' das hier Dargestellte. Die Zeitdifferenz zwischen der Zeit der Heilanstalt als Oskars Zeit des Schreibens und der Zeit der erzählten Begebenheiten tritt insofern zurück, als die Zeit des Erzählten durch die Form des diktierten Märchens als historische Zeit irrelevant wird zugunsten der Präsentation der Geschehnisse als aktuelle Probleme, als gegenwärtig zu Erkennendes.

Das Kapitel beginnt mit der für Märchen typischen Einleitungsformel "Es war einmal..." und endet mit dem typischen Märchenschluß: "...und wenn er nicht gestorben ist...". Die einleitende Formel wird im Text mehrfach wiederholt, mit gleichen oder verschiedenen Subjekten (Märchengestalten). Durch die Anordnung der verschiedenen Märchen und die Ausführung und Wiederholung wird die interne Struktur des Kapitels mit dem Ordnungsgefüge einer Fuge vergleichbar. Jedes Fugenthema bildet ein Märchen, dessen Ausführung bei Wiederholung variiert. Der Verlauf des Kapitels - als Fuge betrachtet - läßt sich schematisch folgendermaßen skizieren:

A "Es war einmal ein Musiker..." (S. 160)
A "Es war einmal ein Musiker..." (S. 161)
B "Es war einmal ein SA-Mann..." (S. 161)
B "Es war einmal ein SA-Mann..." (S. 161)
(B' "Es war einmal ein Mann..." (S. 162)
C "Es war einmal ein Uhrmacher..." (S. 162)
D "Es waren einmal vier Kater..." (S. 162)
A "Es war einmal ein Musiker..." (S. 163)
C "Es war einmal ein Uhrmacher..." (S. 163)

D "Es waren einmal vier Kater..." (S. 163)
C "Es war einmal ein Uhrmacher..." (S. 163)
B "Es war einmal ein SA-Mann..." (S. 163)
E "Es war einmal ein Kolonialwarenhändler..." (S. 163)
F "Es war einmal ein Spielzeughändler..." (S. 164)
G "Es war einmal ein Blechtrommler..." (S. 165)

Die schematische Einteilung ergibt eine Gliederung des Kapitels in zwei Teile:
der erste besteht aus den Themen A - D, die jeweils wiederholt werden, der
zweite aus den Themen E - G, die jeweils nur einmal auftreten. In der 'Engführung' der Themen am Ende des Kapitels (cf. S. 167) treten folgende Themen in
folgender Reihenfolge auf:

A - F - A - G - A - C - G - F - A.

Drei Fragestellungen ergeben sich, ausgehend von dieser schematischen Dar-
stellung des Kapitels, für die weitere Analyse:
- Wodurch sind die Variationen eines Thema gekennzeichnet?
- In welcher Beziehung stehen die Themen zueinander?
- Was besagt die Engführung - ihre Themen, ihre Reihenfolge - für den Gesamt-
zusammenhang des Kapitels?

(A) Die erste Ausführung zu dem Thema beginnt damit, daß der Name (Meyn)
genannt wird, daß gesagt wird, wo er wohnt und wie er seine Zeit verbringt.
Diese zusammenfassende Beschreibung des Musikers gilt, bis "das Unglück
ihn nüchtern werden ließ" (S. 160). Das "Unglück" markiert einen Einschnitt
in dem Leben des Musikers Meyn - ein Begriff, der hier ein ganz bestimmtes
Ereignis bezeichnet und im Laufe der Ausführungen näher expliziert wird:
Es gibt Vorzeichen für ein Unglück. Dieses noch unbestimmte Unglück wird
personifiziert und trägt nun das 'bestimmte' Unglück umher (cf. S. 160).
Die zweite Erläuterung des Unglücks bringt einen Rückbezug auf Niobe, die Gestalt also, die den Tod von Oskars Freund Herbert Truczinski verursacht hat
(cf. S. 160). Dabei wird das Unglück als Gas ("Gasleitungen") präzisiert, eine
Bestimmung, die später wieder aufgegriffen wird. Seine Beziehung zu den Menschen wird davon geprägt, daß sie nicht ahnen, daß das Unglück besteht. Als
letztes wird von der Beerdigung Herbert Truczinskis und der Begegnung Schugger
Leos mit dem Musiker Meyn während dieser Beerdigung erzählt. Hier deuten
Bilder die Vorzeichen für das Unglück an:

"Als Schugger Leos Handschuhe dem Musiker Meyn, der halb in Zivil,
halb in SA-Uniform gekommen war, zuflatterten, geschah ein weiteres
Zeichen künftigen Unglücks. Aufgescheucht warf sich Leos bleicher
Handschuhstoff hoch, flog davon und zog Leo mit sich über Gräber hin-
weg. Schreien hörte man ihn; doch war es kein Beileid, was da als
Wortfetzen in der Friedhofsbepflanzung hängenblieb." (S. 160)

Die zweite Ausführung zu (A) konkretisiert, worin die Wendung in Meyns Leben
besteht, die in dem ersten Satz durch die Verbindung von "Unglück" und "nüchtern
werden" angedeutet wurde. Meyn tritt in die Reiter-Sa ein, um als Trompeter
im Musiker-Corps "nur noch nüchtern und laut" in sein Blech zu stoßen (cf. S. 161).

Das Unglück bedingt also Meyns Nüchternheit und den Verlust, schön Trompete blasen zu können.

Im zweiten Teil dieser Ausführung wird die in der ersten angedeutete Beziehung zwischen Herbert Truczinski und Meyn erläutert. Sie waren während der zwanziger Jahre zusammen in kommunistischen Gruppen. In diesem zweiten Teil wird Meyn nicht mehr als Musiker, sondern als "SA-Mann Meyn" bezeichnet. Der Unterschied zwischen dem SA-Mann und dem Musiker besteht also bis zu dieser Stelle darin, daß der Musiker ein ungeordnetes Leben führt, während der SA-Mann sich der Ordnung verschreibt, die dann unterbrochen wird bei der Beerdigung des Freundes. Die letzte Ausführung zu dem Thema "Musiker Meyn" zeigt eine weitere Aktion, die mit dem Übergang vom ungeordneten zum geordneten Leben verbunden ist:

"Es war einmal ein Musiker, der erschlug seine vier Katzen, be-
grub sie im Müllkasten, verließ das Haus und suchte seine Freunde
auf." (S. 163)

(B) Das zweite Thema (Märchen) schildert die Begegnung zwischen Schugger Leo und Meyn auf dem Friedhof. Die erste Variation bildet eine Handlungsfortsetzung zur ersten Ausführung. Dabei wird nochmals zurückgegriffen auf das Leben des Musikers:

"Aus Zeiten, da er täglich Machandel getrunken und ganz wunder-
schön Trompete geblasen hatte, bewahrte sich Meyn in seiner
Wohnung vier Katzen auf, deren eine Bismarck hieß." (S. 161)

Die unbestimmte Zeitangabe indiziert, daß das Musiker-Leben der jetzigen Zeit unangemessen ist. Da die Katzen aber aus dieser Zeit stammen und durch ihren Geruch an diese Zeit erinnern, muß Meyn sie aus der Wohnung entfernen. Das Märchen, in dem diese Tat Meyn erzählt wird, berichtet von dem "Mann Meyn". Die Tötung der Katzen signalisiert den Wechsel vom Musiker zum SA-Mann. In der letzten Ausführung zum Thema (B) erfährt der Leser die Konsequenz, die die Tötung der vier Kater für Meyn hatte: er wird wegen "unmenschlicher Tierquäle-rei" (S. 163) degradiert und tut sich, um die Zeit der Degradierung zu verkürzen, in der Kristallnacht mutig hervor (cf. S. 163), d.h. er macht die Quälerei der Tiere durch die Tötung von Juden wett.

(C) Dieses Märchen ist am Anfang genauso aufgebaut wie die erste Ausführung zu Thema (A): der Name, die Wohnung und die Tätigkeit werden genannt. In der Tätigkeit aber liegt der entscheidende Unterschied zwischen Meyn und dem Uhr-macher:

"Der Uhrmacher Laubschad war unverheiratet, Mitglied der NS-Volkswohlfahrt und des Tierschutzvereines. Ein gutes Herz hatte Laubschad und half allen müden Menschen, kranken Tieren und kaputten
Uhren wieder auf die Beine." (S. 162)

Es besteht eine Kontinuität zwischen der Mitgliedschaft Laubschads in dem Tier-schutzverein und in der NS-Volkswohlfahrt. Während Meyn in die SA eintrat, um ein 'ordentliches Leben' zu beginnen, erklärt sich bei Laubschad die Mitgliedschaft in einer faschistischen Organisation konsequent aus seinem vorherigen Leben und seiner Charakteranlage. Bei beiden Gestalten also, Meyn und Laub- schad, gibt der Privatbereich, die individuelle Veranlagung an, warum sie sich in faschistischen Organisationen engagieren.

In (C) enthält der durch die Konjunktion "als" eingeleitete Temporalsatz, der in jedem Märchen des Kapitels das entscheidende Ereignis formuliert, die Fort- setzung des Berichts, der vom "Mann Meyn" handelt. Hier wird diese Handlung als Laubschads Beobachtung erzählt:

> "Als der Uhrmacher eines nachmittags besinnlich und das am Vor-
> mittag erlebte Begräbnis bedenkend am Fenster saß, sah er, wie
> der Musiker Meyn, der in der vierten Etage desselben Mietshau-
> ses seine Wohnung hatte, einen halbvollen Kartoffelsack, der un-
> ten feucht zu sein schien und tropfte, auf den Hof trug und in einem
> der beiden Müllkästen versenkte. Da aber der Müllkasten drei-
> viertel voll war, gelang es dem Musiker nur mit Mühe, den Deckel
> zu schließen." (S. 162)

In der Beobachtung Laubschads ist Meyn weiterhin der Musiker, Meyns Umwelt registriert eine Veränderung also vorerst nicht. In der zweiten Ausführung (cf. S. 163) wird erzählt, was der Uhrmacher "nachdenklich" (S. 163) vom Fen- ster aus beobachtet. Erst in der letzten Variation zu diesem Thema wird der Handlungsverlauf fortgesetzt. Laubschad ist jetzt nicht mehr der Besinnliche und der nachdenklich Beobachtende, sondern der Agierende. Er findet im Müll- eimer die Katzen und erstattet Anzeige beim Tierschutzverein und bei der Orts- gruppenleitung. Die letzte Handlung Meyns zur Einleitung eines geordneten Le- bens wird Anlaß für seine Degradierung und der 'gutherzige' Laubschad erreicht mit seiner Sorge um die Tiere genau das Gegenteil im Blick auf Meyn.

(D) In den beiden Märchen von den Katzen wird das wiederholt, was aus der Pers- pektive von Meyn und Laubschad bereits erzählt wurde. In dem letzten Satz des zweiten Abschnittes erhalten die Katzen als Märchengestalten menschliche Attri- bute, sie sprechen:

> "Sie bewegten sich in dem Sack, brachten den Müllkastendeckel in
> Bewegung und stellten dem Uhrmacher Laubschad, der immer noch
> sinnend am Fenster saß, die Frage, rate mal, was in dem Sack ist,
> den der Musiker Meyn in den Müllkasten gesteckt hat?" (S. 103)

Die Katzen sind in diesem Märchen die eigentlich Schuldigen an der Degradierung Meyns, indem sie auf Meyns Tat aufmerksam machen. [127]

Es handelt sich im ersten Teil des Kapitels also um eine fortlaufende Handlung, die mit dem Märchen vom Musiker-Meyn einsetzt und mit dem SA-Mann Meyn endet. Dieses Thema, der Übergang vom Musiker zum SA-Mann wird in zwölf Märchen ausgeführt und durch die Äußerungen der einzelnen Märchengestalten in der Perspektive variiert. Der Handlungsablauf als solcher ist realistisch, das Märchenhafte liegt vornehmlich in der formalen Organisation dieser Begeben- heiten. Die Märchenform stellt so für den Leser ein Muster der Betrachtung bereit, ohne daß er das Betrachtete vollständig unter das Märchenhafte subsumieren könnte. Es hat den Charakter einer Erklärungshypothese. Fragt der Leser nun weiter, was mit der märchenhaften Konkretion des Geschehens erklärt werden soll, so muß er zurückgreifen auf eine Märchen-Deutung, die eine Relationsbestimmung zum betrachteten Geschehen erlaubt. Faßt er das Märchen als Ausdruck einer Wunschvorstellung auf [128], so erkennt er das Geschehen, die Motivation der Personen zu den einzelnen Handlungsschritten als Ausdruck der Bedürfnisse und Wünsche der Menschen. Die Beschaffenheit, Realisierbarkeit dieser Bedürfnisse geht aus dem Text hervor: die faktische Konsequenz einer derartigen Wunschhandlung schlägt in das Gegenteil von dem um, was ehemals - wunschgemäß - erreicht werden sollte.

Die letzte Ausführung zu (B) leitet über zum nächsten Komplex des Kapitels, zu den Ereignissen in der Kristallnacht. Alle vier Personen, die in den letzten vier Märchen auftreten, stehen in einer bestimmten Beziehung zu den Ereignissen in der Kristallnacht: der SA-Mann Meyn nimmt aktiv an der Kristallnacht teil. Der Kolonialwarenhändler Matzerath "wärmte seine Finger und seine Gefühle über dem öffentlichen Feuer" (S. 164), er findet physische und psychische Befriedigung an der Verbrennung der Synagoge. Im Gegensatz zu diesen beiden Gestalten, die durch eine 'positive' Beziehung zu der Kristallnacht charakterisiert werden, sind der Blechtrommler und der Spielzeughändler die Betroffenen. Der Zusammenhang zwischen diesen beiden Personen wird gleich zu Beginn des Märchens vom Spielzeughändler durchsichtig:

> "Es war einmal ein Spielzeughändler, der hieß Markus und verkaufte
> unter anderem auch weißrot gelackte Blechtrommeln. Oskar, von dem
> soeben die Rede war, war der Hauptabnehmer dieser Blechtrommeln,
> weil er von Beruf Blechtrommler war und ohne die Blechtrommeln
> nicht leben konnte und wollte. Deshalb eilte er auch von der brennen-
> den Synagoge fort zur Zeughauspassage, denn dort wohnte der Hüter
> seiner Trommeln; aber er fand ihn in einem Zustand vor, der ihm
> das Verkaufen von Blechtrommeln fortan oder auf dieser Welt un-
> möglich machte." (S. 164)

Der Spielzeughändler Markus wird allein in seiner Eigenschaft als Blechtrommel-Verkäufer gesehen. Das eigentliche Thema dieses Märchens bildet somit das Schicksal der Blechtrommeln und das des Blechtrommlers Oskars nach dem Tod des Trommel-Hüters. Der Tod des Spielzeughändlers wird hier zum Indikator dafür, daß von jetzt an das Blechtrommelspielen gefährdet ist und zum Problem wird. [129] Die Gefährdung wird anschaulich durch die Beschreibung des "Spiels" der SA-Leute, die in den Laden von Markus eingedrungen sind. In dem Unterschied zwischen ihrem Spiel und dem des Blechtrommlers Oskar wird die Situation konkretisiert:

> "Ich fand sie noch beim Spiel, als ich gleichfalls durch das Schaufenster
> in den Laden trat. Einige hatten sich die Hosen heruntergerissen, hat-
> ten braune Würste, in denen noch halbverdaute Erbsen zu erkennen waren,
> auf Segelschiffe, geigende Affen und meine Trommeln gedrückt. Sie
> sahen alle aus wie der Musiker Meyn, trugen Meyns SA-Uniform...

Einer hatte seinen Dolch gezogen. Puppen schlitzte er auf und
schien jedesmal enttäuscht zu sein, wenn nur Sägespäne aus den
prallen Rümpfen und Gliedern quollen. Ich sorgte mich um meine Trommeln. Meine Trommeln gefielen denen nicht. Mein
Blech hielt ihren Zorn nicht aus, mußte still halten und ins
Knie brechen." (S. 164)

Das Spiel der SA-Leute äußert sich in Zerstörungslust und Ziellosigkeit. Sie zerstören, ohne ein begründetes Objekt der Zerstörung zu kennen.[130] Die dem Leser bekannte Bezugsperson der SA-Leute ist Meyn. Versucht man diesen Vergleich mit Meyn im Kontext des Kapitels näher zu bestimmen, also das auszuführen,
was hier durch den Vergleich von Musiker Meyn - Meyns SA-Uniform - SA-Leute
in der Kristallnacht aufgerissen wird, so kann die Selbstbefriedigung bietende Zerstörung der Leute - unter sozial-psyhchologischen Gesichtspunkten betrachtet -
präzisiert werden. Hier finden sich Anzeichen für eine Begründung des Faschismus, die im Roman zwar nicht in Episoden breit ausgeführt wird, wohl aber mit
der Gestalt Meyns angeschnitten und durch seine Ausweitung auf die SA-Leute als
'typisch' für eine Gruppe in Anspruch genommen werden kann. Im Gegensatz zu
Matzerath, der nur passiv an der Kristallnacht teilnimmt und in der Beobachtung
sein sadistisches Streben befriedigt, wird bei den Gestalten, die aktiv teilnehmen,
durch den Vergleich mit Meyn signalisiert, welchen Ursprung ihre Zerstörungs-
akte haben: der Wechsel von der Unordnung, die in diesem Kontext positiv bewertet werden muß, zur Ordnung als einer Einschränkung der Lebensmöglichkeiten
wird verdrängt durch die objekt- und grundlose Zerstörung. Der Leser kann hier
die Wunschvorstellung Meyns, mit der Eingliederung in die faschistische Organisation ein geregeltes Leben führen zu können, in ihrer faktischen Verkehrung
und Auswirkung beurteilen.

(G) Das Märchen hat einen für das Kapitel typischen Anfang: in einem Temporalsatz wird ausgeführt, durch welches Ereignis die Gestalt des Blechtrommlers betroffen ist. In einem Konsekutivsatz wird berichtet, was er unternahm. Nach diesem Abschnitt aber ändert sich die bisher konsequent durchgeführte Märchenform;
Kommentare und thetisch formulierte Sätze unterbrechen den Handlungsverlauf.

Der folgende Teil des Kapitels (bis zur Engführung) gliedert sich durch die drei
Titelbegriffe Glaube Hoffnung Liebe, die jeweils eine politisch signifikante Zeitspanne charakterisieren. Bezeichnenderweise wird die Reihenfolge der Begriffe
im Vergleich zu der biblischen Ursprungsstelle verändert: am Ende steht nicht
der Begriff der Liebe, sondern der der Hoffnung.

Die Zeit bis zum Zweiten Weltkrieg ist gekennzeichnet durch Glaube:

"Ein ganzes leichtgläubiges Volk glaubte an den Weihnachstmann.
Aber der Weihnachtsmann war in Wirklichkeit der Gasmann. Ich
glaube, daß es nach Nüssen riecht und nach Mandeln. Aber es
roch nach Gas. Jetzt haben wir bald, glaube ich, den ersten Advent, hieß es. Und der erste, zweite bis vierte Advent wurden
aufgedreht, wie man Gashähne aufdreht, damit es glaubwürdig
nach Nüssen und Mandeln roch..." (S. 165)

Dem Glauben des Volkes wird durch einen kontradiktorischen aber-Satz entgegengesetzt, was 'in Wirklichkeit' geschieht. Der Gasmann und der Geruch nach Gas,
beides Bilder, die durch die entgegengesetzten 'Glaubens-Bilder' Weihnachtsmann und Geruch nach Nüssen und Mandeln die Schärfe des Gegensatzes betonen,
waren in dem ersten Märchen als "das Unglück" charakterisiert worden. Der
Glaube an ein Fest ist also in Wirklichkeit die Bedingung dafür, daß das Unglück
eintritt. Das Unglück ist damit abhängig von dem Verhalten, der 'Glaubenshaltung'
der Menschen.

Der Gegensatz zwischen dem, was faktisch geschieht, und dem, was leichtgläubig
als Faktum anerkannt wird, der Gegensatz von 'Wesen' und 'Erscheinung', wird
im folgenden mit diesen beiden Bildern präzisiert:

> "...damit es glaubwürdig nach Nüssen und Mandeln roch, damit alle
> Nußknacker getrost glauben konnten: Er kommt! Er kommt! Wer kam
> denn? Das Christkindchen, der Heiland? Oder kam der himmlische
> Gasmann mit der Gasuhr unter dem Arm, die immer ticktick macht?
> Und er sagte: Ich bin der Heiland dieser Welt, ohne mich könnt ihr
> nicht kochen. Und er ließ mit sich reden, bot einen günstigen Tarif
> an, drehte die frischgeputzten Gashähnchen auf und ließ ausströmen
> den Heiligen Geist, damit man die Taube kochen konnte. Und ver-
> teilte Nüsse und Knackmandeln, die dann auch prompt geknackt wur-
> den, und gleichfalls strömten sie aus: Geist und Gase, so daß es den
> Leichgläubigen leichfiel, inmitten dichter und bläulicher Luft in all
> den Gasmännern vor den Käufhäusern Weihnachtsmänner zu sehen
> und Christkindchen in allen Größen und Preislagen. Und so glaubten
> sie an die alleinseligmachende Gasanstalt, die mit steigenden und
> fallenden Gasometern Schicksal versinnbildlichte und zu Normal-
> preisen eine Adventszeit veranstaltete, deren vorauszusehende
> Feiertage aber nur jene überlebten, für die der Vorrat an Mandeln
> und Nüssen nicht ausreichen wollte - obgleich alle geglaubt hatten,
> es sei genug da." (S. 165)

Im Unterschied zu oben, wo der Gegensatz durch die Gegenüberstellung von Glaube
und Wirklichkeit expliziert wurde, wird der Gegensatz hier durch die Verquickung
beider Bilder (Weihnachtsmann... - Gasmann...) anschaulich gemacht.

Die Funktion des Glaubens geht aus dem Satz hervor, der zu der Zeit überleitet,
die durch Liebe gekennzeichnet ist:

> "Aber nachdem sich der Glaube an den Weihnachtsmann als Glaube
> an den Gasmann herausgestellt hatte, versuchte man es, ohne auf die
> Reihenfolge des Korintherbriefes zu achten, mit der Liebe..." (S. 166)

Der Übergang von Glaube wird als ein Prozeß vorgestellt, der sich nach dem Prinzip von 'trial and error' abspielt, ohne daß hier allerdings ein Lernprozeß vollzogen wird. Das Versagen einer Vorstellungswelt, der Welt des Glaubens, führt
automatisch zu einer zweiten, da Weltbilder angeboten werden und als Wirklich-
keitsprojektion akzeptiert und erwünscht werden. Die Zeit des Zweiten Weltkrieges als die Zeit, in der die Menschen es mit Liebe versuchen, wird versinnbild-

licht durch den Wechsel zwischen den Sätzen "Ich liebe dich" und "Ich liebe mich auch". Welche Liebe dominiert, ob die Eigenliebe oder die altruistische, wird deutlich durch das Bild des Radieschen-Essens. Dabei wird die bildliche Konstruktion durchgehalten. Das Bild des Radieschen-Essens - ein für den Roman typisches Bild des Essens - wechselt in seiner Bedeutung von Radieschen als Nahrungsmittel und als Bezeichnung für Mensch. Beides, die Kampfhandlungen und die Hungersnot als Folge des Krieges werden in dasselbe Bild gefaßt:

> "Und aus lauter Liebe nannten sie einander Radieschen, liebten Radieschen, bissen sich, ein Radieschen biß dem anderen das Radieschen aus Liebe ab..." (S. 166)

Wieder wird durch Verquickung, hier nicht zweier, sondern der doppelten Bedeutung eines Bildes, die durch die Änderung der syntagmatischen Beziehung entsteht, die Erscheinung, der Glaube, daß sie 'aus Liebe' handeln, und das Wesen dargestellt.

Der Übergang zur Nachkriegszeit als der Zeit der Hoffnung ist in gleicher Weise der Übergang von einem Weltbild zum anderen. Dies wird hier verstärkt durch die Bestimmung der Hoffnung als einer im Grund nur formalen; denn was beendet werden soll und wodurch der Neuanfang geprägt werden soll, bleibt offen. Es kann nur formal als hoffnungsvoll bestimmt werden. Die Situation der grundsätzlichen Unsicherheit und Unwissenheit wird vermieden durch die Proklamation eines hoffnungsvollen Anfangs.

Wie formal die Hoffnung ist, zeigt Oskar, wenn er ihr seine eigene Unsicherheit gegenüberstellt:

> "Ich aber, ich weiß nicht. Ich weiß zum Beispiel nicht, wer sich heute unter den Bärten der Weihnachtsmänner versteckt, weiß nicht, was Knecht Ruprecht im Sack hat, weiß nicht, wie man Gashähne zudreht und abdrosselt; denn es strömt schon wieder Advent, oder noch immer, weiß nicht, probeweise, weiß nicht, für wen geprobt wird, weiß nicht, ob ich glauben kann, daß sie hoffentlich liebevoll die Gashähne putzen, damit sie krähen, weiß nicht, an welchem Morgen, an welchem Abend, weiß nicht, ob es auf Tageszeiten ankommt; denn die Liebe kennt keine Tageszeiten, und die Hoffnung ist ohne Ende, und der Glaube kennt keine Grenzen, nur das Wissen und das Nichtwissen sind an Zeiten und Grenzen gebunden und enden meistens vorzeitig schon bei den Bärten, Rucksäcken, Knackmandeln, daß ich wiederum sagen muß: Ich weiß nicht, oh, weiß nicht, womit sie, zum Beispiel, die Därme füllen, wessen Gedärm nötig ist, damit es gefüllt werden kann, weiß nicht womit, wenn auch die Preise für jede Füllung, fein oder grob, lesbar sind, weiß ich dennoch nicht, was im Preis miteinbegriffen, weiß nicht, aus welchen Wörterbüchern sie Namen für Füllungen klauben, weiß nicht, womit sie Wörterbücher wie auch die Därme füllen, weiß nicht, wessen Fleisch, weiß nicht, wessen Sprache: Wörter bedeuten, Metzger verschweigen, ich schneide Scheiben ab, du schlägst die Bücher auf, ich lese, was mir schmeckt, du weißt nicht, was dir schmeckt: Wurtschei-

ben und Zitate aus Büchern - und nie werden wir erfahren, wer
still werden mußte, damit Därme gefüllt, Bücher laut werden
konnten, gestopft, gedrängt, ganz dicht beschrieben, ich weiß
nicht, ich ahne: Es sind dieselben Metzger, die Wörterbücher
und Därme mit Sprache und Wurst füllen, es gibt keinen Paulus,
der Mann hieß Saulus und war ein Saulus und erzählte als Saulus
den Leuten aus Korinth etwas von ungeheuer preiswerten Wür-
sten, die er Glaube, Hoffnung und Liebe nannte, als leicht ver-
daulich pries, die er heute noch, in immer wechselnder Saulus-
gestalt an den Mann bringt. " (S. 166/167)

Die Textstelle soll hier nicht in allen Einzelheiten ausgelegt werden. Sie wurde
zitiert, weil in ihr komprimiert zum Ausdruck kommt, worin Oskar sich als
Insasse einer Heilanstalt von den anderen Menschen unterscheiden will und wie
er die Nachkriegszeit beurteilt. Der einleitende Satz "Ich aber, ich weiß nicht"
expliziert im Grunde sein Lebensprinzip: entscheidend daran ist die Skepsis gegenüber dem, was den anderen als sicher erscheint. Der Abschnitt führt im weiteren Beispiele auf für das, was er nicht weiß. Durch den Rückgriff auf Bilder,
die die faschistische Zeit versinnbildlichten, zeigt er an, daß für ihn die Nachkriegszeit in gleicher Weise durch Leichtgläubigkeit der Menschen geprägt ist
wie die Zeit des Faschismus. Im Gegensatz aber zu den Aussagen zum Faschismus setzt er hier nicht dagegen, wie es in Wirklichkeit aussieht, sondern er
formuliert die Gegenwartssituation als eine Ahnung, d.h. er legt sich im Blick
auf die Gegenwart nicht fest. Oskars Zweifel gegenüber den sprachlichen Merkmalen, der Bedeutung von Wörtern, dem Rückgriff auf die Vergangenheit und
die Gleichsetzung dieser mit der Gegenwart lassen erkennen, daß für Oskar der
Zweifel, die Skepsis zum Prinzip geworden ist. Nicht die differenzierte Betrachtung, sondern die pauschale Infrage-Stellung sind Ausdruck seines Lebensprinzips.
Im Gegensatz zu den mehr abwägenden Äußerungen zum Faschismus wird die Gegenwart als 'diskussionsunwürdig' vorgestellt.

In der Engführung am Ende des Kapitels werden der Musiker, der Spielzeughändler,
der Blechtrommler und der Uhrmacher wieder aufgegriffen. Der Musiker stellt
einen Zusammenhang und eine Verbindungslinie zwischen den verschiedenen Themen her; er rahmt sowohl die Engführung als auch das ganze Kapitel ein.

Die in der Engführung angeführten Berufe sind in dem Kapitel mit positiven Werten besetzt. Die Spezifizierung der Berufe durch die Namen und die Handlungen
dieser Menschen faßt stichwortartig und durch indirekten Bezug auf das Vorhergehende zusammen, welche Änderungen die Zeit des Faschismus gebracht hat.
In den ersten vier Sätzen wird die Zeit und das Leben der Menschen vor der faschistischen Herrschaftszeit betrachtet. Charakteristisch ist für diese Zeit die
Beziehung der Menschen zum unabhängig Spielerischen und Zweckfreien. Die
Zeit des Faschismus, formuliert in den nächsten vier Sätzen, bewirkt das Ende
des Spielerischen, des funktional Unbesetzten, sie ist verbunden mit rigider
Einschränkung der Lebensentfaltung. [131] Im letzten Satz wird der Bezug zur
Nachkriegszeit aufgegriffen, die 'märchenhaft' offen bleibt. Im Unterschied aber
zu dem Abschnitt, in dem der Ich-Erzähler seine eigene Skepsis konkretisiert,

bleibt es dem Leser hier überlassen, die Rolle Meyns zu bestimmen, d.h. er muß das Muster der Betrachtung, die Märchenform, im Kontext des Betrachteten zum realen Geschehen in Beziehung setzen. Er muß beurteilen, ob das Betrachtete, daß der Musiker Meyn wieder schön Trompete bläst, vollständig unter das Märchenhafte subsumierbar ist oder nicht. In der Beurteilung dieser Sache wird der Leser vom Text insofern gelenkt, als ihm zwei konträre Einstellungen, die prinzipielle Skepsis Oskars und die Leichtgläubigkeit der Menschen, als Folie dienen können.

Oskar kündigt das Kapitel mit folgendem Kommentar an:

> "Ja, Bruno, ich will versuchen, ein nächstes leiseres Kapitel meinem Blech zu diktieren, obgleich gerade jenes Thema nach einem brüllenden, ausgehungerten Orchester schreit." (S.159)

Die Form des Kapitels ist nach Oskar dem Inhalt unangemessen, der Inhalt leistet Widerstand gegen diese Form.[132] Es "schreit" nach der Ausführung durch ein "brüllendes, ausgehungertes Orchester", nicht nach einem ernste, pathetische Musik spielenden, auch nicht nach resignativer Musik. Das Kapitel sollte vielmehr aggressiven Charakter haben. Dem widerspricht nun die Form des Märchens, wenn man es als Ausdruck von Wunschvorstellungen versteht. Durch den Hinweis Oskars, daß in diesem Kapitel die Form der Darstellung und der Inhalt auseinanderklaffen, daß der Leser das Muster der Betrachtung nicht als das Betrachtete selbst erachten darf, wird nochmals deutlich, welche Funktion diese Form hat: von dem Erzähler aus gesehen handelt es sich um eine Märchen-Parodie. Das Parodistische findet sich in den drei Begriffen der Überschrift wieder. Die eigentliche, durch die Tradition gegebene Bedeutung wird widerlegt durch das, was sie in Wirklichkeit bezeichnen, durch ihren Stellenwert für die Menschen. Mit diesen drei Wörtern veranschaulicht der Text die ideologische Verhärtung von Wörtern, die die Welt interpretieren und die als theoretische Rechtfertigung von Zuständen verstanden werden, im Gegensatz zu ihrer Ursprungsfunktion. Ausgehend von einer Entautomatisierung (Eco) dieser sprachlichen Ideologeme leitet der Text über zu einer Betrachtung der Situation, die versucht, ideologiefrei (besser ideologiebewußt) zu urteilen.

Die Gegenständlichkeit des Romans, Faschismus und Nachkriegszeit, rücken für den Leser in diesem Kapitel in folgende Art der Betrachtung:
- Der Faschismus wird im Blick auf die Darstellung kleinbürgerlicher Gestalten privatisiert, indem die Motivation zur Teilnahme an faschistischen Aktionen aus dem individuellen Schicksal herrührt.
- Die Entwicklung zum Faschismus und die Nachkriegszeit sind durch Wunschvorstellungen, ideologisch verzerrte Interpretationen der Welt beherrscht.
- Das Hauptinteresse bei der Darstellung des Faschismus und der Nachkriegszeit liegt hier wie im ganzen Roman auf der Frage nach seiner Wirkung bei den Kleinbürgern. Die Form des Märchens kann nicht aufgefaßt werden als ein 'Ausweichen' des Autors in diese Form mit der Begründung, daß die schrecklichen Begebenheiten des Faschismus nur in dieser Form darstellbar wären.[133] Vielmehr wird das Märchenhafte zu einer Erklärungshypothese für den Leser.

- Durch die Problematisierung und Entautomatisierung traditionsgeladener sprachlicher Merkmale werden die ideologischen Denkformen als solche erkennbar. [134]

- Im Blick auf das Lebensprinzip Oskars erkennt der Leser, daß seine Skepsis aus dem Vergleich von Interpretation der Wirklichkeit und faktischen Ereignissen resultiert. Die skeptische Lebenshaltung wird bei Oskar zum Prinzip, wenn er sie verabsolutiert auf Kosten einer differenzierten Betrachtung der Dinge. Gleichzeitig wird durch die Darstellung zweier konträrer Einstellungen, Leichtgläubigkeit und totale Skepsis, das Defizitäre beider Positionen zur Frage an den Leser. [135]

3.3.   Die Organisation der fiktiven Welt des Romans und ihre Folgen
        für die Rezeption.

3.3.1. Ästhetizismus, Künstlertum und Flucht als Oskars alternative
        Lebensformen.

Oskars Lebensform wurde bisher vor allem unter dem Aspekt seiner Ablehnung der kleinbürgerlichen Lebensweise betrachtet. Mit der Einstellung des Wachstums, der Trommelei und der glaszersingenden Stimme will er sich von der Welt der Erwachsenen distanzieren. Im Gegensatz zu den Erwachsenen nimmt Oskar für sich in Anspruch, alle Entwicklungen mit der Geburt abgeschlossen zu haben. Er erklärt sein Lebensprinzip zum Kriterium für die Beurteilung der ihn umgebenden Verhältnisse.

In Ergänzung zu diesem Programm stehen die Lebensformen Oskars, die er praktiziert, wenn er nicht primär reaktiv im Blick auf die Welt der Erwachsenen agiert: seine Selbstinterpretation als Künstler [136] und seine immer wieder geäußerte Sehnsucht, unter den Röcken der Großmutter leben zu dürfen oder in den embryonalen Zustand zurückzukehren. [137] Im Blick auf diese Lebensformen soll im folgenden untersucht werden, ob und inwiefern sie eine Alternative zu der kleinbürgerlichen Welt bilden und wie diese alternative Lebensform vom Leser bewertet wird.

Vom Leben unter den Röcken seiner Großmutter verspricht Oskar sich folgende Welt:

> "Erst im Inneren meiner Großmutter Koljaiczek oder, wie ich es
> scherzhaft nannte, im großmütterlichen Butterfaß wäre es meinen
> damaligen Theorien nach zu einem wahren Familienleben gekom-
> men... So verführerisch es ist, im Inneren der eigenen Großmut-
> ter die Welt und ihre Bezüge zu entfalten, auf beschränkter Ebene
> vielschichtig zu sein, muß Oskar nun - da er gleich Matzerath nur
> ein mutmaßlicher Vater ist - sich wieder an die Begebenheiten des
> zwölften Juni vierundvierzig, an Kurtschens dritten Geburtstag
> halten." (S. 289/290)

Von dem Leben im Inneren seiner Großmutter erwartet Oskar ein friedliches, zeitloses Familienleben, unabhängig von allem, was die Verhältnisse stören könnte. Hinter Oskars Fluchtgedanke steht der Wunsch nach einem privaten Freiraum, von dem aus man die Welt beobachten kann, ohne in ihr leben zu müssen und ohne sich von ihr in den eigenen Zielen berühren zu lassen. Hatte Oskar die Distanz zu den Erwachsenen als einzige Möglichkeit unter allen propagiert, wenn man sich überhaupt darauf einläßt, in kleinbürgerlichen Verhältnissen zu leben, so erweist sich als positive Alternative, als Idealvorstellung Oskars eine rein privatistische Lebensform, ohne jeglichen realen und praktikablen Bezug. Oskars Spekulationen, seine 'Utopien' sind also nur scheinbar alternative Möglichkeiten. Sie müssen als undurchführbar und phantastisch beurteilt - und verurteilt werden, wenn man sie mit den Kriterien der eigenen realen Situation mißt. Sein 'Gegenmodell' zur kleinbürgerlichen Welt stellt keine dem Leser nachvollziehbare oder akzeptable Welt dar. Daraus ergibt sich für den interpretativen Dialog, daß die Skepsis, die Oskar der kleinbürgerlichen Welt gegenüber formuliert, auch auf seine eigene Welt übertragen werden muß. Die Skepsis des Ich-Erzählers im Blick auf die kleinbürgerliche Welt veranschaulicht, inwiefern Skepsis gegenüber diesem Bereich notwendig ist, auf der anderen Seite wird aus Oskars alternativen Angeboten ersichtlich, daß Skepsis auch seinem eigenen Lebensprinzip gegenüber geboten ist. Oskar kann für den Leser keine Autorität sein, er wirkt vielmehr provokativ auf den Rezeptionsprozeß.[138]

Ähnliches gilt für Oskars Handeln als Ästhet und Künstler. So beschreibt Oskar, wie er aus Zufall und aus aufkommender Langeweile den Stockturm der Stadt Danzig besteigt und von oben das Stadttheater betrachtet, dessen Bau ihm Ärger bringe (cf.S. 83). Dieser Ärger hat folgende Konsequenzen:

> "Zu jener Stunde...wurde ich, der ich bislang nur aus zwingenden Gründen geschrien hatte, zu einem Schreier ohne Grund und Zwang. Hatte ich bis zur Besteigung des Stockturmes meine dringlichen Töne nur dann ins Gefüge eines Glases, ins Innere der Glühbirnen, in eine abgestandene Bierflasche geschickt, wenn man mir meine Trommel nehmen wollte, schrie ich vom Turm herab, ohne daß meine Trommel im Spiel war... Es war das Theater der Stadt, die dramatische Kaffeemühle, die meine neuartigen, ans Manierierte grenzenden Töne in ihre Abendsonnenfensterscheiben lockte. Nach wenigen Minuten verschieden geladenen Geschreies, das jedoch nichts ausrichtete, gelang mir ein nahezu lautloser Ton, und mit Freude und verräterischem Stolz durfte Oskar sich melden: zwei mittlere Scheiben im linken Foyerfenster hatten den Abendsonnenschein aufgeben müssen, lasen sich als zwei schwarze, schleunigst neu zu verglasende Vierecke ab. Gleich einem modernen Kunstmaler produzierte ich mich, der seinen einmal gefundenen, seit Jahren gesuchten Stil zeigt, indem er eine ganze Serie gleichkühner, gleichwertiger, oftmals gleichformatiger Fingerübungen seiner Manier der verblüfften Welt schenkt." (S. 83/84)

Während das Glaszersingen bisher nur funktionalen Wert hatte als Schutzmittel für seine Trommel, wird es hier als künstlerische Selbstbefriedigung Oskars zum Gegenstand einer Episode. Detailliert und in Zeitlupenstil hatte Oskar seinen Weg zum Stockturm beschrieben. Seine Abneigung gegen das Theater begründet er mit der Form des Gebäudes, also mit dem ihm mißfallenden ästhetischen Anblick, nicht mit der Institution des Theaters. Die eigentliche Aktion, die Beschreibung dessen, wie er die Fensterscheiben des Theaters zersingt, beginnt Oskar mit einem emphatischen Satz, der einen gravierenden Wechsel seiner Haltung ankündigt. Der Wechsel besteht darin, daß er, der bisher nur aus "zwingenden Gründen" geschrien hatte, zu einem "Schreier ohne Grund und Zwang" wird. Die Emphase des Satzes kontrastiert mit umgangssprachlichen Wörtern wie "Schreier" und "schreien". Wenn Oskar sich als Schreier bezeichnet und im selben Augenblick sich mit einem sich produzierenden Künstler vergleicht, wird beides zur Parodie, sowohl das Künstlertum als auch Oskar als Künstler. Die Arbeit des Künstlers erhält den Stellenwert einer ästhetischen Selbstbefriedigung, die Aufnahme seiner Werke durch eine "verblüffte Welt" wird ironisiert.

Oskar beansprucht in seinem Lebensprinzip ernst genommen zu werden und zwar in dem Sinne, daß er die Distanzierung von der kleinbürgerlichen Welt als einzige Möglichkeit aufzeigt. Zugleich wird die zweite Seite dieses Lebensprinzips und seine Definition als Künstler parodiert. Die Haltung des Ich-Erzählers wird in ihrer Ernsthaftigkeit relativiert durch dessen eigene Aktionen. [139] Die eindeutige Beurteilung des Ich-Erzählers als des Skeptikers in allen Situationen muß revidiert werden. Oskar ist nicht allein der 'Durchschauende', er ist auch der, der durchschaut werden soll - und zwar vom Leser.

Entscheidend ist, daß Oskar die beiden Seiten seines Lebensprinzip gleichzeitig durchführt, daß er wechselt zwischen der Rolle des Durchschauenden und Zerstörenden und der Rolle des sich selbst Befriedigenden. Diese Mehrschichtigkeit in Oskars Rollen findet sich in vielen Bereichen wieder. So erklärt er auf der einen Seite, daß er "die akustischen Reize einer politischen Kundgebung in aller Ruhe auskosten" (S. 96) konnte, "ohne durch Fahnen abgelenkt, durch Uniformen im Auge beleidigt zu werden" (S. 96), auf der anderen Seite fühlt er sich der Lehre seines Meisters Bebra verpflichtet, nämlich sich solchen Reizen zu entziehen. Auf der einen Seite ist er zu schläfrig, die Verteidigung der Polnischen Post zu beurteilen. Auf der anderen Seite definiert er die Verteidigung als einen Krieg gegen seine Trommel. [140] Sich selbst sieht er abwechselnd als Rasputin und als Goethe und parodiert beide Haltungen gleichzeitig. [141]

Aus dieser Mehrschichtigkeit der Gestalt Oskars ergibt sich für seine Rolle als Ich-Erzähler: Die Struktur von Oskars Verhaltensweisen, sein Lebensprinzip, das Bestehende zu negieren, und seine unterschiedlichen Formen der Selbstbefriedigung innerhalb des Bestehenden, seine Zerstörungsaktionen ohne Grund und Zwang - dies alles, verbunden mit der Parodierung der Selbstbefriedigung, macht Oskar zu einem im neuen Sinne künstlerischen Produkt, neu im Vergleich mit den anderen Gestalten des Romans. Dies ist nicht allein darin begründet, daß er der Ich-Erzähler ist, sondern darin, daß dieser Ich-Erzähler verschiedene Rollen spielt. Ein 'heterogener' Ich-Erzähler steht einer relativ 'homogenen' Romanwelt gegenüber. Die Homogeneität der gegenständlichen Romanwelt besteht allerdings nur äußerlich, sie wird immer wieder zerstört durch die Konzentration des Ich-Erzählers auf seine eigene Erlebnisweise. Im Prozeß der Rezeption müssen beide Ebenen, die der Gegenständlichkeit des Romans und die des Ich-Erzählers betrachtet werden, denn keine läßt sich unter die andere subsumieren.

Die wechselnden Äußerungen und Haltungen des Ich-Erzählers und die daraus folgenden Schwierigkeiten, ihn auf einen Nenner zu bringen, hindern daran, die Sichtweise des Ich-Erzählers als die - zwar in Gestalt eines 'Dreijährigen', aber gleich wohl autorisierte - Stimme einer eindeutigen Intention des Autors zu verstehen, die der Leser erkennen muß, um sie in einem abschließenden Urteil zu akzeptieren oder abzulehnen. [142] Der Ich-Erzähler kann weder in diesem Sinne ernst genommen werden, noch als Protagonist des Romans einfach ausfallen. Was seine Gestalt bewirkt, ist Skepsis und Unsicherheit, er provoziert eine fragende Haltung beim Leser. Der Roman ist von seiner Konzeption her autoritätslos, es wird keine eindeutige Position, die fixierbar wäre und sich einordnen ließe, angeboten. Der Autor erreicht mit der Gestalt des Ich-Erzählers ein doppeltes: Er vermittelt ein Bild der kleinbürgerlichen Welt, das die Maßstäbe für die Beurteilung dieser Welt nicht aus einer angemessenen Gegen-Welt erhält. Die Negation der kleinbürgerlichen Welt führt nicht zur Zustimmung zu einer neuen, besseren Welt. Die Alternative, die die kleinbürgerliche Welt verändern könnte, ist Schein, der lediglich parodistische Funktion für das Denken in Alternativen haben kann.

3.3.2. Ignoranz und Indifferenz als Impulse zu kritischem Rezipieren.

Für die Erwachsenen, für die im Roman auftretenden kleinbürgerlichen Gestalten ist Oskar der Dreijährige, der physisch und geistig Zurückgebliebene, der die Dinge, die um ihn geschehen, nicht versteht. Auf seine Anwesenheit muß bei den sonst vor anderen tabuisierten Bereichen, z. B. dem der Sexualität, keine Rücksicht genommen werden. Dieser (fingierte) Infantilismus Oskars, seine Froschperspektive macht eine Darstellung des kleinbürgerlichen Privatbereichs in allen Situationen möglich, ohne daß die Beobachtung 'künstlich' erzwungen werden müßte. [143] Oskar beschreibt diese Privatsphäre aber nicht vom Standpunkt eines unverständigen Kindes aus, sondern er stellt sie so dar, daß er die Rolle des Durchauenden einnimmt, ohne von kleinbürgerlichen Prinzipien eingeschränkt zu sein.

Bezeichnend ist nun, daß er an einigen Stellen von der Warte völliger Ignoranz aus die Geschehnisse schildert. [144] Ein exemplarischer Fall für diese Art des Berichtes bildet die Episode auf dem Friedhof während der Beerdigung von Agnes Matzerath. Der Bäckermeister Scheffler und der Trompeter Meyn versuchen, Sigismund Markus, den jüdischen Spielzeughändler, vom Friedhof zu verdrängen. Denn die Anwesenheit eines Juden widerspricht den Normen eines NSDAP-Mitgliedes.

> "Der Trompeter Meyn tippte dem Markus mit dem Zeigefinger gegen den schwarzen Anzug, schob ihn vor sich her, nahm den Sigismund rechts am Arm, während Scheffler sich links einhängte. Und beide gaben acht, daß der Markus, der rückwärts ging, nicht über Gräbereinfassungen stolperte, schoben ihn auf die Hauptallee und zeigten dem Sigismund, wo das Friedhofstor war. Der schien sich für die Auskunft zu bedanken und ging in Richtung Ausgang, setzte sich auch den Zylinder auf und blickte sich nicht mehr um, obgleich Meyn und der Bäckermeister ihm nachblickten. Weder Matzerath noch Mutter Truczinski bemerkten, daß ich mich ihnen und dem Beileid entzog. So tuend, als müsse er mal, verdrückte Oskar sich rückwärts am

Totengräber und seinem Gehilfen vorbei, lief dann, nahm keine
Rücksicht aufs Efeu und erreichte die Ulmen wie auch den Sigismund Markus noch vor dem Ausgang. 'Das Oskarchen', wunderte
sich der Markus, 'nu sag, was machen se middem Markus? Was
hadder getan, dasse so tun?' Ich wußte nicht, was Markus getan hatte, nahm ihn bei seiner schweißnassen Hand, führte ihn
durchs schmiedeeisern offenstehende Friedhofstor und wir beide, der Hüter meiner Trommeln und ich, der Trommler, womöglich sein Trommler, wir trafen auf Schugger Leo, der gleich
uns ans Paradies glaubte." (S. 135)

Oskar beobachtet diese Situation so wie jemand, der den Verlauf eines durch Regeln festgelegten Spiels beschreibt, ohne seine Regeln zu kennen. Die Beschreibung geht nur von den visuellen Eindrücken aus und läßt den Kontext, die Hintergründe dieser Szene unberücksichtigt. Eine derart aus dem Kontext gelöste Darstellung kann die Rezeption in folgendem Sinne bestimmen: Ausgehend von der
Prämisse, daß der Leser die politischen Hintergründe dieser Episode erkennen
kann, daß er durchschaut, warum Meyn und Scheffler den Spielzeughändler vom
Friedhof verjagen, wird er einerseits versucht sein, die politische Ignoranz Oskars zu übergehen und die Situation unter Absehung von Oskars Darstellungsmodus zu betrachten. Auf der anderen Seite ist er durch die vielschichtige Haltung
Oskars, seine wechselnden Rollen als gleichzeitig Durchschauender und Ignorant,
gehalten, das retardierende Moment, das durch diese Art der Beschreibung entsteht, zu beachten, d.h. den Akzent der Aufmerksamkeit von dem Handlungsverlauf auf den Darstellungsmodus zu verlagern. Oskar zerstört damit die selbstverständliche Rezeption solcher Vorkommnisse der faschistischen Zeit. Gerade
indem er die Voraussetzungen, die Kenntnis der politischen Spielregeln in der
Darstellung leugnet, bewirkt er, daß ein für jene Zeit als typisch, alltäglich zu
erachtender Fall weder als bloß typisch und selbstverständlich, noch - rein emo-
tional reagierend - als Ausdruck der schrecklichen und barbarischen Zeit beurteilt werden kann. Das Mißverständnis Oskars in der Beschreibung dieser Situation, die Aussage, daß Meyn und Scheffler um Markus scheinbar Sorge trügen,
macht das außergewöhnliche der Situation bewußt und veranschaulicht die Zeit
des Faschismus auf unpathetische Weise.

Ein weiteres Beispiel für die Ignoranz Oskars findet man in der Episode, in der
von der Belagerung der Polnischen Post berichtet wird. Oskar beschreibt das
Skatspiel zwischen Jan Bronski, Kobyella und ihm:

"Auch Oskar strengte der Dreimännerskat an. Nicht etwa, daß jene
mit der Belagerung und der Verteidiggung der Post verbundenen
Geräusche und Erschütterungen meine Nerven übermäßig belastet
hätten. Es war vielmehr dieses erstmalige, plötzliche und wie ich
mir vornahm, zeitlich begrenzte Fallenlassen aller Verkleidung...
Oskar hatte Lust aufzugeben, hätte auch Gelegenheit genug gefunden, sich etwa zwischen zwei kurz nacheinander schüttelnden Gra-
nateinschlägen davonzumachen, wenn ihm nicht ein bisher unbekanntes Gefühl für Verantwortung befohlen hätte, auszuhalten und der
Angst des mutmaßlichen Vaters mit dem einzig wirksamen Mittel,
dem Skatspiel zu begegnen." (S. 195).

Die Beschreibung der Belagerung und Verteidigung der Polnischen Post, im Text bis in die historischen Details exakt wiedergegeben, wird 'überlagert' von dem Vordergrundgeschehen, das hier in dem Skatspiel der Drei besteht. Das Skatspiel nimmt im Roman eine ganz bestimmte Funktion ein: es tritt immer dann auf, wenn eine Situation ausgefüllt werden muß, die latent oder virulent konfliktgeladen ist (s. o.). Von dieser Funktion muß man auch in diesem Zusammenhang ausgehen. Es soll die Angst Jan Bronskis verdrängen, ihn ablenken von der realen Situation. Die detaillierte Beschreibung des Spielverlaufs auf den Seiten 193 - 194 wird unterbrochen durch Berichte über das Kampfgeschehen, die vom Vordergrundgeschehen aus als Randerscheinungen auftreten, obwohl sie die die Situation bedingenden Faktoren sind.

Oskar erklärt, daß ihn das Hintergrundgeschehen nicht berührt. Ihn strengt lediglich die fallengelassene Verkleidung an. Er ist also mit einem rein privaten Problem belastet. Gegenüber dem Kampfgeschehen, den damit verbundenen Gefahren und den Verletzten zeigt er sich indifferent. Das einzige, was ihn veranlaßt, die Anstrengung auf sich zu nehmen, ist ein "bisher unbekanntes Gefühl für Verantwortung". Mit dieser Feststellung privatisiert Oskar die Situation so, daß sie damit verkehrt wird. Denn er behauptet kontrafaktisch, für Jan Bronski Verantwortung tragen zu können, wenn er seine Verkleidung ablegt und mit ihm Skat spielt, d. h., wenn er ihm altgewohnte Mittel der Verdrängung anbietet. Er leugnet durch die Konzentration auf sein privates Problem die Gesetzmäßigkeiten des faschistischen Herrschaftssystems. Er nimmt an, daß es seine Schuld ist, daß Jan Bronski in diese Situation gekommen ist. Er ignoriert und verschweigt, daß die Polen von den Faschisten aus rassistischen und imperialistischen Gründen verfolgt wurden und daß demzufolge Jan Bronskis Schicksal politisch - nicht durch einen Zufall - bestimmt ist. Diese Naivität in der Einschätzung der politischen Situation, die Reduktion eines Politikums auf Privates, verbunden mit der detaillierten Beschreibung des Kampfgeschehens, provoziert in folgender Hinsicht eine skeptische Rezeption. Es ist nicht ausreichend, Oskar hier menschliche Gefühle zu unterstellen und ihn als in prekären Situationen sentimental zu interpretieren. Dies würde den Text selbst nur partiell erfassen, da große Teile des Kapitels aus einer Beschreibung des politischen Kontextes bestehen (cf. vor allem S. 179 bis S. 200). Es reicht ebensowenig aus, die Beschreibung des politischen Geschehens allein zu untersuchen, da dies den Text um die entscheidende Komponente des Ich-Erzählers verkürzen würde, der dem realistischen Geschehen und der realistischen Darstellung und der ihr entsprechenden Rezeption der Dinge im Wege steht. In der Verbindung beider Momente ist das entscheidende zu sehen und nur in der Analyse dieser Verbindung kann die These von der provozierten kritischen Rezeption begründet werden. [145]

Oskar hat sich die Distanz von den Erwachsenen und die Unabhängigkeit von ihnen zum Programm gesetzt. In dieser Situation nun ist sein Handeln motiviert durch ein Verantwortungsgefühl, das vom Leser als im Grund effektlos und sinnlos beurteilt werden muß. Mit dieser für Oskar außergewöhnlichen Haltung wird ein Problem indiziert, das zwar die Unsinnigkeit von Oskars Verantwortungsgefühl nicht verändert, daß aber auf den Begriff des Verantwortungsgefühls hinweist, indem es in der Feststellung von Oskars sinnloser Haltung die Frage nach den politischen Handlungsmotiven der beiden Kampfkräfte hervorruft. So wird hier über die Beschreibung der moralischen Verhaltensweise Oskars in einer von Machtinteressen bedingten politischen Situation eine im politischen Sinne 'moralische' Frage provoziert. Das Verhalten Oskars, das in additiver Beziehung zu den gleichzeitigen politischen Verhaltensweisen steht, kann der Leser nur kritisch-fragend betrachten. Die kritisch-fragende Rezeption des Vordergrundgeschehens wird aber durch den Gegenstand der Frage - das Verantwortungsgefühl - auf das Hintergrundgeschehen übertragen. Durch die Verbindung von Oskars Verantwortungsgefühl mit der detaillierten Beschreibung des Kampfgeschehens wird evident, daß die Äußerungen Oskars als Indikatoren für ein umfassenderes Problem ihren Sinn erhalten. Der Autor veranschaulicht die politischen Probleme in verfremdeter Weise, indem er seinen unpolitischen Ich-Erzähler in einer politischen Situation so agieren läßt, daß diese politische Situation in einen Vergleich zur Handlung des Ich-Erzählers gestellt werden muß und daß sie dann in diesem Vergleich als aktuelles Problem erkannt wird. Am Beispiel der Verteidigung der Polnischen Post werden damit indirekt das Problem der politischen Verantwortung und das der Vergangenheitsbewältigung angeschnitten (s.u.).

Gestützt wird die oben ausgeführte Rezeptions-These durch eine weitere Stelle im gleichen Kontext:

> "Am ersten September neununddreißig - und ich setze voraus, daß
> auch sie während jenes unglückseligen Nachmittages in jenem glück-
> seligen, mit Karten spielenden Jan Bronski meinen Vater erkannten -
> an jenem Tag datierte sich meine zweite große Schuld. Ich kann es
> mir nie, selbst bei wehleidigster Stimmung nicht verschweigen: mei-
> ne Trommel, nein, ich selbst, der Trommler Oskar, brachte zu-
> erst meine arme Mama, dann den Jan Bronski, meinen Onkel und
> Vater ins Grab. Doch wie jedermann halte ich mir an jenen Tagen,
> da mich ein unhöfliches und durch nichts aus dem Zimmer zu wei-
> sendes Schuldgefühl in die Kissen meines Anstaltbettes drückt,
> meine Unwissenheit zugute, die damals in Mode kam und noch heute
> manchem als flottes Hütchen zu Gesichte steht." (S. 201)

Jan Bronski hatte sich nach Beendigung des Skatspiel in einem euphorischen Zustand ein Kartenhaus aus den Skatkarten gebaut (cf.S. 198) und war schließlich von den Heimwehrleuten entdeckt worden (cf.S. 199). Bei der Entdeckung und Festnahme durch die Heimwehrleute suchte Oskar bei diesen Schutz und verwies bei der Frage nach dem Verursacher seines Unglücks auf Jan Bronski. Aus seinem Verhalten, zuerst mit Jan Bronski das "Judasspiel" (S. 201) gespielt und sich dann auf dessen Kosten geschützt zu haben, folgert Oskar, daß er den Tod Jan Bronskis zu verantworten hat. Daß dieses Schuldbekenntnis nicht stichhaltig ist, liegt, betrachtet man den politischen Kontext, auf der Hand. Aber nicht die geringe Stichhaltigkeit dieses Schuldbekenntnisses kann das abschließende Urteil zu dem Verhalten Oskars sein, sondern relevant ist sein Umgang mit der Schuld, seine Form der Schuldbewältigung. Das privatistische Schuldbekenntnis Oskars wird aus dem rein privaten Bereich aufgehoben durch seine Orientierung an den Erwachsenen, an denen, die politische Schuld tragen. Durch die private

Herleitung eines Schuldgefühls und die gleichzeitige Bewältigung dieser Schuld mit 'öffentlichen' Mitteln wird an einem oberflächlich unpassend erscheinenden Beispiel auf die politische Dimension dieses Sachverhalts verwiesen. [146] Damit wird jede pathetische oder dämonisierende Betrachtung abgeblockt.

Oskar argumentiert wie die Erwachsenen, wenn das - im Text personifizierte - Schuldgefühl ihm unerträglich wird. Für ihn bildet diese Argumentationsebene die letzte Möglichkeit, um eine Situation erträglich zu machen. Im Gegensatz dazu steht die Genese dieser Argumentationsweise auf der Seite der politisch Schuldigen. Bei ihnen wird mit derartigen Mitteln nicht die Konfliktbewältigung erträglich gemacht, sondern dieses Argument macht ab ovo eine Konfliktsituation unmöglich. Hier wird an einem auf den ersten Blick abwägig erscheinenden Beispiel offenkundig, daß die politischen Verhältnisse und Ereignisse des Faschismus nicht aufgearbeitet, sondern verdrängt werden. Das faschistische Sozialverhalten muß also noch latent vorhanden sein, insofern die Menschen ihre faschistische Vergangenheit mit dem "flotten(s) Hütchen" der Ignoranz bedecken. Die Veränderung der Verhältnisse erweist sich als eine modische Bekleidung, d. h. als verbale Angepaßtheit; sie resultiert nicht aus genuin politischen Grundhaltungen.

Aufbau und Rezeptionsverlauf dieser Episode lassen sich folgendermaßen zusammenfassen: Ein Vordergrundgeschehen, Oskars und Jan Bronskis Verhalten bei der Verteidigung der Polnischen Post, vollzieht sich auf dem Hintergrund eines für die Zeit signifikanten politischen Ereignisses. Die politische Dimension wird eingegrenzt durch eine Episode, in der die Romangestalten und ihre Aktionen im Vordergrund stehen. Die Verhinderung von Jan Bronskis Flucht aus der Polnischen Post und die Erschießung durch die Heimwehrleute ruft in Oskar ein anhaltendes Schuldgefühl hervor. Diese Schuld wäre in Konfrontation zu der damaligen realpolitischen Situation als sentimental zu verurteilen. Oskars Beharren auf der Schuld und seine Schuldbewältigung, nämlich die Schuld zu leugnen, wie es allgemein üblich ist, führen den Leser dazu, die Einzelepisode in einen weitgespannteren Sinnkontext zu stellen und Vorder- und Hintergrund der Episode in Beziehung zueinander zu setzen. Das Schuldgefühl Oskars muß als Hinweis auf die politische Schuldfrage verstanden werden. Das Verhalten der politisch Schuldigen wird aufgezeigt, indem es auf Oskars Lebensraum bezogen wird. Der angedeutete Vergleich im Blick auf die Schuldbewältigung und die erkennbare qualitative Differenz zwischen der privaten Schuld Oskars und der politischen ruft die Frage nach Ursachen und Folgen der Schuld auf den verschiedenen Ebenen hervor, ohne daß diese Frage im Text außerhalb des privaten Bereichs behandelt wird. Der Text wirft Fragestellungen auf, indem er den Privatbereich in seiner dominierenden Stellung durch sprachliche Merkmale relativiert und damit den politischen Bereich als eigentliches Problem der Rezeption indiziert. [147]

Eine weitere Form der Provokation des Lesers bildet die Indifferenz Oskars bestimmten aktuellen Ereignissen gegenüber. [148] An zwei exemplarisch ausgesuchten Stellen soll untersucht werden, in welcher Weise hier der Rezeptionsprozeß provokativ bestimmt wird.

Oskar berichtet, daß die Russen sich bis in die Nähe Danzigs vorgekämpft haben
(cf. S. 323). Er gibt detailliert an, welche Stadtteile Danzigs bei diesem letzten
Kampf abbrennen. Dann folgt ein historischer Rückblick über die Stadt Danzig unter
dem Gesichtspunkt, wann und durch wen und wie oft sie abgebrannt wurde. Diese
Aufzählung ist typisch für die sprachlich-stilistische Eigenart des Romans. Das
Feuer wird zum Kampfmittel der Menschen, aber der historische Kontext und
das Ziel des jeweiligen Kampfes bleiben unerwähnt. Das Ergebnis des Kampfes
wird vielmehr zynisch als nutzlos dargestellt, indem als Ziel des Kampfes die
Befriedigung eines Grundbedürfnisses der Menschen, die Produktion von Nahrungs-
mitteln, angenommen wird:

> "...und nun waren es Russen, Polen, Deutsche und Engländer gemein-
> sam, die die Ziegel gotischer Backsteinkunst zum hundertstenmal
> brannten, ohne dadurch Zwieback zu gewinnen." (S. 323)

In der darauffolgenden Aufzählung der einzelnen Brände verselbständigen sich das
Feuer und die in Brand gesteckten Gebäude; sie werden die eigentlichen Akteure
des Geschehens, nicht Erscheinungsformen einer Kampfhandlung. Die Gebäude und
das Feuer werden aktiv, die Dinge scheinen das einzige Motiv für das Handeln der
Menschen zu sein. Die Darstellung des Hintergrundgeschehens als ein 'Drama',
das von den Gegenständen aufgeführt wird, wird in der Vordergrundepisode, die
die Reaktion der Familie Matzerath auf den Brand Danzigs beschreibt, fortgesetzt:

> "Oskar hatte sich nie viel aus Bränden gemacht. So wäre ich auch
> im Keller geblieben, als Matzerath die Treppen hochsprang, um sich
> vom Dachboden aus das brennende Danzig anzusehen, wenn ich nicht
> leichtfertigerweise auf eben jenem Dachboden meine wenigen, leicht
> brennbaren Habseligkeiten gelagert gehabt hätte. Es galt meine
> letzte Trommel aus dem Fronttheater und meinen Goethe wie Ras-
> putin zu retten... Auch Maria blieb im Keller... Maria behielt das
> Kurtchen unten, ich durfte mit Matzerath hinauf, nahm meine Sie-
> bensachen an mich, warf einen Blick durch das Trockenbodenfen-
> ster und erstaunte über die sprühend lebendige Kraft, zu der sich
> die altehrwürdige Stadt hatte aufraffen können." (S. 324)

Der Brand der Stadt Danzig, der Sieg der Russen über die deutschen Faschisten,
wird durch den ersten Satz Oskars in seiner Bedeutung, die dieses Ereignis für
Alfred Matzerath hat, festgelegt. Die umgangssprachliche 'Polysemie' des Wortes
"Brand" wird hier nicht vereindeutigt. Ob es sich um eine Naturkatastrophe oder
um eine Brandstiftung handelt, bleibt offen. Im Gegensatz zu Matzerath, für den
der Brand ein sehenswertes Ereignis ist, verläßt Oskar den Keller nur, um seine Sachen vom Dachboden zu retten. Sein Desinteresse an dem Geschehen in der
Stadt begründet er mit seiner allgemeinen Indifferenz Bränden gegenüber. Damit
unterstellt er Matzerath, daß dieser ein allgemeines Interesse an Bränden hat,
also mit seinem Gang auf den Dachboden einer individuellen Leidenschaft nachgibt.

Betrachtet man die Textstelle mit der allgemeinen Frage, in welcher Weise hier
politische Inhalte versinnbildlicht werden, so zeigt sich: der erste Teil, in dem

es um die Beschreibung der allgemeinen politischen Lage geht, beschränkt sich auf einen Gesichtspunkt dieser Situation, nämlich den der brennenden Stadt. Die Menschen und Verhältnisse, die diese Situation hervorrufen und initiieren, treten in den Hintergrund; das Ereignis erscheint als ein Akt der Gegenstände. Angefügt wird eine Episode, die im Primärbereich Oskars spielt und sowohl seine als auch die Reaktion der Erwachsenen auf die politische Situation durchsichtig werden läßt. Entscheidend ist hier die Differenz in der Reaktion: Oskars Indifferenz gegenüber dem Hintergrundgeschehen steht im Gegensatz zu Matzeraths eifrigem Bemühen, den Brand zu verfolgen. Beide Reaktionen aber beziehen sich auf ein Geschehen, das oben als 'Drama' der Gegenstände konkretisiert wurde, in dem der politische Kontext keine Rolle spielt. Indem Oskar sein eigenes Interesse erklärt und es in einen Gegensatz zu dem Interesse Matzeraths stellt, decouvriert er die kleinbürgerliche Bewußtseinsstruktur. Er selbst negiert diese Haltung, ohne allerdings Konsequenzen daraus zu ziehen und ohne die Ablehnung so zu begründen, wie es der Situation angemessen wäre. Seine Motive, gegen Matzeraths Interessen sich zu verhalten, sind rein privater, pragmatistischer Art.

Die extrem privatistische Reaktion Oskars auf ein entscheidendes politisches Ereignis provoziert hier insofern ein kritisches Rezeptionsverhalten gegenüber Oskar, als er zwar das kleinbürgerliche Verhalten erhellt, sich selbst aber in einer Weise davon distanziert, die das kleinbürgerliche Verhalten nur karikiert. Die altkluge Ankündigung der Distanz und Überlegenheit den Erwachsenen gegenüber und die faktische Realisierung dieser Distanz und Überlegenheit sind für einen Leser provokant, der Oskar mehr als die Indikation von Problemen zutraut, der ihn zur Autorität macht; Oskar fördert hier eine kritische Rezeption, indem er durch seine unerwarteten Verhaltensweisen den Blick des Lesers immer wieder zurücklenkt auf sein eigenes Rezeptionsverhalten und zu einer Art Meta-Betrachtung des kommunikativen Prozesses Anlaß gibt.

Eine zynische Zuspitzung findet die indifferente Haltung Oskars in der Episode, die den Einfall der Russen in den Keller der Familie Matzerath schildert:

> "Was man nicht alles tut, wenn das Schicksal seinen Auftritt hat!
> Während mein mutmaßlicher Vater die Partei verschluckte und
> starb, zerdrückte ich, ohne es zu merken oder zu wollen, zwi-
> schen den Fingern eine Laus." (S. 327)

Eine völlig unbedeutende Handlung Oskars, das Zerdrücken einer Laus, wird gewichtig durch den Augenblick, in dem dies geschieht, nämlich in der Zeit, als Matzerath sein Parteiabzeichen verschluckt und daran stirbt. Indem Oskar dies alles als einen Auftritt des Schicksals ausgibt, erhält der Abschnitt eine zusätzliche ironische Wendung. Der erste pathetische Satz formuliert zwei parallel gesetzte und einander ähnliche Bilder, die aber zwei qualitativ verschiedene Sachverhalte beinhalten: das erste weist durch das Wort "Partei" über die augenblickliche Situation hinaus und stellt eine Beziehung zu der allgemeinen politischen Situation her; das zweite drückt einen minimalen Sachverhalt aus. Die ad hoc witzig wirkende Gleichsetzung erhält ihre Valeur durch die beiden folgenden Komponenten, nämlich durch das Wort "Schicksal" und das Bild des "Partei-verschluckens". [149] Die drei Bereiche, die in diesem Abschnitt stichwortartig angezeigt sind, veranschaulichen einen den ganzen Roman bestimmenden Bedeutungs-Komplex:

- Durch den Begriff des Schicksals wird der Erfahrungshorizont der Kleinbürger und ihre Erlebnisweise charakterisiert.
- Mit dem ersten explikativen Satz wird eine Reaktion der Kleinbürger in einer für sie prekären Situation versinnbildlicht. Gleichzeitig wird der Kontext erweitert durch das Bild des Partei-verschluckens, das den Verlauf der handlungs- orientierten Rezeption retardiert und darauf hinweist, welches Verhältnis die Kleinbürger zur faschistischen Partei haben. Zudem ist es ein Indiz für das Ende der faschistischen Herrschaftszeit, die von dem Verhalten der Kleinbürger abhängig ist.
- Oskars Haltung zeigt seine Reaktion auf die für Kleinbürger schicksalhafte Situationen, nämlich seine Indifferenz. Indem er sein Handeln gleichfalls als einen Auftritt des Schicksals bezeichnet, karikiert er den kleinbürgerlichen Schicksals- glauben.

In den folgenden Thesen soll zusammengefaßt werden, inwiefern der Ich-Erzähler und seine Art der Darstellung in den hier herangezogenen Stellen die Kontinuität der Rezeption unterbrechen und ein skeptisches Rezeptionsverhalten provozieren bzw. ein kritisches fördern: Der Ich-Erzähler bestimmt seine Rolle im Roman, wenn er angibt, daß er von der Warte des sich von der Umwelt Distanzierenden und sie skeptisch Betrachtenden aus berichtet. Diese Rolle gibt er im Verlauf des Romans partiell auf. Der Leser wird damit verunsichert in seiner Erwartung im Blick auf Oskars Rollenverhalten. Die Verletzung des erwarteten Rollenverhaltens bedingt Unsicherheit, Zweifel der Gestalt gegenüber. Oskar muß in seiner Rolle als Ich-Erzähler immer wieder neu bestimmt werden, er ist nicht auf einen Nenner zu bringen.

Die Ignoranz und Indifferenz, mit der Oskar bestimmte Ereignisse erzählt bzw. bestimmte Handlungen durchführt, bildet einerseits eine Karikatur des kleinbür- gerlichen Verhaltens. Andererseits muß dieses Darstellungsprinzip funktional im Blick auf die Vermittlung und Rezeption politischer Inhalte gesehen werden: durch die pseudo-naive Haltung Oskars werden Probleme aufgerissen, die über den im Roman dargestellten Privatbereich der Kleinbürger hinausgehen und die eine kritische Haltung des Lesers verlangen, die nicht nur das Kleinbürgertum im Auge hat. Die bewußte Ignorierung von Zusammenhängen provoziert im Re- zeptionsprozeß die Problematisierung dessen, was ignoriert wird.

3.3.3.   <u>Der Leser als Kommunikationspartner des Ich-Erzählers.</u>

Die distanzierte und prüfende Haltung, zu der der Leser gegenüber Oskar auf- grund dessen wechselnden Rollenverhaltens gezwungen ist, wird von Oskar selbst scheinbar wieder aufgehoben durch die unmittelbare Einbeziehung des Lesers in seinen Bericht, durch die direkte Anrede und die Bitte um Verständnis, so z.B. in Wendungen wie:

"Man mag mir, der ich darauf brenne, den Beginn meiner eigenen
Existenz anzeigen zu dürfen, erlauben." (S. 21)

"Es gelang mir also - Sie werden es bemerkt haben - ..."
(S. 74).

"...und es bleibt ihnen überlassen..." (S. 174).

"Sie werden fragen..." (S. 216).

Der Ich-Erzähler wendet sich mit Höflichkeitsformeln an den Leser. Er scheint in ihm einen ernst zu nehmenden Kommunikationspartner zu sehen, wenn er ihm erklärt, ihn um Verständnis bittet und mögliche Auslegungen seines Berichts vorwegnehmend korrigiert. In Detailfragen scheint der Ich-Erzähler um Harmonie mit seinem Leser bemüht.

Neben der retardierenden Wirkung, die diese Bemerkungen Oskars für den Handlungsverlauf des Romans haben, müssen sie in zwei Funktionsbereiche aufgeteilt werden: Man muß zwischen den Bemerkungen unterscheiden, die eine Stellungnahme zu der Form seines Berichtes enthalten, und solchen, in denen er seine Handlungen expliziert und bestimmte Interpretationen, sie vorwegnehmend, ablehnt.

An zahlreichen Stellen, wie den oben aufgeführten, handelt es sich um Höflichkeitsformeln oder um ironische Stellungnahmen zu bestimmten Rezeptionshaltungen [150], um Hinweise auf den formalen Verlauf des Romans [151], um Selbstkritik oder Distanzierungen des Ich-Erzählers von den Erinnerungen des 'dreijährigen' Oskar. [152] So erklärt Oskar zu Beginn des Romans, nachdem er sich und seinen Pfleger Bruno Münsterberg vorgestellt hat:

"Man kann eine Geschichte in der Mitte beginnen und vorwärts wie rückwärts kühn ausschreitend Verwirrung anstiften. Man kann sich modern geben, alle Zeiten, Entfernungen wegstreichen und hinterher verkünden oder verkünden lassen, man habe endlich und in letzter Stunde das Raum-Zeit-Problem gelöst. Man kann auch ganz zu Anfang behaupten, es sei heutzutage unmöglich, einen Roman zu schreiben, dann aber, sozusagen hinter dem eigenen Rücken, einen kräftigen Knüller hinlegen, um schließlich als letztmöglicher Romanschreiber dazustehen. Auch habe ich mir sagen lassen, daß es sich gut und bescheiden ausnimmt, wenn man anfangs beteuert: Es gibt keine Romanhelden mehr, weil es keine Individualisten mehr gibt, weil die Individualität verloren gegangen, weil der Mensch einsam, jeder Mensch gleich einsam, ohne Recht auf individuelle Einsamkeit ist...und eine namen- und heldenlose einsame Masse bildet. Das mag alles so sein und seine Richtigkeit haben. Für mich, Oskar, und meinen Pfleger Bruno möchte ich jedoch feststellen: Wir beide sind Helden, ganz verschiedene Helden, er hinter dem Guckloch, ich vor dem Guckloch; und wenn er die Tür aufmacht, sind wir beide, bei aller Freundschaft und Einsamkeit noch immer keine namen- und heldenlose Masse."
(S. 11)

Dieser lange Abschnitt über das Romanschreiben stellt - zusammenfassend betrachtet - eine Parodie der verschiedenen Formen des Romans und der theore-

tischen Äußerungen zum Roman des zwanzigsten Jahrhunderts dar. Es soll
hier nicht im einzelnen erörtert werden, wer und welche Bereiche hier speziell
angesprochen werden, wen der Autor damit zu Unrecht parodiert oder wem er
Recht gibt. Für ein Rezeptionsmodell ist vielmehr entscheidend, welche Funktion diesem Abschnitt im Kontext des Romans zukommt. In dem Text werden
eine Reihe von Kriterien aufgezählt, mit denen der moderne Roman in der wissenschaftlichen Kritik beurteilt wird. Diese Kriterien werden parodistisch abgelehnt, als unbedeutend eingestuft. Das vom Autor offensichtlich intendierte Rezeptionsverhalten wird sichtbar in Oskars, die gegenwärtig diskutierten Probleme
abschließenden, Satz: "Das mag alles so sein und seine Richtigkeit haben." Die
Diskussion über grundsätzliche, sogenannte fundamentale Fragen, die eine bestimmte Antwort als verbindliches Resultat erwarten läßt, wird beiseite gescho-
ben, und das Intersse wird auf das aktuell Anstehende verlagert. Oskar will seinen Bericht nicht in einen allgemeinen Kontext stellen und dann auf dem Hintergrund dieses Kontextes bewertet werden. [153] Im Gegensatz zu denen, die die
grundsätzliche Problematik von Individualität und Verlust der Individualität zu
ihrem Thema machen, stellt Oskar ein allein für seinen Roman geltendes Programm auf, nämlich daß er und sein Pfleger Bruno Helden sind. Die Explikation dessen, was er unter dem traditionsgeladenen Begriff "Held" versteht, fehlt.
[154] In gleicher Weise ist die Begründung, warum sie beide ganz verschiedene
Helden sind, so geartet, daß jede weitere Frage danach als unangemessen und
unwichtig erscheinen muß. Es geht hier allein darum, einen Unterschied zu dem
zu erklären, was vorher als Problemlösungen genannt wurde, ohne daß dann allerdings eine alternative Problemlösung angeboten wird. Die referierten Probleme stehen für den Ich-Erzähler auf einer anderen Ebene als sein Vorhaben. Von
daher scheint es für den Roman nicht entscheidend, in welchem Sinne - literar-
historisch betrachtet - Oskar und Bruno Helden sind, inwiefern sie keine sind. [155]
Für den Roman ist typisch, daß der Ich-Erzähler sich mit einer ganz bestimmten
Kategorie klassifiziert, daß diese Klassifikation aber kein dezidiertes und begründetes Programm verspricht, sondern als private Distanzierung von dem,
was problematisch ist, verstanden werden muß. Oskar geht hier zwar auf allgemeine Fragestellungen des Romanlesers ein, aber die Struktur der Antwort ist
keine Beantwortung dieser Frage, sondern ein Offenlassen der Frage und die Beantwortung eines gar nicht befragten Sachverhaltes.

So wie hier die Probleme des Lesers aufgegriffen, aber nur scheinbar beantwortet werden, nimmt der Ich-Erzähler im weiteren Verlauf des Romans zu Detailfragen Stellung, ohne aber die von ihm formulierten möglichen Einwände der Leser begründet zu akzeptieren oder abzulehnen. [156] Ein Beispiel für diese Art
der Pseudo-Kommunikation Oskars mit dem Leser soll den Sachverhalt konkretisieren: Oskar kommentiert einen Abschnitt, in dem er in lyrischem Stil die Kriegssituation und die politischen Konflikte zwischen Polen und Deutschen geschildert
hat:

> "Man mag Oskar diesen Schlußreim verzeihen und gleichfalls das
> Poemhafte dieser Feldschlachtbeschreibung. Es wäre vielleicht
> richtiger, führte ich die Verlustzahlen der polnischen Kavallerie
> auf und gäbe hier eine Statistik, die eindringlich trocken des so-

genannten Polenfeldzuges gedächte. Auf Verlangen aber könnte
ich hier ein Sternchen machen, eine Fußnote ankündigen und das
Poem dennoch stehen lassen." (S. 205)

Oskar unterstellt, daß das "Poemhafte" einer Feldschlachtbeschreibung der Ent-
schuldigung bedarf, daß es für den Leser etwas Unerwartetes darstellt. Ob die
Notwendigkeit der Entschuldigung begründet ist, läßt er offen. Er nimmt eine
Kontroverse mit dem Leser an und schlägt zur Beendigung der Kontroverse dem
Leser einen Kompromiß vor, indem er erklärt, daß er das realistische Material,
das er poemhaft verarbeitet hat, in einer Fußnote anmerken könne. Mit diesem
Angebot ironisiert Oskar die möglichen Einwände der Leser. Er geht nicht auf
sie ein, indem er die Intention seines Poems expliziert, diese kann der Leser
nur mittelbar aus seiner Charakterisierung von statistisch exakten Darstellungen
ermitteln. Der Hinweis an den Leser gibt zu verstehen, was und wie Oskar vermitteln will, aber er läßt offen, ob dies die einzig angemessene Art der Beschreibung ist, indem er ironisch eine Fußnote "auf Verlangen" anbietet. Oskar
ironisiert hier die Rezeptionshaltung, die dogmatisch auf einem Darstellungsmodus insistiert. [157] Diese Art von Kommentar, Anmerkung und Erklärung des
Ich-Erzählers unterbricht den Handlungsverlauf und lenkt die Aufmerksamkeit
auf die Vermittlungsstruktur, auf die "ästhetische Informationsebene" (Eco) des
Textes selbst. Diese Hinweise können nicht als versteckte Hinweise des Autors
verstanden werden und als Anleitung, wie der Roman zu verstehen ist. Dem widerspricht schon ihre Widersprüchlichkeit im Kontext des Romans. Sie haben
vielmehr eine verunsichernde Wirkung auf den Leser, sie stellen seine möglichen Prämissen und Erwartungen infrage, indem sie darauf eingehen, um sie
dann zu parodieren. Sie verweisen zudem den Leser auf sich selbst, indem sie
seine Beziehung zum Text zur Sprache bringen. Derartige Textstellen können
als 'Knotenpunkte' für die Einleitung einer Meta-Betrachtung des kommunikativen
Prozesses bezeichnet werden. Die kritische Rezeption, die Erkenntnisinteresse
und Vorverständnis im kommunikativen Prozeß verankern muß, wird hier auf die
Reflexion ihrer eigenen Bedingungen gelenkt.

Ein Beispiel für die Korrektur des Ich-Erzählers an der Erinnerung des 'dreijährigen' Oskar bildet folgende Kapiteleinleitung:

"Soeben las ich den zuletzt geschriebenen Absatz noch einmal durch.
Wenn ich auch nicht zufrieden bin, sollte es um so mehr Oskars
Feder sein; denn ihr ist es gelungen, knapp, zusammenfassend,
dann und wann im Sinne einer knapp zusammenfassenden Abhand-
lung zu übertreiben, wenn nicht zu lügen. Ich möchte jedoch bei
der Wahrheit bleiben, Oskars Feder in den Rücken fallen und hier
berichtigen, daß erstens Jan letztes Spiel, das er leider nicht zu
Ende spielen und gewinnen konnte, keinen Grandhand, sondern ein
Karo ohne zwein war, daß zweitens Oskar beim Verlassen der
Briefkammer nicht nur das neue Trommelblech, sondern auch das
geborstene, das mit dem toten Mann ohne Hosenträger und den
Briefen aus dem Wäschekorb gefallen war, an sich nahm." (S. 200)

In der Rolle eines Korrektors beginnt der Ich-Erzähler mit einer positiven Kritik
der Aufzeichnungen Oskars. Dabei widerspricht das Positive der Kritik genau dem,
was den Bericht Oskars kennzeichnet und stellt so indirekt eine Rechtfertigung
des episch breiten Berichts und eine Kritik an kurzen Zusammenfassungen dar.
Mit einem gravitätischen Satzbeginn weist der Ich-Erzähler sich selbst als den
aus, der bei der "Wahrheit" bleiben möchte. Seine folgende Korrektur 'im Dienste der Wahrheit' muß als pedantische Kleinarbeit bezeichnet werden [158], als
eine Widerlegung seiner eigenen Ankündigungen. Erwartete der Leser eine ernsthafte Korrektur an einer schwerwiegenden Aussage, so wird er in dieser Erwartung enttäuscht und verspottet. An diesem Beispiel ist evident, daß nicht der
Autor Oskar moralisierend korrigiert, sondern ein Ich-Erzähler, der mit seiner
Art der Korrektur gleichzeitig den Leser, der eine endgültige Aufklärung, die
Wahrheit im Sinne eines weltanschaulich bedingten und abgesicherten Urteils erwartet, in seinem 'literarischen Weltbild' erschüttert. [159]

Im Blick auf die Stellen, in denen der Ich-Erzähler seinen Bericht in Gestalt einer
Metabetrachtung beurteilt, läßt sich folgende kommunikative Beziehung zwischen
dem Leser und dem Ich-Erzähler (nicht dem literarischen Text) feststellen: Der
Ich-Erzähler eröffnet die Kommunikation durch direkte Anrede, in der er zu den
von ihm dem Leser supponierten Fragen, die den formalen Aufbau oder den Handlungsverlauf des Romans betreffen, Stellung nimmt. In der Ausführung dieser
Stellungnahme verdrängt er den Leser wieder aus der Rolle des Kommunikationspartners, den er ernst nimmt. Er ironisiert die Erwartungen an den Roman und
die scheinbar von ihm zuvor akzeptierte Kritik an seinem Bericht, indem er das
Geschriebene als individuelle Angelegenheit ausgibt und jede Stellungnahme, die
auf intersubjektiven Konsensus bedacht ist, ablehnt. [160]

Neben diesen Stellen gilt es die zu beachten, in denen Oskar dem Leser eine bestimmte Interpretation seines Handelns unterstellt und diese dann abwehrt. Diese
Stellen lassen erkennen, welcher Leser vorausgesetzt wird und welche Rezeptionshaltung provoziert werden soll. [161]

Nach den Episoden, in denen Oskar von seinen Störungen der Maikundgebung berichtete, beurteilt er seine Aktionen:

> "Heute, als Privatpatient einer Heil- und Pflegeanstalt, da das alles
> schon historisch geworden ist, zwar immer noch eifrig, aber als
> kaltes Eisen geschmiedet wird, habe ich den rechten Abstand zu
> meiner Trommelei unter den Tribünen. Nichts liegt mir ferner,
> als in mir wegen der sechs oder sieben zum Platzen gebrachten Kund-
> gebungen, drei oder vier aus dem Schritt getrommelten Aufmärsche
> und Vorbeimärsche, nun einen Widerstandskämpfer zu sehen. Das
> Wort ist reichlich in Mode gekommen. Vom Geist des Widerstandes
> spricht man, von Widerstandskreisen. Man soll den Widerstand
> sogar verinnerlichen können, das nennt man dann: Innere Emigration.
> Ganz zu schweigen von jenen bibelfesten Ehrenmännern, die während
> des Krieges wegen nachlässiger Verdunklung der Schlafzimmerfen-
> ster vom Luftschutzwart eine Geldstrafe aufgebrummt bekamen und
> sich jetzt Widerstandskämpfer nennen, Männer des Widerstandes.

Wir wollen noch einmal einen Blick unter Oskars Tribünen werfen. Hat Oskar denen was vorgetrommelt? Hat er, dem Rat seines Lehrers Bebra folgend, die Handlung an sich gerissen und das Volk vor der Tribüne zum Tanzen gebracht? Hat er dem so schlagfertigen Gauschulungsleiter Löbsack das Konzert vermasselt? Hat er an einem Eintopfsonntag im August des Jahres fünfunddreißig zum erstenmal und später noch einige Male bräunliche Kundgebungen auf einer zwar weißroten, dennoch nicht polnischen Blechtrommel wirbelnd aufgelöst? Das habe ich alles getan, werden Sie zugeben müssen. Bin ich, der Insasse einer Heil- und Pflegeanstalt, deshalb ein Widerstandskämpfer? Ich muß diese Frage verneinen und bitte auch Sie, die sie nicht Insassen von Heil- und Pflegeanstalten sind, in mir nichts anderes als einen etwas eigenbrötlerischen Menschen zu sehen, der aus privaten, dazu ästhetischen Gründen, auch seines Lehrers Bebra Ermahnungen beherzigend, Farbe und Schnitt der Uniformen, Takt und Lautstärke der auf Tribünen üblichen Musik ablehnte und deshalb auf einem bloßen Kinderspielzeug einigen Protest zusammentrommelte." (S. 100)

Der Ich-Erzähler beurteilt aus der Zeitdistanz heraus seine Aktionen bei den Maikundgebungen. Seine erklärte Absicht besteht darin, den Leser davon zu überzeugen, daß er kein Widerstandskämpfer ist. [162] Aufschlußreich ist der Gang der Argumentation, den Oskar einschlägt, um den Leser für seine Meinung zu gewinnen.

Der Text gliedert sich in vier Abschnitte: in dem ersten sagt Oskar, daß er sich nicht als Widerstandskämpfer verstehen kann, nur weil er die Maikundgebungen durch seine Trommelei gestört hat. Die betont umgangssprachliche Formulierung dessen, was er auf den Kundgebungen unternommen hat, verstärkt die Beurteilung dieser Aktionen als nebensächliche. In dem zweiten Abschnitt greift Oskar das Wort "Widerstand" auf und zeigt, in welcher Weise es in den fünfziger Jahren Bedeutung gewonnen hat. Die Beispiele, die er aufzählt, erhellen, daß der Ausweis als Widerstandskämpfer für die Menschen lediglich die Funktion hat, den öffentlichen Ansprüchen zu genügen, d.h. sich verbal der Zeit anzupassen und die Ablehnung des Faschismus durch angebliche Verfolgungen von den Faschisten beweisen zu wollen. Im dritten Abschnitt referiert Oskar als quasi objektiver Betrachter, was er damals tatsächlich getan hat. In diese Betrachtung schließt er den Leser als Zeugen seiner Handlungen ein. Vergleicht man die Beschreibung dieser Aktionen mit den Beispielen, die er aufzählte, um zu zeigen, wer sich in den fünfziger Jahren als Widerstandskämpfer ausgibt, so scheint die Wiederholung seiner Aktionen eine Begründung dafür zu sein, daß er - im Unterschied zu den anderen - mit Recht als Widerstandskämpfer gelten kann. Dies wird unterstützt durch Oskars abschließenden Satz: "Das habe ich alles getan, werden Sie zugeben müssen." In einem letzten Abschnitt greift er dann in Frageform das noch einmal auf, was er oben bereits behauptet hat und begründet seine Ablehnung, als Widerstandskämpfer bezeichnet zu werden, mit einer Erklärung seiner Motive, nämlich daß er aus privaten und ästhetischen Gründen gehandelt hat.

Die Argumentation in diesem Abschnitt bewegt sich auf zwei Ebenen: auf der von Oskars privatem Handeln und auf der der Beurteilung einer geschichtlich-gesellschaftlichen Epoche. Er gibt hier durch den angedeuteten Vergleich die Art des Widerstandes, den die Menschen heute geleistet haben wollen, zu verstehen. Gleichzeitig verlangt er vom Leser, daß er diese Art von Vergleich zwischen Oskar und seiner Umwelt nicht mit den entsprechenden, zeitgemäßen Konsequenzen aufstellen darf, da Oskar immer die Rolle des auf seine individuelle und ästhetische Befriedigung bedachten Menschen spielen will und mit dieser Prämissen beurteilt werden soll. [163] Oskar geht hier also implizit davon aus, daß der Leser in ihm gern einen Widerstandskämpfer sehen würde, mit dem er sich identifizieren könnte. Der Ich-Erzähler trägt also dem 'klassischen' Leser des Bildungsromans Rechnung, um ihm dann die Inadäuquatheit dieses Rezeptionsverhaltens bewußt zu machen. Denn gerade diese auf Identifikation beruhende Rezeption lehnt er ab und zwar nicht, indem er auf der gleichen Ebene argumentiert, auf der der Leser ihn als Widerstandskämpfer einstufen würde, sondern indem er seine Rolle reduziert auf eine außerhalb der Gesellschaft stehende. [164]

Eine Präzisierung dieser These erhält man durch die Rezeption folgender Textstelle:

"Wie habe ich diese im Zeitungspapier Hitze speichernden und spendenden Ziegelsteine beneidet! Noch heute wünsche ich mir, als solch backwarmer Ziegelstein unter den Röcken meiner Großmutter, immer wieder gegen mich selbst ausgetauscht, liegen zu dürfen. Sie werden fragen: Was sucht Oskar unter den Röcken seiner Großmutter? Will er seinen Großvater Koljaiczek nachahmen und sich an der alten Frau vergehen? Sucht er Vergessen, Heimat, das endliche Nirwana? Oskar antwortet: Afrika suchte ich unter den Röcken, womöglich Neapel, das man bekanntlich gesehen haben muß. Da flossen die Ströme zusammen, da war die Wasserscheide, da wehten besondere Winde, da konnte es aber auch windstill sein; da rauschte der Regen, aber man saß im Trocknen, da machten die Schiffe fest oder die Anker wurden gelichtet, da saß neben Oskar der liebe Gott, der es schon immer gerne warm gehabt hat, da putzte der Teufel sein Fernrohr, da spielten Engelchen blinde Kuh; unter den Röcken meiner Großmutter war immer Sommer, auch wenn der Weihnachtsbaum brannte, auch wenn ich Ostereier suchte oder Allerheiligen feierte. Nirgendwo konnte ich ruhiger nach dem Kalender leben als unter den Röcken meiner Großmutter." (S. 101/102)

Der Vergleichspunkt zwischen dieser Stelle und der oben angeführten liegt - äußerlich betrachtet - in Oskars Anrede an den Leser. Oben hatte er den Leser davon überzeugen wollen, daß er kein Widerstandskämpfer ist, indem er jede Vergleichsmöglichkeit zwischen ihm und denen, die sich heute Widerstandskämpfer nennen, abgewehrt hatte. Hier unterstellt er dem Leser die Absicht, Oskars Sehnsucht nach den Röcken der Großmutter in der Interpretation einen gewichtigen Sinn geben zu wollen. Die Antwort, die Oskar auf diesbezügliche, von ihm formulierte Fragen der Leser an sein Verhalten gibt, bildet keine Antwort auf diese

Fragen, keinen Kommunikationsbeitrag, in dem die Prädispositionen aufgegriffen werden, sondern die Beschreibung einer märchenhaft-phantastischen Welt, die durch ihre aus dem Bereich stammenden Bilder den Leser der fünfziger Jahre, der nach dem Faschismus im kirchlich-religiösen Raum eine der wenigen integren, unproblematischen Orientierungsmöglichkeiten sieht, schokkiert. Die Interpretation der Wünsche Oskars als aus einem bestimmten Weltbild resultierend wird unmöglich gemacht. Oskar zerstört die Interpretationskriterien, die von einem bestimmten Sinngehalt ausgehen, die aus dem Text eine präzise und allgemeingültige Weltanschauung ermitteln wollen. [165]

In den Stellen, in denen Oskar sein eigenes Verhalten interpretiert, um andere Interpretationen abzuwehren, wird die Kommunikation Oskars mit dem Leser von ihm eröffnet, um gleichzeitig wieder abgewehrt zu werden. Dieser Vorgang zeigt, daß der Ich-Erzähler sich als einen von der Umwelt und auch vom Leser isolierten Erzähler darstellen will. Von der Umwelt isoliert er sich durch Infantilismus, Trommelei und Glaszersingen, von dem Leser, indem er ihm seine Ablehnung jeglicher Kommunikation mit dem Mittel der permanent mißlingenden Kommunikation zu verstehen gibt. [166] Die Erwartungen des Lesers, die auf eine fixierbare und ungebrochen adaptierbare Weltvorstellung im Roman gerichtet sind, werden enttäuscht. Dem Leser wird durch diese kommunikative Beziehung deutlich, daß seine Erwartungen revisionsbedürftig sind, bzw. daß er seine Erwartungen im Prozeß der kritischen Rezeption überprüfen muß.

3.3.4. Die Form als Organisation und Revision von Sinnbildung.

Ein eigentümliches Merkmal des Romans bilden die zwei verschiedenen und zugleich verbundenen Zeitebenen: eine fixierte Ebene des aus der Heilanstalt berichtenden Ich-Erzählers und eine variierende, die Zeit, über die er berichtet. [167] Dabei verringert sich die Distanz zwischen der Zeit des Berichts und der Zeit des Berichteten so, daß am Ende beide zusammenfallen.

Der Roman beginnt mit der Einführung in die Verhältnisse des Ich-Erzählers, bezogen auf die Zeit, in der er das Betrachtete aufschreibt. So erfährt man im ersten Kapitel etwa, wo er lebt, welche Beziehung er zu seinem Pfleger hat und daß diese Lebensform seinen Bedürfnissen und Wünschen entspricht. Im gleichen Kapitel geht er mit seiner Erzählung in das Jahr 1899 zurück. Von diesem Zeitpunkt an wird das Geschehen des Vorder- und Hintergrundes erzählt, bis die am Anfang angekündigte Zeitspanne ausgefüllt ist. Dieser allgemeine Aufbau ist im Roman aufgegliedert durch die Einteilung in drei Bücher, die wiederum einen signifikanten historischen Zeitpunkt und eine bestimmte Zäsur in Oskars Leben markieren. Der Aufbau erweckt den Eindruck, als handle es sich bei dem Roman um einen episch breiten und chronologischen Lebensbericht des Ich-Erzählers, so wie er es ankündigt:

> "Ich beginne weit vor mir; denn niemand sollte sein Leben beschreiben, der nicht die Geduld aufbringt, vor dem Datieren der eigenen Existenz wenigstens der Hälfte seine Großeltern zu gedenken." (S. 11)

Diese angekündigte und vom großen Aufbau her gesehen fortlaufende Zeit des Berichts wird dementiert durch die Organisation des Geschehens im weiteren Verlauf des Romans. Ihn bestimmt ein ständiger Wechsel zwischen zeitraffendem und zeitdehnendem Erzählstil.[168] Die Abschnitte zwischen den einzelnen Episoden fassen eine Zeitspanne des Vordergrundgeschehens zusammen und in der daran anknüpfenden Episode wird in der Art einer Momtaufnahme ein bestimmter Zeitpunkt herausgegriffen. Die Aufmerksamkeit des Lesers konzentriert sich jetzt auf einen ganz bestimmten Raum und eine ganz bestimmte Personengruppe, von dem (der) in Zeitlupenstil und mit einer Häufung von Details erzählt wird.[169] Sind die zusammenfassenden Abschnitte so formuliert, daß sie als Mittel zur Einleitung eines signifikanten und relevanten Geschehens erscheinen, so wird diese Erwartung aufgehoben durch den Aufbau und den Verlauf der folgenden Episode. [170] In den Episoden wird zumeist ein Beispiel aus den Geschehnissen des Vordergrunds so erzählt, daß nicht die Aktion das wichtige ist, sondern die Reaktion der Menschen bzw. die Gegenstände, an denen sich ihre Reaktion zeigt. Die Handlung verläuft dann nicht als eine vom Autor 'konstruierte', sondern als eine von Objekten 'programmierte'. So wird der Leser vornehmlich mit den Objekten konfrontiert, die das Geschehen ausmachen und leiten.[171] An eine bestimmte subjektive Perspektive des Romans, die in allen Bereichen durchsichtig ist, kann er sich nicht halten. Im Verlauf des bildlichen Erzählens werden Details angeführt, die mit dem unmittelbar Betrachteten nicht in Beziehung stehen, die den Handlungsverlauf verlangsamen bzw. auf einem Punkt verharren lassen.[172] Der Wechsel zwischen zusammenfassendem Bericht und zeitdehnender bzw. zeitanhaltender Episodenführung führt zu ständigen Interferenzen und Revisionen des allgemeinen Zeitgerüsts. Von daher ist eine am kontinuierlichen Handlungsverlauf orientierte Rezeption kaum möglich. Dem Leser wird vielmehr die Rolle des Prüfenden zugewiesen, der damit zu rechnen hat, daß er im Text mit Zweifelhaftem und der Überprüfung Bedürftigem konfrontiert wird. Er nimmt die Rolle des Zweifelnden ein, die Rolle dessen, der Vorbehalte nennt. Das Bedürfnis nach Konsistenzbildung muß er zurückstellen.

Diese wechselhafte, den Handlungsverlauf retardierende und in seiner Kontinuität unterbrechende Form wird intensiviert durch sprachliche Merkmale des Textes. So wechselt der Stil z.B. häufig abrupt: gravitätischer, dozierender Ton verändert sich in eine zynische Aussage. Der Wechsel vollzieht sich teilweise in einem einzigen Satz [173], aber auch von Abschnitt zu Abschnitt.[174] Durch diesen Wechsel werden beide Stilformen revidiert, in ihrer Endgültigkeit aufgebrochen. Eine Festlegung, Fixierung der Rezeption wird dadurch unmöglich.

Der Retardierung des Handlungsverlauf dienen im einzelnen etwa die Milieubeschreibungen, die so konzentriert sind, daß sie in dem jeweiligen Kontext den Primat vor dem Handlungsverlauf haben. Sie lassen den Handlungsverlauf als Funktion für diese Art der Beschreibung erscheinen.[175] Weitere Merkmale für die Retardierung des Handlungsverlaufs bilden etwa die Aufreihung von Ellipsen (Aussparung des Prädikats) [176] oder die assoziativ zu einem Substantiv aufgestellten Wortfelder.[177] Diese "Spracheartistik"[178] hat die Funktion, die Wörter in ihrer Eindeutigkeit infrage zu stellen, ihre fixierte und verhärtete Bedeutung als eine mögliche Interpretation von Welt zu Bewußtsein zu bringen.

Sie hat die Funktion und die Wirkung der "Entautomatisierung der Sprache" (Eco). Merkmale dieser Art, die durch das Wechselhafte in der Form und in der einzelnen sprachlichen Gestaltung die Vielschichtigkeit des Romans ausmachen, bewirken eine Infragestellung und Zweifel gegenüber dem Interesse am bloßen Verlauf des Romangeschehens, an der Eindeutigkeit von Aussagen über scheinbar eindeutige Sachverhalte. Sie zwingen den Leser, die kontinuierliche, bequeme Rezeption zu unterbrechen und ihr eigenes Rezeptionsverhalten zu überprüfen. [179]

Die am Anfang aufgeführten zwei Zeitebenen des Romans müssen nun in ihrer Relation zueinander differenziert werden. Zwar wird aufs Ganze gesehen in den Episoden und den zeitraffenden Abschnitten die Zeit von 1899 bis 1953 dargestellt, aber Erzählzeit und erzählte Zeit wechseln in ihrer Beziehung ständig, so daß der Roman teilweise monoton wirkt, während andere Teile von sprunghaftem Wechsel gekennzeichnet sind. Sieht man diesen Wechsel als Revision der jeweiligen Darstellungsmodi und als Revision des grob festgelegten Zeitgerüsts im Kontext damit, wie Vorder- und Hintergrund verknüpft werden, so ergibt sich für den Roman unter dem Gesichtspunkt der Darstellung von Zeitabläufen folgendes: Während das Vordergrundgeschehen in ständig wechselnder Zeitintensität und Zeitraffung erzählt wird, werden beim Hintergrundgeschehen vorwiegend Fakten genannt und parallelisierend bzw. assoziativ mit dem Vordergrundgeschehen verknüpft. Sie bilden kein eigenes Zeitgerüst. Die drei Gesichtspunkte
- Wechsel von zeitraffendem Bericht und zeitanhaltender Episodenführung,
- parallelisierende (bzw. additive) Verknüpfung von Vorder- und Hintergrund,
- Darstellung der kleinbürgerlichen Ereignissen als bestimmt durch ein Geschehen von Objekten, als Versinnbildlichung ihrer ideologischen Orientierungssysteme dienen jeweils der reziproken Revision: So revidiert der Wechsel in der Darstellung von Zeit das vom Ich-Erzähler am Anfang dargelegte Zeitgerüst, der Hintergrund relativiert das Urteil über das kleinbürgerliche Leben, die Darstellung der kleinbürgerlichen Ideologie revidiert und bestimmt die Bedeutung des fortlaufenden Handlungsverlaufs, indem aus ihr die gleichbleibende Ungleichzeitigkeit des Geschehens zum realgeschichtlichen Kontext erhellt. Diese drei Gesichtspunkte lassen den Schluß zu, daß die Form die Sinnkonstitution im Großen organisiert, eben als Romangeschehen, auf der anderen Seite aber auch revidiert, insofern die formalen Merkmale die Kontinuität des Romangeschehens unterbrechen. [180]

Zu den bisher genannten Merkmalen kommt als entscheidendes Strukturprinzip hinzu, daß die Episoden und zusammenfassenden Berichte unterbrochen werden durch Kommentare, Stellungnahmen und Berichte, die der Ich-Erzähler explizit als aus der Zeitdistanz heraus entstanden definiert und die so die gegebene Zeitdifferenz aufheben. [181] Signalisiert werden diese Kommentare häufig durch den Wechsel von der ersten Person in die dritte Person Singular. [182] Dieser Wechsel von Zeitform und Erzählhaltung verfremdet die im epischen Präteritum vergegenwärtigte Vergangenheit durch Oskars Distanzierung in der Gegenwart. Ebenfalls aufgehoben wird die Zeitdifferenz im letzten Kapitel des ersten Buches, in dem die Märchenform die Ich-Form der Erzählung überbietet. Eine weitere Form der Aufhebung der Zeitdifferenz und Erzählhaltung ist der Wechsel der

Perspektive im letzten Kapitel des zweiten Buches, in dem große Teile als Bericht des Pflegers Bruno Münsterberg über seinen Patienten Oskar ausgewiesen werden. [183] Einen ähnlichen Wechsel der Perspektive bildet die Einfügung der Anklageschrift gegen Oskar, die sein Freund Vittlar verfaßt hat. [184] Die Aufhebung der Zeitdifferenz und der Wechsel der Perspektive an signifikanten Stellen des Romans, nämlich am Ende eines Buches, stehen im gleichen Kontext wie der Wechsel in der formalen Organisation der Zeit, allerdings mit einer bezeichnenden Variante und einer den formalen Wechsel zwischen Zeitraffung und Zeitdehnung intensivierenden Wirkung: sie relativieren die Stellung des Ich-Erzählers selbst und heben jede mögliche Chronologie auf. [185]

Die Aufhebung des chronologischen Verlaufs geschieht auch durch die Erwähnung von Personen, die erst zu einem späteren Zeitpunkt im Zentrum des Romangeschehens stehen oder durch die Nennung von Personen und Ereignissen, die an späterer Stelle Teil von Episoden sind. [186] So treten etwa im ersten Kapitel Klepp und Oskars Anwalt auf, zwei Personen, die erst im dritten Buch konkretisiert werden. Im dritten Kapitel des ersten Buches kommentieren Bruno Münsterberg, Klepp und Vittlar den Tod Koljaiczeks und im vierten Kapitel berichtet Oskar anhand eines Fotoalbums zuerst Gegenwärtiges, schreitet von dort aus in der Zeit zurück, unterbricht dann und beginnt schließlich von neuem mit der Beschreibung der Fotos aus der Zeit der Jahrhundertwende. Er kommentiert die dann folgenden Fotos und geht dabei wieder über den bis dahin episodenmäßig erreichten Zeitpunkt hinaus. Episoden und Teile von Episoden, die als abgeschlossen erscheinen, werden später assoziativ wieder aufgegriffen und teilweise wörtlich wiederholt oder unter einem anderen Aspekt kommentiert und zu dem jeweils aktuellen Geschehen in Beziehung gesetzt. [187]

Mit dieser Verknüpfungs- und Verschachtelungs-Technik wird das Zeitgerüst verdeckt, und es wird ausgeschlossen, daß eine Sache als 'historisch' betrachtet werden kann, als eine Sache, deren Sinn vom Leser 'endgültig' konstituiert ist. Das, was als historisch gilt, soll im Text immer wieder aktualisiert werden und die Sinnkonstitution soll ständig einem neuen Prozeß innerhalb des Rezeptionsverlaufs unterliegen. Aufschlußreich ist in diesem Zusammenhang die Motivführung des Romans. Manche Motive werden zeitweise leitmotivisch eingefügt, um dann aus dem Blickfeld zu geraten und als allein einer bestimmten Zeit des Romansgeschehens angehörig zu erscheinen. Dieses (Vor-)Urteil wird aber widerlegt, wenn die Motive an späterer Stelle wieder ins Zentrum des Romans rücken.

Es ist wichtig, diese formalen Gesichtspunkte in Zusammenhang zu bringen mit der Rolle des Ich-Erzählers und zwar in bezug auf sein Lebensprinzip im Kontext der dargestellten Zeit. Die Skepsis des Ich-Erzählers betrachtet der Leser als eine Skepsis gegenüber kleinbürgerlichen Lebensformen zur Zeit des Faschismus und in der Nachkriegszeit. [188] Die von dieser Grundhaltung bestimmte Erzählung decouvriert die kleinbürgerlichen Verhaltensweisen als Ausdruck der faschistischen Ideologie. Die Darstellung der kleinbürgerlichen Ideologie ist die Darstellung der faschistischen Ideologie. Die Darstellung der Nachkriegsgesellschaft ist die Darstellung des Problems der Vergangenheitsbewältigung. Diese wird aufgezeigt als eine funktional eingesetzte 'Technik' der Menschen, die nur scheinbar eine Verarbeitung des Faschismus und eine Politisierung der Menschen bringt. Der Ich-Erzähler berichtet dies vorwiegend privatisierend. Private Ereignisse werden die Initiatoren des politischen Verhaltens und der Verhältnisse der Zeit. Aus dieser Voraussetzung ergibt sich scheinbar zwangsläufig, daß der Autor den Faschismus ebenso wie das Problem der Vergangenheitsbewältigung zu einem privaten Problem der Kleinbürger bzw. der Nachkriegsgesellschaft reduziert hat. Eine solche schnelle Konsequenz kann allerdings aus folgenden Gründen nicht gezogen werden: Die Zeit des Faschismus wird selektiv dargestellt, indem allein die kleinbürgerlichen Verhältnisse in den Blick kommen. Die Darstellung der Kleinbürger zeigt, daß für diese gesellschaftliche Schicht die Verkürzung gesellschaftspolitisch bedingter Faktoren auf private Sachverhalte charakteristisch, typisch ist. Die Skepsis des Ich-Erzählers richtet sich auf die Lebensform der Kleinbürger, auf ihr Verhaftetsein in einer Ideologie. [189] Als Alternative des Ich-Erzählers gilt seine ins Extrem getriebene privatistische Lebensform, sein Ästhetizismus, seine Flucht. Insofern bildet der Ich-Erzähler eine Karikatur der Kleinbürger. [190] Dies ist jedoch nicht seine einzige Rolle, denn er verbindet gleichzeitig per negationem Vorder- und Hintergrundgeschehen, indem er das Hintergrundgeschehen im Kontext seiner eigenen Handlungen so zur Sprache bring, daß damit die weiteren politischen Problemhorizonte dem Leser präsent werden. Der Ich-Erzähler nimmt zum einen die Rolle der Karikatur der Kleinbürger ein, indem er deren Reduktion von Welt auf Privates ins Extrem treibt. Er weist zum anderen auf politische Probleme hin, die über den unmittelbaren kleinbürgerlichen Raum hinausgehen, indem der sich bewußt indifferent gegenüber öffentlich sanktionierten Ideologien verhält. Oskar veranschaulicht auf diese Weise das Problem der Ideologien als ein politisches. [191]

Das Fehlen einer Alternative zur negierten kleinbürgerlichen Welt macht den Roman autoritätslos in dem Sinne, daß dem Leser keine Problemlösungen präsentie werden durch einen 'auoritären' Erzähler. [192] Diese personale Autoritätslosigkeit findet ihre Entsprechung in der formalen 'Autoritätslosigkeit' in dem Sinne, daß keine bestimmte Form präjudizierenden Charakter hat für die Sinnkonstitution als ganzes. [193] Die Frage nach der Intention des Romans muß verändert werden in die Frage nach der Wirkung, die durch die Verknüpfung von realistischer Darstellung, einem den Prinzipien des Realismus widersprechenden Ich-Erzähler und der Form des Romans hervorgerufen wird. Auf dem Hintergrund dieser Gesichtspunkte läßt sich die Wirkung spezifizieren: Im Roman wird nicht ein Urteil gefällt, nachdem eine explizite Auseinandersetzung mit einem bestimmten Gegne stattgefunden hat, sondern der Roman stellt infrage, ohne einen Gegner eigentlich zu Wort kommen zu lassen. Die Gegner muß der Leser selbst konstituieren. Die Figuren des Romans sind durch Ideologiegläubigkeit bestimmt. Ihre Ideologien werden nicht konkretisiert, indem sie mit anderen abgewogen werden. Vielmehr wird Zweifel an ihnen überhaupt hervorgerufen, indem die kleinbürgerliche Ideologie in ihren gesellschaftlichen Konsequenzen und die am Rande erwähnten Ideologien in ihrer Unzulänglichkeit für eine politische Meinungsbildung gezeigt werden. Die Welt, die dargestellt wird, ist also von bestimmten Gesetzen geprägt und zwar von ideologisch bedingten. Sie ist nicht gesetzlos. Die in ihr bestehenden Gesetze sollen vielmehr zerstört werden. Das Ergebnis dieses Prozesses ist nicht eine neue Gesetzmäßigkeit. Die Alternative ist lediglich eine vom Ich-Erzähler aufgebaute phantastische Welt, die vom Leser nicht als echte Alternative diskutiert werden kann. Die Erwartungshaltung, daß im Roman alternative Möglichkeiten im Sinne fertiger Systeme den Leser überzeugen sollen, wird abgewiesen. Das Urteil wird letztlich dem Leser überlassen, aber nicht so, daß er ohne Anhaltspunkte zu urteilen hätte. Der Roman veranschaulicht keine politisch dezidierte Meinung, wohl aber Kriterien zur Urteilsfindung und zu politischer Meinungsbildung, indem er aus der Animosität gegen jegliche Form konformer Meinungsbildung die ständige Revision und Überprüfunge des jeweils konstituierten Urteils provoziert.

Ausgehend von dem Erkenntnisinteresse, das in der Frage nach den gesellschafspolitisch relevanten Aspekten, die im Rezeptionsprozeß anschaulich werden, besteht, lassen sich abschließend folgende Thesen formulieren:
- Fragt man nach der Darstellung der Zeit des Faschismus und seiner Aufarbeitung in der Nachkriegsgesellschaft, so ergibt sich, daß dieses Problem als ein ideologisches, nicht als ein unmittelbar politisch-soziologisches behandelt wird. Daraus erklärt sich zum Teil die Beschränkung auf die Darstellung des Kleinbürgertums und auf die Probleme der Faschismus-Bewältigung. Die soziologischen Aspekte haben lediglich funktionalen Wert für die Darstellung des ideologischen Problems.
- Fragt man nach der Begründung für diese Selektion im allgemeinen Entstehungskontext, so zeigt sich, daß das Problem des Faschismus für die Zeit der Nachkriegsgesellschaft primär ein Problem der ideologischen Bewältigung wurde.
- Veranschaulicht wird im Roman also das Problem der Ideologien als ein Problem, das aus seiner defizienten Behandlung in der Nachkriegszeit und aus der negativen Konsequenz in der Zeit des Faschismus zu einem gesellschafspolitisch relevanten Problem wird.
- Urteile werden nicht gefällt im Sinne der Priorisierung einer zu den dargestellten Lebensformen kontrastiven Lebensform, wohl aber im Blick auf die Zeit des Faschismus und der Nachkriegsgesellschaft. Wenn geurteilt wird, wird vorwiegend negativ geurteilt.
- Der Roman ruft einen Prozeß der Urteilsfindung hervor, der durch Skepsis und Zweifel gegen konforme Meinungen und Urteile geprägt ist. Bedingung eines solchen Prozesses ist aber aufseiten des Lesers, daß er sich auf eine kritische Rezeption des Romans einläßt. Denn - wie viele Rezensionen und Urteile über den Roman zeigen - die Wirkung kann auch gerade aufgrund der rigorosen Infragestellung von Positionen zu einer Verhärtung der präkommunikativen Leser-Position führen, dies vor allem in den fünfziger Jahren, wo die wiedergefundene Stabilität der Orientierungssysteme als quasi heiliger Wert galt.

3.4. Die Verweigerung der Kommunkation als Folge einer skeptischen Lebensform (Schlußbetrachtung).

Man muß die "Blechtrommel" von ihrer Gegenständlichkeit her als realistischen Roman beurteilen, wenn man folgende Äußerung Walsers als Kriterium für die Beurteilung des Realismus gelten läßt: "Ich glaube, jede realistische Darstellung des Dritten Reiches <u>muß</u> bis in unsere Zeit hineinreichen, sie <u>muß</u> die Charaktere den historischen Provokationen von damals aussetzen, zeigen, wie die Charaktere damals handelten und wie sie heute handeln. Man kann nicht annehmen, ein Volk ändere sich, bessere sich gar, wie ein Schüler sich in Latein bessern kann."[194] Der Roman umfaßt - von der dargestellten Zeitspanne her geurteilt - die Zeit von 1899 bis 1953, also sowohl die Jahre vor dem Faschismus als auch die Zeit danach, die Jahre, in denen die Bundesrepublik gegründet wurde.

Über diese Feststellung hinaus wurde die These entwickelt, daß die Zeit des Faschismus nicht so betrachtet wird, daß sie als die dunkle Vergangenheit im Kontrast zur hellen Gegenwart erscheint, sondern daß sie als Problem der im Roman gegenwärtigen Zeit der fünfziger Jahre aktualisiert wird.[195] Diese These, daß der Faschismus als Problem - nicht als Funktion - der Gegenwart vermittelt wird, kann nicht allein 'quantitativ' aus dem Roman belegt werden, sondern vor allem im Blick darauf, wie die Zeit des Faschismus durch den Ich-Erzähler des Romans konkretisiert wird und in der Konfrontation damit, wie der Faschismus in der Zeit, in der der Roman geschrieben wurde, in der Bundesrepublik verarbeitet wurde.

Die Darstellung des Faschismus im Roman wurde ausführlich behandelt. Sie soll hier nur noch einmal kurz zusammenfassend wiederholt werden. Durch die spezifische Art der Verbindung von Vorder- und Hintergrundgeschehen ist das Vordergrundgeschehen auf der einen Seite als ungleichzeitige Lebensform deutlich. Gleichzeitig wird die Relevanz dieser Ungleichzeitigkeit im Kontext der gesellschaftlichen Entwicklung zur Zeit des Faschismus ausgewiesen. Mit der Gestalt des Ich-Erzählers als dem Strukturprinzip des Romans und durch die damit gegebenen zeitverschiedenen reflektierenden Abschnitte werden die Jahre des Faschismus auf die Nachkriegszeit hin transparent. Das im Vordergrund des Romans jeweils aktuelle Geschehen muß auf seine Deutung bezogen werden, was heißt, auf seine Interpretation und Verarbeitung in den fünfziger Jahren. In Ergänzung zu dieser Form in Buch eins und zwei handelt das dritte Buch, das die Zeit von 1945 bis 1953 umfaßt, vornehmlich von dem Problem der Aufarbeitung der Vergangenheit. Die neuen Symbol- und Orientierungssysteme der Nachkriegsgesellschaft werden durch sprachliche Analogie zu denen der faschistischen Zeit als nur formal neue präzisiert.

Konfrontiert man dies nun mit der faktischen Verarbeitung des Faschismus in der Bundesrepublik, so ergibt sich: In der Zeit nach dem Zusammenbruch von 1945 waren die sozialistischen und radikal-demokratischen Kräfte in Deutschland dominierend. Auf diese Grußpen und ihre Aktionen geht der Autor in seinem Roman nicht ein. Aus dieser Negativ-Feststellung folgt, daß der Roman nicht als historisch-chronologische Rekonstruktion der dargestellten Epoche in narrativer Vermittlungsform gelten kann. Im Roman liegt der Akzent vielmehr auf der Betrachtung der Menschen, die die faschistische Zeit als etwas Normales empfunden haben und die die Nachkriegszeit ebenfalls als etwas Normales empfinden. Das Problem der Vergangenheitsbewältigung wird so zu einem Problem der inneren Einstellung, mit der es gelingen muß, in der Verurteilung der früher akzeptierten Normalität die Vergangenheit aus der Erinnerung zu verdrängen, ohne ihre politische Implikation erkannt zu haben, und die gegenwärtige Zeit als das 'total Andere' zu erklären, ohne die Ursachen für diese Verurteilung und neue Einstellung zu bewältigen. Dieser Komplex wird aber nicht so konkretisiert, daß die Ursachen des Faschismus und die Notwendigkeit seiner Verdrängung als im Bereich der damaligen und der bestehenden Gesellschaftsstruktur und ihrer sozioökonomischen Bedingungen liegend ausgewiesen werden. Vielmehr reduziert der Autor die Betrachtung des Faschismus auf das Problem seiner Bewältigung. Der Leser muß seine Aufmerksamkeit auf die Symbol- und Orientierungssysteme der Menschen lenken unter dem Aspekt, inwieweit sie ideologisch verhärtet sind. Dieser Beschränkung des Problems auf ein ideologisches korrespondiert die Aufarbeitung des Faschismus, wie sie vor allem in den fünfziger Jahren stattfand. Dieser Bezug macht deutlich, daß der Autor in seiner selektiven Behandlung geprägt ist von seiner Zeit und auf diese reagiert, indem nämlich nicht die Ursachen des Faschismus in der Gesellschaftsstruktur und die Ursachen der unzureichenden Vergangenheitsbewältigung in der abgeblockten Veränderung der Gesellschaftsstruktur gesucht werden. [196]

Erklärt man die Selektion im Problembereich als ein Produkt der Entstehungszeit, so kann man jedoch nicht unmittelbar folgern, daß der Autor in gleicher Weise, wie es in den fünfziger Jahren üblich war, die Aufarbeitung der Vergangenheit konkretisiert und damit der Indeologie seiner Zeit verhaftet wäre. Dies hieße das Vorverständnis über die Zeit zum Vorurteil gegen den Autor erheben. Zudem widerspricht dem die Betrachtung der Zeit innerhalb dieser Selektion, wie sie der Roman bietet. Die faktische Verarbeitung der Vergangenheit kristallisiert sich in moralisierenden Äußerungen über die Geistlosigkeit und Primitivität des Faschismus und über die Notwendigkeit seiner moralischen Verurteilung, um der Erneuerung des Geistes willen. Der Faschismus wurde so faktisch zum Betriebsunfall in der deutschen Geschichte deklariert, er war die "ins Verderben führende Ideologie".

In der "Blechtrommel" führt die Reduktion des Faschismus auf ein ideologisches Problem allerdings zu anderen Wesensbestimmungen des Faschismus und zu anderen Konsequenzen, was seine Aufarbeitung betrifft. Der Faschismus ist hier nicht die ins Verderben führende Ideologie und die Vergangenheit ist nicht bewältigt mit dem Appell, den Faschismus zu verurteilen und sich auf den wirtschaftlichen und kulturellen Wiederaufbau im Sinne einer Restauration zu konzentrieren. Im Blick auf das Problem der Ideologie und ihrer Herrschaftsstrukturen handelt es sich in der "Blechtrommel" vielmehr um ein Problem, das die Zeit des Faschismus und der Bundesrepublik gleichermaßen betrifft. Nicht die Verurteilung der faschistischen Ideologie allein, sondern der Angriff auf alles Ideologische ist die Konsequenz des Romans aus seiner Beschränkung auf das Ideologische. [197]

Im Roman wird gezeigt, daß die Verhaltens- und Denkmuster der Menschen im Faschismus und in der Bundesrepublik in einer historischen Kontinuität stehen.

Sie sind hier wie dort dadurch gekennzeichnet, daß sie sich einer offiziellen Meinung anpassen, sie adaptieren und zu ihrer eigenen machen, ohne die Vorgeschichte und die Implikationen einer derart herrschenden Meinung zu kennen und abzuwägen. Im Roman wird dies anschaulich durch die Erweiterung der realistischen Welt des Bestehenden um die phantastische Komponente des Ich-Erzählers. Der Ich-Erzähler, der sich durch keinerlei Erfahrungen einschränken lassen will, erzählt seine Beobachtungen so, daß durch das wiedergegebene Sprachrepertoire die Fixiertheit der Romangestalten auf eingespielte Muster durchsichtig wird. Ihre Sprache ist immobil wie die Gegenstände. Als Korrektiv und Gegenmodell rauht der Ich-Erzähler die bestehenden Sprachmuster auf. Er setzt ihrer Eindeutigkeit und Verhärtung eine Ambiguität der Bedeutung entgegen. Aufgrund dieses Relativierens der Bedeutung von Wörtern, Sätzen und Urteilen (Meinungen) wird die Beschreibung des Bestehenden überschritten, die Dimension der Betrachtung erweitert. Es wird als mehrseitig deutbar präsent. [198] Der Relativierung der Meinungen und dem Ausweis dieser Meinungen als Ideologien folgt (bzw. geht voran) keine Konkretion des gesellschaftspolitischen Ursprungs und Kontextes dieser Ideologien. Der Skepsis gegenüber den bestehenden Meinungen wird vom Ich-Erzähler nur die Provokation einer phantastischen Szenerie entgegengesetzt. Diese Skepsis des Ich-Erzählers und seine Alternative, durch Kommunikationsverweigerung sich zu isolieren und nur mit einem Gegenstand, der Blechtrommel, zu 'kommunizieren', sind die wesentlichen Gesichtspunkte, die an dieser Stelle noch einmal pointiert mit dem praktisch-emanzipatorischen Erkenntnisinteresse der kritischen Rezeption vermittelt werden.

Die Frage danach, inwieweit der Roman wirklichkeitsbildende Funktion und Wirkung hat, muß ausgehen von dem 'Appell' des Romans, kompromißlos alles infrage zu stellen und von der im Roman fehlenden Alternative im Blick auf Lösungen ideologisch bedingter Situationen. Durch die Darstellung der bestehenden Kommunikationsformen als verzerrter und durch die Alternative der Skepsis gegenüber diesen Kommunikationsformen, die als Konsequenz die Kommunikationsverweigerung hat, konzentriert sich im Rezeptionsprozeß die Frage nach der Konstitution des Textsinnes auf das Problem der Kommunikationsformen der Gesellschaft. Die Reflexion über dieses Problem ist präjudiziert durch die Technik des Romans. Sie wiederum ist gekennzeichnet durch die ständige Revision und Infragestellung des als abgeschlossen Erscheinenden. In ihr werden Vorschläge präsentiert, um sie sogleich wieder zurückzunehmen. [199]

Das praktische Interesse an dem Roman kann an dieser Stelle der Rezeption konkretisiert werden als die in ihm implizite Initiation eines Reflexionsprozesses über die bestehenden gesellschaftlichen Kommunikationsformen, denn der Roman lenkt durch seine Veranschaulichung der öffentlich verzerrten Kommunikation und durch die provokative Alternative der Skepsis, verbunden mit Kommunikationsverweigerung, den Leser auf dieses Problem und gleichzeitig erkennt der Leser dieses Problem als einen Aspekt seines Vorverständnisses. Vermittelt der Leser den Rezeptionsprozeß 'metakommunikativ' mit seiner gesellschaftlichen Situation, so erkennt er, daß zwar im Roman lediglich das Bestehende konkretisiert wird, daß der Text aber mit dieser Konkretion antizipativ wirkt im Blick auf den Problemhorizont des Lesers, d.h. für die Meta-Kommunikation der Rezeption. Denn über die Konkretion des Bestehenden wird die Notwendigkeit der Veränderung erkannt. Die Skepsis des Ich-Erzählers ist dem Leser als Ausgangsbasis für die Reflexion und Veränderung der Kommunikationsformen verwehrt durch ihre Grenze in der Kommunikationsverweigerung. Der Nutzen der Skepsis, nämlich die Verhältnisse zu betrachten, ohne sich einer bestehenden Interpretation der Verhältnisse anzupassen, wird relativiert durch die vom Ich-Erzähler praktizierte Kommunikationsverweigerung. Von der Rezeption des Romans ausgehend, muß in einer Reflexion über diese gesagt werden, daß die Skepsis notwendig in Kritik umgewandelt werden muß, um die Möglichkeiten der Veränderungen, deren Notwendigkeit aus dem Roman erhellt, zu finden. Geschieht dies, so müssen die im Roman vorhandenen und zeitbedingten Selektionen aufgegeben werden; denn die Veränderung von Kommunikationsformen muß korrelieren mit einer Veränderung der Gesellschaftsstruktur. Die Reflexion über Kommunikationsformen muß begleitet sein von einer Reflexion über die Gesellschaftsformen. Daß dies nicht im Roman selbst konkretisiert wird, soll nicht und kann nicht zu einem negativen Urteil über den Roman führen, wenn man nicht von dem Postulat der Totalität ausgehen will. Es ist aber ein Indiz dafür, daß der Roman nicht auto-potent im umfassenden Sinne gesellschaftskritisch wirkt, sondern daß, stellt man an die Literatur und ihre Rezeption einen wirklichkeitsbildenden Anspruch, eine kritische Rezeption und die mit ihr verbundene Meta-Betrachtung des Rezeptionsprozesses notwendig ist. [200]

Die oben als zeitbedingt ausgewiesene Selektion im Blick auf die Gegenständlichkeit des Romans muß ergänzt werden um die Erkenntnis des Darstellungsprinzips des Romans als zeitbedingt: als Korrektiv der Konsolidierung und Restauration in den fünfziger Jahren wird hier die Revision des Bestehenden zum Programm gemacht und nicht die Kritik, die die Relativität der Ideologien an geschlossenen Gegenkonzepten veranschaulicht und so das Ende der Verabsolutierung einer Ideologie durch Kommunikation zu erreichen versucht. [201]

Die Unmöglichkeit der Aufarbeitung der Vergangenheit und damit der Bewältigung der Gegenwart durch prinzipielle Skepsis wird im Roman angezeigt, indem die Grenzen der Skepsis in der Verweigerung der Kommunikation evident werden. Das Prinzip, das Bestehende zu revidieren, das im Ganzen die Technik des Romans qualifiziert, verfehlt sein eigenes Ziel, die Aufarbeitung der Vergangenheit als Stimulus für die Gegenwart, wenn es nicht durch eine Reflexion ergänzt wird, die die aktuelle Revision in einen theoretischen Rahmen stellt, der die Revision begründet. Den Rahmen, der die Revision im Roman als begründete ausweist, bilden die ideologisch verzerrten Kommunikationsformen. In der Vermittlung dieser Begründung mit der gesellschaftlichen Situation, in der der Roman Gegenstand der Rezeption ist, muß der Begründungsrahmen notwendigerweise ergänzt werden. Der Roman hat zwar den Erfahrungs- und Erkenntnishorizont auf das Problem der Kommunikationsformen gelenkt, um aber nicht einer falschen Fixierung auf diesen Aspekt zu verfallen, die der Roman von sich aus nicht verhindert, muß der Leser diese Begrenztheit erkennen und die Rezeptionserkenntnisse meta-kommunikativ vermitteln mit seiner gesellschaftlichen Stellung, nur so wirkt der Roman wirklichkeitsbildend und emanzipatorisch.

ANMERKUNGEN

Teil 1

1) Winckler, Entstehung und Funktion des literarischen Marktes, S.65; cf. zu diesem Problemkomplex allgemein z.B. auch Arnold (Hg.), Literaturbetrieb in Deutschland.

2) Löwenthal, Das gesellschaftliche Bewußtsein in der Literaturwissenschaft, S.31; cf. zu einem sozialpolitischen Erklärungsmodell für die Auffassung der Kunst als autonomer: Adorno, Ohne Leitbild, S.108: "Der Glaube an ein Material als solches ward seinerseits aus der Kunstgewerbereligion der vorgeblich edlen Stoffe übernommen; stets noch geistert er in der autonomen Kunst. An ihn schloß sich die Idee der materialgerechten Konstruktion an. Ihm korrespondiert ein undialektischer Schönheitsbegriff, der die autome Kunst als Naturschutzpark einfriedet." und Adorno, Ästhetische Theorie, S.265: "Die Idee der Dauer der Werke ist Besitzkategorien nachgebildet, bürgerlich ephemer ...".

3) P. Bürger, Zur Methode. Notizen zu einer dialektischen Literaturwissenschaft, S.9/10.

4) Cf. Hohendahl, Literaturkritik und Öffentlichkeit, S.38, der die gegenwärtige Krise der Literaturkritik aus einer historischen Analyse der Stellung der Literaturkritik bestimmt: "Kurz, das kulturelle System, das herkömmliche Literaturkritik immer als naturgegeben betrachtet, muß .. selbst Gegenstand der Kritik werden, denn dieses System verschleiert seine gesellschaftlichen Bedingungen."

5) Cf. Szondi, Über philologische Erkenntnis, S.27: "Das Verfahren einer Literaturwissenschaft, die sich die Prämissen ihrer Erkenntnisweise bewußt gemacht hat ... wird nicht ungenauer, sondern genauer; nicht unverbindlicher, sondern überhaupt erst verbindlich." cf. auch aaO, S.12: "Das philologische Wissen darf also gerade um seines Gegenstandes willen nicht zum Wissen gerinnen."

6) Cf. Hohendahl, aaO, passim, der in seiner historischen Analyse aufzeigt, wie die Literaturkritik, je nach ihren Bedingungen und ihrem Selbstverständnis, der Gefahr des Autoritären, Dogmatischen und auf der anderen Seite des Willkürlichen, Subjektiv-Unverbindlichen verfällt.

7) Jauß, Literaturgeschichte als Provokation der Literaturwissenschaft, S.169.. Cf. zu Jauß' Programm einer Rezeptions- und Wirkungsästhetik auch seine beiden Aufsätze "Racines und Goethes Iphigenie. Mit einem Nachwort über die Partialität der rezeptionsästhetischen Methode" und "Kleine Apologie der ästhetischen Erfahrung", in denen er sein Programm ergänzt bzw. modifiziert.

8) Cf. Jauß, Literaturgeschichte als Provokation der Literaturwissenschaft, S. 179. "Der Ereigniszusammenhang der Literatur wird primär im Erwartungshorizont der literarischen Erfahrung zeitgenössischer und späterer Leser, Kritiker und Autoren vermittelt."

9)   Gadamer, Wahrheit und Methode, S. 284.

10) Cf. zum Problem der Wirkungsgeschichte bei Gadamer seine Ausführungen
     in "Wahrheit und Methode", S. 284-299. Jauß will bis zu dem Punkt mit Ga-
     damers Prinzip der Wirkungsgeschichte übereinstimmen, "wo Gadamer den
     Begriff des Klassischen zum Prototyp aller geschichtlichen Vermittlung der
     Vergangenheit mit Gegenwart erheben will." (Jauß, aaO, S. 186).

11) Jauß, aaO, S. 174.

12) Winckler, aaO, S. 13/14; eine ähnliche kritische Anmerkung macht Grim-
     miger, Das intellektuelle Subjekt der Literaturwissenschaft, S. 37. Im Ge-
     gensatz zu Wincklers rigorosem Urteil gesteht er Jauß den Versuch zu,
     "die besondere Arbeit der intellektuellen Elite mit den allgemeinen Erwar-
     tungshorizonten des Kulturbetriebes" zu vermitteln. Cf. auch Jauß, Kleine
     Apologie der ästhetischen Erfahrung, S. 11, wo er sein eigenes Konzept im
     Blick auf dieses Problem kritisiert: "Schließlich sei zugestanden, daß auch
     die Rezeptionsästhetik, die ich selbst mit vertrete, sich bisher allenfalls
     im Blick auf die Konsumliteratur oder auf den Horizontwandel von der ur-
     sprünglichen Naivität zur genießbaren Vertrautheit des sogenannten Mei-
     sterwerks mit dem Problem (scil. des Kunstgenusses) befaßt hat, im übri-
     gen aber ästhetische Reflexion als Grundlage aller Rezeption vorausge-
     setzt und damit an der überraschend einmütigen Askese teilnimmt, die sich
     die Kunstwissenschaft gegenüber der primären Erfahrung auferlegt hat."

13) Eine Wirkungsgeschichte, wie Winckler sie offenbar im Auge hat, könnte
     heutzutage nur allgemein konzeptualisiert werden, da sie auf intensive in-
     terdisziplinäre Arbeit angewiesen wäre. Die Notwendigkeit interdiszipli-
     närer Arbeit wird sich auch an dieser Arbeit zeigen. Es nutzt aber wenig,
     die Forderung nach interdisziplinärer Arbeit aufzustellen, ohne zu bestim-
     men, wie und wo sie einzusetzen hat. - Zurecht weist Mandelkow, Proble-
     me der Wirkungsgeschichte, daraufhin, daß der Begriff der Wirkungsge-
     schichte zumeist in dem engeren Sinne von Urteils- und Rezeptionsgeschich-
     te verstanden und verwendet wird und daß bei einer Ausweitung des Begriffs
     die Wirkungsgeschichte im extremen Falle "zur allgemeinen Kulturgeschich-
     te überhaupt in der Totalität ihrer Aspekte" (S. 83) werden muß, in der die
     Rezeptions- und Wirkungsgeschichte der Literatur zu einer "Hilfsdisziplin
     im Schnittpunkt einer ganzen Reihe von Wissenschaftsdisziplinen" (S. 83)
     wird. Eine andere Bestimmung der Begriffe Wirkung und Rezeption schlägt
     Jauß, Racines und Goethes Iphigenie, S. 33, vor: "Wirkung benennt das vom
     Text bedingte, Rezeption das vom Adressaten bedingte Element der Konkre-
     tisation oder Traditionsbildung." In dieser Arbeit werden die Begriffe Re-
     zeption und Wirkung im engen Sinne verstanden. Aus theoretischen Gründen
     (s. u.) kann die strikte Trennung zwischen Rezeption und Wirkung im Sinne
     Jauß' nicht vollzogen werden. Rezeption und Wirkung sind also hier in ihrer
     Bedeutung vergleichbar, wobei Rezeption mehr die Leserseite bezeich-
     net, Wirkung mehr (nicht ausschließlich) die Textseite. Cf. zu dieser Be-
     griffsbestimmung auch Naumann, Literatur und Probleme ihrer Rezeption,
     S. 229, der bei unterschiedlicher Definition der beiden Begriffe gleichzeitig
     die Beziehung zwischen Rezeption und Wirkung betont.

14) Weimann, aaO, S.32

15) Jauß, Literaturgeschichte als Provokation der Literaturwissenschaft, S.117; cf. auch Jauß, aaO, S.178.

16) Jauß, aaO, S.183 (bei Jauß kursiv gedruckt).

17) Benjamin, Literaturgeschichte und Literaturwissenschaft, S. 456.

18) Jauß, aaO, S.207.

19) Jauß bestimmt genauer den gesellschaftsbildenden und emanzipatorischen Wert von Literatur in seinem Aufsatz "Racines und Goethes Iphigenie", S.44, wo er sagt, daß die Literatur zwar eine "Sinnenklave inmitten der Alltagsrealität" darstelle, daß ihre Relevanz aber davon abhänge, ob in dieser Enklave "habitualisierte oder zu Normen verfestigte Erwartungen durch ästhetische Erfahrung eingelöst oder überschritten, dadurch thematisiert, bestätigt oder problematisiert werden." Zu der Relevanzbestimmung der Literatur als einer Problematisierung von Normen cf. auch Ecos Charakterisierung der "Avantgarde", Eco, Das offene Kunstwerk, S.281: "Sie (scil. die "Avantgarde") ist diejenige Kunst, die um die Welt zu erfassen, zu ihr hinabsteigt, aus ihr die Bedingungen der Krise aufnimmt und, um sie zu beschreiben, dieselbe entfremdete Sprache verwendet, in der diese Welt sich ausdrückt: indem sie aber diese Sprache transparent macht, sie als Form der Darstellung herausstellt, tut sie das uns Entfremdende von ihr ab und befähigt uns, sie zu demystifizieren. Das kann der Anfang des Handelns werden."

20) Cf. vor allem Iser, Die Appellstruktur der Texte; cf. auch Iser, Der implizite Leser.

21) Cf. Iser, Die Appellstruktur der Texte, S.5.

22) Iser, aaO, S.6.

23) Iser, aaO, S.7. Zu den Theorien, die den mimetischen Realitätsbezug der Texte zum Ansatzpunkt der Theorie machen, sagt Iser: "Es gehört zu den schier unaustilgbaren Naivitäten der Literaturbetrachtung, zu meinen, Texte bildeten Wirklichkeiten ab. Die Wirklichkeit der Texte ist immer erst eine von ihnen konstituierte und damit Reaktion auf Wirklichkeit." (aaO, S.11). Es wird unten gezeigt werden, daß der Wirklichkeitsbezug der Texte differenzierter zu verhandeln ist, als Iser das hier tut.

24) Dabei bezieht er sich auf Austins Sprechakttheorie und dessen Unterscheidung von "language of statement" und "language of performance"; cf. Austin, How to do Things with Words, S.1 ff; cf. Iser aaO, S.10.

25) Iser, aaO, S.11.

26) Iser, aaO, S.13.

27) Cf. Iser, aaO, S.16; cf. auch, Iser, Der implizite Leser, S.8.

28) Iser, Die Appellstruktur der Texte, S.14. Diesen Begriff übernimmt Iser von Ingarden, cf. Ingarden, Das literarische Kunstwerk, S.261 ff.

29) Iser, aaO, S.14.

30) Iser, aaO, S.14.

31) Cf. Iser, aaO, S.15.

32) Iser, aaO S.34.

33) Iser, aaO, S.33/34; Cf. dagegen Eco, aaO, S.55, der von der Dialektik zwischen Intention des Textes und seiner strukturellen Offenheit ausgeht.

34) Cf. Benjamin, Das Kunstwerk im Zeitalter seiner technischen Reproduzierbarkeit, S.21, der die rituale Funktion der Kunst gegeben sah, als Echtheit noch ein Maßstab für Kunst war und der mit ihrer technischen Reproduzierbarkeit und der damit verbundenen neuen Rezeptionsform von der Notwendigkeit der Verpflichtung auf die Politik spricht. - Die Beziehung soll hier lediglich zeigen, welche tendenziellen Folgen eine derartige Individualisierung der Rezeption haben kann.

35) Cf. zu der Frage, warum die Rezeptionsästhetik in den letzten Jahren in den Mittelpunkt des Interesses tritt auch Hohendahl (Hg.), Sozialgeschichte und Wirkungsästhetik, daraus Hohendahls Einleitung, bes. S.15 f.

36) Eco, Einführung in die Semiotik, S.33 (bei Exo kursiv gedruckt). - Wenn im Folgenden semiotische und strukturalistische Konzeptionen angesprochen werden, so haben diese im Kontext dieser Untersuchung lediglich heuristischen Wert für die Explikation dieses Konzeptes. Es soll hier keine Diskussion der semiotischen und strukturalistischen Theorien geführt werden; dies würde den Rahmen der Arbeit sprengen. Die grundsätzliche Differenz dieses Konzepts zu einem semiotischen bzw. strukturalistischen Ansatz in der Literaturwissenschaft dürfte implizit deutlich werden.

37) Zum Begriff der 'kritischen' Theorie cf. Horkheimer, Traditionelle und kritische Theorie. Nachtrag, S.192 und S.196. Wenn im Folgenden von einer kritischen Rezeption gesprochen wird, so wird Kritik in dem umfassenden Sinne von 'gesellschaftskritisch' und 'praxisbezogen' verstanden. Der Begriff der kritischen Rezeption wäre also mißverstanden, wenn er als ein neuer Ausdruck für den gängigen Begriff der Literaturkritik gehalten würde.

38) Eco, aaO, S.19. Das Problem läßt sich auch mit Habermas' Grundbedingungen der Kommunikation dahingehend formulieren, daß zu den allgemeinsten Bedingungen der Kommunikation gehört, daß die Ebene der Intersubjektivität und die Ebene der Gegenstände erfüllt sind (cf. Habermas, Vorbereitende Bemerkungen zu einer Theorie der kommunikativen Kompetenz, S.105). Der Bezug zu Habermas bedeutet hier nicht, daß literarische Kommunikation in die Formen und Bedingungen umgangssprachlicher Kommunikation eingegliedert werden soll; denn dann müßten die Bedingungen der Intersubjektivität, die Habermas spezifiziert, in dem Modell literarischer

Kommunikation, zumindest partiell, enthalten sein. Diese Übernahme wiederum ist aufgrund der Doppelstruktur literarischer Text als Medium und als Kommunikationspartner nicht möglich. Häufig wird in den Abhandlungen zu dem Problem der literarischen Kommunikation die mediale Komponente der Literatur übersehen (so z.B. bei Georg Just, Darstellung und Appell in der "Blechtrommel" von Günter Grass; s.u.).

39) Mukařovský, Ästhetische Funktion, Norm und ästhetischer Wert als soziale Fakten, S.89/90.

40) Cf. zum Begriff der "Entautomatisierung" Eco, aaO, S.164. Der Begriff der Entautomatisierung der Sprache im Kunstwerk wird hier immer auf den Prozeß der literarischen Kommunikation bezogen und nicht - wie bei Eco - primär als eine prinzipielle Leistung der Kunst verstanden, die allen Rezipienten zugänglich ist.

41) So die grundlegende Unterscheidung von Habermas; cf. Habermas, Vorbereitende Bemerkungen zu einer Theorie der kommunikativen Kompetenz, S.114 - 22 ("Kommunikatives Handeln und Diskurs - die beiden Formen umgangssprachlicher Kommunikation").

42) Cf. Eco, aaO, S.145/146: "Die Botschaft hat eine ästhetische Funktion, wenn sie sich als zweideutig strukturiert darstellt und wenn sie sich auf sich selbst beziehend (autoreflexiv) erscheint, d.h. wenn sie die Aufmerksamkeit des Empfängers vor allem auf ihre eigene Form lenken will."

43) Dabei meint der Begriff des "ästhetischen Zeichengebildes" hier - in Abgrenzung von den rein semiotisch-strukturalistischen Bestimmungen, die formal bleiben - immer beides, nämlich ihren Charakter als spezifisch ästhetische Äußerung und ihren Charakter als gesellschaftlich bestimmte Äußerung; cf. auch die Definition von Weimann, aaO, S.328/329; cf. außerdem Ch. Bürger, Textanalyse als Ideologiekritik, S.57.

44) In dem Konflikt zwischen zwei Werten, nämlich dem des Kunstwerks und dem des Lesers, sieht Mukařovský die primäre Funktion der Kunst; cf. Mukařovský, aaO, S.104: "... in der Regel sind die im Kunstwerk enthaltenen Werte sowohl in ihrem Verhältnis zueinander als auch in ihrer jeweiligen Qualität einigermaßen verschieden von der Struktur der für das Kollektiv gültigen Werte. Es entsteht eine wechselseitige Spannung, und hierin liegt der eigentliche Sinn der Wirkung der Kunst." Cf. zu dem Problem des Wechselverhältnisses zwischen der werk- und leserbedingten Seite Naumann, aaO, S.229, der darin einen "Spezialfall der allgemeinen Dialektik der Aneignung" sieht.

45) Weimann, aaO, S.131; die Notwendigkeit, Literaturkritik als Teil des literaturwissenschaftlichen Aufgabenbereichs zu bestimmen, erhellt auch aus Hohendahls Charakterisierung der gegenwärtigen Literaturkritik, cf. Hohendahl, aaO, S.43: "Die problematische Vermittlungsaufgabe zwischen einem komplexen, von einem entwickelten Bewußtsein entworfenen Werk und einer zerklüfteten, ungleichmäßig informierten Leserschaft nehmen die

Kritiker selten ernst, weil sie eine Vermittlungsaufgabe a priori für unmöglich halten."

46) Cf. z.B. Brechts Ausführungen zu dem Begriff der Verfremdung in seinen "Schriften zum Theater", Bd.1, S. 360: "Verfremdung als ein Verstehen (verstehen - nicht verstehen - verstehen) als eine Negation der Negation." S. 301: "Was ist Verfremdung? Einen Vorgang oder einen Charakter verfremden heißt zunächst einfach, dem Vorgang oder dem Charakter das Selbstverständliche, Bekannte, Einleuchtende zu nehmen und über ihn Staunen und Neugierde zu erzeugen." S. 341: "Der Zweck dieser Technik des Verfremdungseffekts war es, dem Zuschauer eine untersuchende, kritische Haltung gegenüber dem darzustellenden Vorgang zu verleihen." - Zum Begriff der Verfremdung in der Theorie der russischen Formalisten, seiner zunehmenden formalistischen Verengung in dieser Theorie cf. Striedter (Hg.), Texte der russischen Formalisten I, Vorwort, S. IX-LXXXIII, besonders S. XXIII.

47) Dies soll nicht dahingehend verstanden werden, daß in dem Konzept der kritischen Rezeption jede genießende Haltung gegenüber Kunst rigide diffamiert wird. Vielmehr soll hier dem Doppelcharakter von emotiver und kognitiver Rezeption Rechnung getragen werden; cf. dazu auch Jauß' Bestimmung der Ebenen, auf denen sich "Freisetzung durch ästhetische Erfahrung" vollziehen kann; Jauß, Kleine Apologie der ästhetischen Erfahrung, S. 13.

48) P. Bürger, aaO, S. 18.

49) Weimann, aaO, S. 340/341.

50) Hier muß in einem weiten Begriff von Wirkungsgeschichte die Frage nach den sozio-kulturellen und sozio-ökonomischen Bedingungen einer kritischen Rezeption detailliert behandelt werden. Diese primär soziologische Fragestellung soll hier und muß hier ausgelassen werden. Sie indiziert, wo eine interdisziplinäre Arbeit sinnvollerweise einzusetzen hätte. - Die Wirkung des Romans soll in dieser Arbeit anhand von Rezensionen, Aufsätzen etc. zum Roman ermittelt werden. Sie wird in der Untersuchung vornehmlich in Anmerkungen dargestellt (bzw. auf die entsprechenden Aussagen wird verwiesen). Ausgewählt wurden von den zahlreichen Rezensionen die - nach Auskunft der literarischen Dependance des Luchterhand-Verlages, wo die Rezensionen geordnet und klassifiziert sind - repräsentativen Rezensionen und Aufsätze und einige Untersuchungen zum Roman, die Teil von Abhandlungen zum modernen Roman der Gegenwart sind.

51) Metscher, Ästhetik als Abbildtheorie, S. 940.

52) Cf. Habermas, Theorie und Praxis, S. 9/10.

53) Zu dem Stellenwert der vorgängigen Reflexion cf. Szondi, aaO, S. 27: "Sie (scil. die Auslegung) versucht, den statischen Zusammenhang des Faktischen, den die Verzettelung zu Belegen allemal zerreißt, in der Rekonstruktion des Enststehungsvorgangs dynamisch nachzuvollziehen. Für diese Rekonstruktion werden die Fakten sowohl zu Wegweisern als auch zu Warnungen vor

Irrwegen. Keines der Fakten darf übersehen werden, soll die Rekonstruktion Evidenz gewinnen. Evidenz aber ist das adäquate Kriterium, dem sich die philologische Erkenntnis zu unterwerfen hat. In der Evidenz wird die Sprache der Tatsachen weder überhört, noch in ihrer Verdinglichung mißverstanden, sondern als subjektiv bedingte und in der Erkenntnis subjektiv vermittelte vernommen, also allererst in ihrer wahren Objektivität.

54) Damit ist die heute oft auftretende Alternative zwischen einer 'Realismus-theorie' und einer 'ästhetischen Theorie' aufgehoben durch die Bestimmung des Zeichencharakters der Kunst als ästhetisch und geschichtlich-gesellschaftlich bestimmt. - Für das Problem des Verhältnisses von Darstellungs- und Rezeptionsästhetik heißt dies, daß jede rezeptionsästhetische Arbeit 'darstellungsästhetische' Betrachtungen integrieren muß, allerdings mit dem gravierenden Unterschied, daß das bisher ungeklärte Verhältnis von Darstellung des Textes und Beziehung des Interpreten zum Text jetzt problematisiert und expliziert wird.

55) Cf. Naumann, aaO, S. 228, der von einer "Rezeptionsvorgabe" des Werkes spricht, die nicht "von sich aus" wirkt, "sondern nur vermittelt über die 'tätigen Subjekte', die sie rezipieren."

56) Cf. Brecht, Schriften zur Literatur und Kunst, Bd. 2, S. 527: "Die Form eines Kunstwerks ist nichts als die vollkommene Organisierung seines Inhalts, ihr Wert daher völlig abhängig von diesem."

57) Benjamin, Der Autor als Produzent, S. 98; cf. auch Weimann, aaO, S. 331: "Die gestaltete Form ist zugleich gehaltliche Form und als solche immer auf eine konkrete entstehungs- und wirkungsgeschichtliche Situation bezogen. Diese Form ist nicht nur Teil eines ästhetischen Systems, sie ist ein Moment ästhetischen Tuns; nicht nur Struktur (wie das Phonem), sondern Ereignis (wie der Satz). Sie dient zweifach: im System von Zeichen und als Instrument der Kommunikation."

58) Cf. zu diesem Problemkomplex Adorno, Standort des Erzählers im zeitgenössischen Roman, passim.

59) Cf. Günther, Funktionsanalyse der Literatur, S. 177. Cf. dazu auch Naumann, aaO, S. 224, der die allgemeine Intention des Werkes mit dem Begriff der "Reptionsvorgabe" bestimmt, die nur vermittelt über die Rezipienten zur Wirkung kommt.

60) Eco, aaO, S. 166.

61) Habermas, Der Universalitätsanspruch der Hermeneutik, S. 122/123; cf. auch Habermas, Erkenntnis und Interesse, S. 228: "Gleichwohl ist Sachlichkeit des hermeneutischen Verstehens in dem Maße zu erreichen, als das verstehende Subjekt über die kommunikative Aneignung der fremden Objektiviationen sich selbst in seinem eigenen Bildungsprozeß durchschauen lernt. Eine Interpretation kann die Sache nur in dem Verhältnis treffen und durchdringen, in dem der Interpret diese Sache und zugleich sich selbst als Momente des beide gleichermaßen umfassenden und ermöglichenden Zusammenhangs reflektiert."

62) Habermas, Erkenntnis und Interesse, S.158.

63) Habermas, aaO, S.164; cf. auch Habermas, Zur Logik der Sozialwissenschaften, Kp.8.

64) Cf. zu dem allgemeinen Problem der Ideologiekritik innerhalb der Interpretation literarischer Texte Mecklenburg, Kritisches Interpretieren,
S.107.

65) Marcuse, Philosophie und kritische Theorie, S.107.

66) Cf. zu der Frage nach Ideologie und Utopie und ihren Interferenzen in der
Kunst vor allem Bloch, Das Prinzip Hoffnung, Bd.1, S.174 ff; cf. auch
Jauß, Literarische Tradition und gegenwärtiges Bewußtsein der Moderni-
tät, S.66.

67) Unter Ideologie wird hier immer "gesellschaftlich notwendiges falsches
Bewußtsein" verstanden, cf. Adorno, Meinung, Wahn, Gesellschaft, S.161;
cf. auch Schnädelbach, Was ist Ideologie? Versuch einer Begriffsklärung.
S.71 ff.

68) Dabei dürfte deutlich geworden sein, daß der Begriff der Vermittlung sich
auf den mimetischen Aspekt der Literatur bezieht und als ein terminus
technicus der Theorie der medialen Kommunikation übernommen wird. Es
handelt sich somit nicht um eine 'unreflektierte darstellungsästhetische
Rede von der ästhetischem Vermittlung' (cf. Just, aaO, S.224).

69) Damit ist gleichzeitig der Bereich der Untersuchung eingeschränkt. So wird
z.B. die Diskussion um die literarische Einordnung des Romans und seine
literarischen Vorbilder nicht geführt werden. Cf. zu diesem Problem z.B.
Diederich, Strukturen des Schelmischen im modernen deutschen Roman;
Ritter, Fearful Comedy. The Fiction of Joseph Heller and Günter Grass
and the Social Surrealist Genre; Durzak, Der deutsche Roman im zwanzigsten Jahrhundert; Thomas/van der Will, Der deutsche Roman und die Wohlstandsgesellschaft.

70) In bezug auf die Gestalt Oskar Matzeraths werden nicht alle im Roman vorhandenen Züge dieser Gestalt untersucht, so z.B. wird nicht weiter einge-
gangen auf seine Selbstdefinition als "Christus", auf seine Beziehungen zum
Katholizismus und auf seine sexuellen Beziehungen zu Lina Greff, Maria
und den Krankenschwestern. Nicht die vollständige Untersuchung des Romans ist das Ziel dieser Arbeit, sondern die Darstellung eines Modells
der kritischen Rezeption dieses Romans.

71) Just, Darstellung und Appell in der "Blechtrommel" von Günter Grass.
Darstellungsästhetik versus Wirkungsästhetik, S.1.

72) Just, aaO, S.16.

73) Just, aaO, S.17.

74) Just, aaO, S. 19/20. Just bezieht sich hier implizit auf Mukařovskýs Versuch einer Soziologie der ästhetischen Norm und auf seine Frage nach der Bestimmung des Verhältnisses von ästhetischer Norm, kollektivem Bewußtsein und ästhetischer Wirkung.

75) Just, aaO, S. 46/47.

76) Cf. das Kapitel "Analyse der Erzählereinleitung", S. 39-45.

77) Just, aaO, S. 48. Just bezieht sich hier, wie in seiner gesamten Arbeit, auf Mukařovskýs Theorie. Gleichzeitig setzt er Mukařovskýs Theorie in Beziehung zu Habermas' Theorie der umgangssprachlichen Kommunikation (cf. Just, aaO, S. 39/40). - Wie problematisch es ist, literarische Kommunikation mit den Bedingungen umgangssprachlicher Kommunikation zu bestimmen, wurde oben diskutiert. Den Unterschied zwischen literarischer Kommunikation und umgangssprachlicher Kommunikation sieht Just vor allem in dem fehlenden Situationsbezug der literarischen Texte. - Diesen Situationsbezug herzustellen, erachtet er als die vordringliche Aufgabe des Lesers (cf. Just, aaO S. 10/11). Es ist zwar richtig, daß der literarischen Kommunikation im Vergleich zur umgangssprachlichen der Situationsbezug fehlt, aber dieses Defizit kann vom Leser nicht in dem Sinne ausgefüllt werden, daß die Bedingungen der Intersubjektivität in der literarischen Kommunikation in der Weise erfüllt sind wie in der umgangssprachlichen. Vielmehr wird der Situationsbezug der Texte primär determiniert durch ihren medialen Charakter und erst unter dieser Voraussetzung kann der Leser einen 'aktuellen' Situationsbezug herzustellen versuchen.

78) Just, aaO, S. 48/49.

79) In seiner späteren Analyse führt Just dies dann auch als Eigenart der Erzählergestalt an (cf. Just, aaO, S. 90).

80) Cf. Just, aaO, S. 49/50: "Wenn als eine Bedingung der Möglichkeit kritischer Wirkung auf seiten des Lesers ein kleinbürgerlicher Erwartungshorizont angesetzt wurde, so bedeutet das nicht, daß 'Nicht-Kleinbürger' die kritische Intention des Romans notwendig verfehlen müßten. Es bedeutet aber, daß ein solcher Leser während der Lektüre kleinbürgerliche Einstellungen (simulierend) parat-halten muß." Just konzediert darüber hinaus eine andersgeartete kritische Wirkung des Romans für "Nicht-Kleinbürger": "Ein ganz andersgearteter kritischer Effekt könnte sich gleichwohl auch für ihn ergeben: seine eigene kritische Einstellung beispielsweise gegenüber der kleinbürgerlichen Ideologie (bzw. einzelnen ihrer Erscheinungsformen) könnte ihn aufgrund der Affirmation, die er durch das Werk erhält, als eine allgemein notwendige bewußt werden. Der kritische Effekt bestände also in der Überschreitung der bloß 'privaten' Meinung auf eine allgemein verbindliche Einstellung hin. Wir werden diesen Aspekt in unserer Arbeit außer acht lassen - obwohl er sich anbietet, um die etwas kurzschlüssige Korrelation von 'Negativität' und 'kritischen Effekt' zu relativieren und obwohl er die darstellungsästhetisch zentrale Problematik der Vermittlung von Allgemeinem und Besonderem wirkungsästhetisch berei-

chern könnte." Der programmatische Entschluß, den zuletzt genannten
Gesichtspunkt und seine theoretischen Implikationen außer acht zu lassen,
bildet m. E. nicht eine legitime Schwerpunktsetzung in Justs Arbeit, sondern indiziert eine Schwierigkeit in seinem theoretischen und praktischen
Programm. Es wird sich zeigen, daß Just diesen Gesichtspunkt bezeichnenderweise auch nur solange außer acht lassen kann, wie er sich einer eigenen kritischen Rezeptionshaltung zu enthalten versucht, dies aber aufgibt,
wenn er die Intentionalität des Textes unter gesellschaftskritischem Aspekt
betrachtet (cf. dazu das Kapitel "Das Motiv der Schwarzen Köchin. Zur
Ideologie des Werkes").

81) Cf. Just, aaO, S. 61: "Die 'realistischen' Verfahren der 'Blechtrommel' ...
      wären ... als Erfüllung der ästhetischen Norm unterer sozialer Schichten
      anzusehen. Wäre die realistische Tendenz in der 'Blechtrommel' dominant,
      so könnte sie nur noch von diesen sozialen Schichten ästhetisch rezipiert
      werden; der nächst höheren Schicht müßte sie als veraltet, als epigonal, d.h.
      als Erfüllung einer längst vergangenen ästhetischen Norm erscheinen." Die-
      ses Urteil wird m. E. entscheidend durch die tatsächliche Wirkung der
      "Blechtrommel", vor allem auch im Bürgertum, infrage gestellt. Zu dem
      theoretischen Bezug von Justs Aussagen cf. Mukařovskýs Theorie des Ver-
      hältnisses von gesellschaftlicher Morphologie und ästhetischer Entwicklung
      (Mukařovsky, aaO, S. 59 ff).

82) Just sagt zwar, daß sich sein Erkenntnisinteresse auf die Intentionalität
      eines literarischen Textes bezieht und nicht auf seine tatsächlich, empirisch
      festzustellende Wirkung (cf. aaO, S. 4), aber sein Anspruch, den Begriff
      des Erwartungshorizontes, der von Jauß übernommen wird, im Unterschied
      zu Jauß zu operationalisieren, wird kaum eingelöst, wenn er diesen vor-
      nehmlich aus der Gegenständlichkeit des Textes konstruiert. Hier setzt
      m. E. die Notwendigkeit ein, soziologische Forschungsprogramme in die
      eigene Aufgabe aufzunehmen.

83) Just, aaO, S. 49.

84) Just, aaO, S. 21.

85) Cf. Just, aaO, S. 21. Die Folgen einer derartigen Verpflichtung auf Isers
      Modell zeigen sich in der praktischen Analyse, cf. z.B. Just, aaO, S. 134.
      Es besteht bei ihm die Tendenz, die Wirkung des Textes hauptsächlich von
      seinen formalen Elementen her zu untersuchen, dabei kommt aber der vom
      'Romaninhalt' gegebene Problemkomplex zu kurz. Zudem läuft ein der-
      artiges Verfahren Gefahr, Form und Inhalt, entgegen der theoretischen
      Einsicht, in der praktischen Analyse wieder zu trennen.

86) Cf. Just, aaO, S. 22.

87) Cf. dazu z.B. S. 73, S. 56, S. 103.

88) Cf. Just, S. 32: "Daß wir in unserer Untersuchung primär von wirkungsästhetischen Fragestellungen ausgehen, widerspricht nicht unserer Forde-
rungen nach einer theoretischen Synthese beider (scil. darstellungs- und
wirkungsästhetischer) ästhetischer Richtungen. Die Bevorzugung des wirkungsästhetischen Modells ist bedingt durch unser Untersuchungsobjekt:
"Die Blechtrommel", ein literarisches Werk aus der Mitte des XX. Jahrhunderts."

Teil 2

1) Horn, Zur Sozialpsychologie des Faschismus, S. 67; eine ausführliche Studie über die Kleinbürger im Faschismus unter sozialpsychologischen Aspekten, die die Konzeption dieses Kapitels geprägt hat, gibt Fromm in "Die
Furcht vor der Freiheit".

2) Cf. Fromm, Die Furcht vor der Freiheit, S. 206: "Die Furcht vor dem Iso-
liertsein und eine relative Schwäche moralischer Grundsätze erleichtern
es jeder Partei - sobald sie erst einmal die Staatsmacht errungen hat - die
Untertanentreue eines großen Bevölkerungsteiles für sich zu gewinnen."

3) Cf. Kühnl, Formen bürgerlicher Herrschaft. Liberalismus - Faschismus,
S. 84.

4) Cf. Fromm, aaO, S. 211: "Die zunehmende soziale Verelendung rief in den
Gemütern eine 'psychische Projektion' hervor, die von großer Bedeutung
für die Ausbreitung des Nationalsozialismus wurde. Anstatt seine wirtschaft-
liche und soziale Lage klar ins Auge zu fassen, begann der Mittelstand sein
Schicksal in dem der Nation zu spiegeln. Die nationale Niederlage und der
Vertrag von Versailles wurden zu Symbolen der eigenen Verelendung."

5) Cf. Kühnl, aaO, S. 85.

6) Cf. Westphal, Psychologische Theorien über den Faschismus, S. 35, der einen Zusammenhang zwischen der Führerideologie, der Gemeinschaftsideologie und der autoritären Erziehung konstatiert.

7) Entsprechend äußerte sich Hitler in einer Rede vom 27. 1. 1932 vor dem
Düsseldorfer Industrieklub: "... eine Organisation, erfüllt von eminente-
stem nationalem Gefühl, aufgebaut auf dem Gedanken einer absoluten Autorität der Führung auf allen Gebieten, in allen Instanzen - die einzige Partei, die in sich nicht nur den internationalen, sondern auch den demokratischen Gedanken restlos überwunden hat, die in ihrer ganzen Organisation
nur Verantwortlichkeit, Befehl und Gehorsam kennt und die damit zum
erstenmal in das politische Leben Deutschlands eine Millionenerscheinung
eingliedert, die nach dem Leistungsprinzip aufgebaut ist." Zit. in: Kühnl,
aaO, S. 88.

8) Horn, aaO, S. 69; cf. auch Kofler, Der asketische Eros. Industriekultur
und Ideologie, S. 244: "Die Erscheinung der Pauperisierung reflektiert der
Kleinbürger als im Individuellen beschlossen und als bloße Gefährdung, die

es subjektiv zu überwinden gilt; nur am Rande ahnt er und gibt er die Rolle der objektiven Umstände zu. Die Sozialgesetzgebung nimmt er hin als ein Geschenk des Staates." Zu den Ursachen der Reaktion der Kleinbürger auf die faschistische Entwicklung cf. auch Bloch, Der Faschismus als Erscheinungsform der Ungleichzeitigkeit, bes. S. 188 ff.

9) Cf. dazu Kühnl, aaO, S. 112-130.

10) Cf. Kühnl, aaO, S. 91 und Fromm, aaO, S. 214.

11) Cf. Kühnl, aaO, S. 93/94.

12) Cf. Fromm, aaO, S. 286.

13) Cf. Horn, aaO, S. 69: "Die Juden erschienen als das Wesen dieser Gesellschaft, obgleich sie nur die Repräsentanten der Vermittlung waren, nur die Fassade des Geldes, das diese Vermittlungsfunktion hat, abgaben; das Bewußtsein der Antisemiten reichte aber nicht hinter diese Fassade. Der angebliche Charakter der Juden wurde für das Wesen der als böse empfundenen Sache genommen."

14) Horn, aaO, S. 69.

15) Cf. Horn, aaO, S. 69.

16) Cf. Horn, aaO, S. 70: "Die Erfahrung genormter und industrieller Arbeitsvorgänge bietet in der Regel keinen Zugang zu einer Interpretation der Realität als eines sinnvollen Ganzen. Somit wird den mittleren und unteren Schichten infolge ihrer allgemeinen Arbeitserfahrung die Annahme nahegelegt, die Realität sei deshalb undurchschaubar und geheimnisvoll, weil die Juden als Drahtzieher des Bösen in der Welt in einen vernünftigen, sinnvollen Ablauf der Dinge ständig verschwörerisch eingriffen."

17) Horn, aaO, S. 71.

18) Horn, aaO, S. 71/72.

19) Cf. Horn, aaO, S. 72: "Die deutschen Bürger waren Untertanen des Obrigkeitsstaates geblieben, hatten nur die soziale, aber nicht die politische Herrschaft errungen."

20) Cf. Horn, aaO, S. 76: "Die Juden zu hetzen, war gleichbedeutend mit dem In-Ruhe-Lassen der gesellschaftlichen Verhältnisse, gegen die man eigentlich aufbegehrte."

21) Cf. Fromm, aaO, S. 220.

22) Cf. Benjamin, Theorien des deutschen Faschismus, S. 135/136.

23) Kühnl, aaO, S. 96.

24) Z.B. die Leitsätze des sozialdemokratischen Parteiführers Kurt Schuhmacher zum Wirtschaftsprogramm (cf. Kühnl, Deutschland zwischen Demokratie und Faschismus, S. 67) und die "Kölner Leitsätze" der Christdemokraten vom Juni 1947 (cf. Flechtheim (Hg.), Dokumente zur parteipolitischen Entwicklung in Deutschland seit 1945, 3. Bd., S. 34).

25) Cf. Kühnl, aaO, S. 67.

26) Cf. Kühnl, aaO, S. 70. Zur hessischen Landesverfassung, der wohl progressivsten im westdeutschen Bereich, cf. Hohlfeld, Dokumente der deutschen Politik und Geschichte. Deutschland nach dem Zusammenbruch 1945, S. 177-203.

27) Cf. Kühnl, aaO, S. 73.

28) Cf. Kühnl, aaO, S. 35.

29) Zit. in: Kühnl, aaO, S. 80.

30) So wurde z. B. die Ausführung der Sozialisierung, wie sie der nordrhein-westfälische Landtag beschlossen hatte, von der Besatzungsmacht verboten.

31) Kühnl, aaO, S. 80/81.

32) Zu dem Begriff der Sozialintegration cf. Habermas, Legitimationsprobleme im Spätkapitalismus, S. 14 ff.

33) Adorno, Was bedeutet: Aufarbeitung der Vergangenheit?, S. 125.

34) Cf. Mitscherlich, Die Unfähigkeit zu trauern, z. B. S. 40 ff.

35) Adorno, aaO, S. 128.

36) Adorno, aaO, S. 129.

37) Adorno, aaO, S. 135; cf. auch, Horn, Zur Formierung der Innerlichkeit, S. 334.

38) Cf. Horn, aaO, S. 341: "Gerade in dieser Verfeinerung der Herrschaftsausübung unterscheidet sich die Formierte Gesellschaft vom nationalsozialistischen Regime. Der Terror ist partiell humanisiert, d. h. rationalisiert: das ist das eigentlich Neue."

39) Adorno, aaO, S. 139; cf. auch Horn, aaO, S. 317: "Freiheit ist die Vorstellung, daß ein jeder bereit sein müsse, dem aggressiven Ganzen alles zu opfern. Politik, das waren Trauben, die den deutschen Kleinbürgern zu hoch hingen... Dieses Opfer der Selbstbestimmung blieb die entscheidende Determinante des innenpolitischen Klimas hierzulande."

Vorbemerkung zu den Anmerkungen von Teil 3.

Sowohl in den Anmerkungen als auch im Text wird aus der vollständig unveränderten Taschenbuchausgabe der "Blechtrommel" zitiert, da diese allgemein leichter zugänglich ist.

Die Absicht, Thesen bzw. Behauptungen zum Text der "Blechtommel", die in diesem Teil aufgestellt werden, möglichst präzise und umfassend zu belegen - durch Texte - konkurrierte mit der Notwendigkeit, den Umfang der Untersuchung zu begrenzen.

Das Verfahren, das im folgenden gewählt wurde, versucht, beide Aspekte zu berücksichtigen. Belegstellen aus der "Blechtrommel" wurden nicht einfach durch die Angabe der entsprechenden Seite nachgewiesen, ebenso wenig durch den kompletten Nachdruck der Zitate. Die Belege wurden jeweils - auch, um die Nachprüfung zu erleichtern - durch ihre einleitenden und abschließenden Worte gekennzeichnet, z.B. S.135: "Markus kannte den Leo...vollendet glänzte."

1) Cf. Schefter Ferguson, Die Blechtrommel von Günter Grass, S.37/38.

2) Cf. Schefter Ferguson, aaO, S.55: "Großmutter, Umgebung und Röcke bilden eine Einheit, die ganz in sich selber ruht und unabhängig von der restlichen Welt zu existieren scheinen. Immer wieder wird die Großmutter zu diesem kaschubischen Acker zurückkehren und noch am Ende des Romans dort in unveränderlichem Zustand leben. Bei ihr zeigt sich die Abhängigkeit von den Dingen als eine natürliche Lebensweise. Sie gewährt ihr Unabhängigkeit vom Wechsel der Zeit und damit eine Art zu beobachten, die dem zeitlichen Geschehen zeitlose Form gibt." Es ist für die Interpretationsweise Schefter Fergusons bezeichnend, daß sie die Gestalt der Großmutter reduziert auf diesen Gesichtspunkt und dabei außer acht läßt, daß die Großmutter sowohl als quasi zeitlose Gestalt als aber auch in die Zeit und ihre politischen Verhältnisse verstrickt gezeigt wird.
Zur Farbe der Röcke cf. Wieser, Günter Grass, S.21; cf. auch das Gedicht von Günter Grass, "Askese".

3) Es ist bezeichnend für den Roman, daß das, was eigentlich gemeint ist, nicht explizit-begrifflich gesagt wird, sondern daß psychische Gegebenheiten auf den Bereich der Dinge, Farben übertragen werden. Erst durch die Bedeutung der Dinge, hier v.a. Farben (weiß/rot) konstituiert sich dem Leser der Sinn. Cf. dazu auch Just, Darstellung und Appell in der "Blechtrommel" von Günter Grass, S.127 und S.138 ff, der die Farben bei Grass als "objektive Korrelate" bezeichnet.

4) Anders: Schefter Ferguson, aaO, S.68.

5) Cf. zu der Ungleichzeitigkeit des Bauernstandes konfrontierend Bloch, Der Faschismus als Erscheinungsform der Ungleichzeitigkeit, S.183-185.

6) Eine derartige Erklärung der finanziellen Lage mit privaten Eigenschaften und Fähigkeiten der Gestalten ist typisch für den Roman; cf. z.B. auch S.215: "Wenn er im Geschäft...auf dem Großmarkt eignete..."; S.393: "Sie, die seit einigen Monaten...als Kassiererin gefunden hatte...".

7) Cf. Subiotto, Günter Grass, S.217: "The historical framework in which the personal lives are embedded is conveyed in these novels by the technique of the 'aside' inserted in the apparently fictional narrative, and is already evident in 'Die Blechtrommel'." Subiotto beschreibt zwar das Verhältnis von Vorder- und Hintergrundgeschehen in ähnlicher Weise, aber es bleibt bei ihm unklar, welcher Stellenwert dieser Art der Beziehung im Blick auf die Rezeption des Romans zukommt.

8) Cf. dazu Grass' Äußerung in einem Interview: "Ich bin auf die Oberfläche angewiesen, ich gehe vom Betastbaren, Fühlbaren, Riechbaren aus." Zit. in: Schwarz, Der Erzähler Günter Grass, S.120; cf. auch Wieser, aaO, S.27 und S.29, der dies als kennzeichnend für Grass ausweist und es vor allem an seiner Lyrik überprüft.

9) Der für die fiktive Welt entscheidende Begriff "kleinbürgerlich" tritt im Ganzen dreimal im Text auf: S.46: "Matzeraths korrektes, mitteleuropäisches... die gewaltsame Spitze ab."; S.252: "Wenn ich auch zugeben... muffig kleinbürgerlicher Umgebung sammelte...".

10) In semiotischer Terminologie könnte man diese Strategie des Textes als eine Art "Ideolekt des Werkes" bezeichnen; cf. Eco, Einführung in die Semitiok, S.154 f.

11) Cf. dazu auch S.32: "...Jan verkaufte einen Teil...nachkommen zu können..."; S.56: "Mama, der mehrere...Matzerath daraus vorzulesen."; S.57: "Meine schon damals... einen Lehrstuhl spekulierte."

12) Diese Charakteranlage von Agnes wird z.B. auch in der Episode sichtbar, in der von Oskars Glaszersingen an seinem vierten Geburtstag erzählt wird, cf. S.53: "Mama, die trotz...rief sie fingerschnalzend...".

13) Die gleichen Bedürfnisse charakterisieren signifikanterweise auch Maria im dritten Buch des Romans, cf. S.213: "Heute ist Maria...sie sich eleganter."

14) Dieses Verhalten ist für die kleinbürgerlichen Frauen-Gestalten des Romans typisch, cf. z.B. auch S.150: "Als Mutter Truczinski...dachte Mutter Truczinski...".

15) Anders: Schefter Ferguson, aaO, S.132; anders auch Just, aaO, S.137 der sagt, daß Agnes einen "Ekel" vor dem Dreiecksverhältnis empfindet, d.h. daß sie ihre eigenen Defizite durchschaut.

16) Die eindeutige Klassifizierung von Kunst als Kompensationsmittel, wie sie hier und im dritten Buch des Romans episodenhaft dargestellt wird, wird relativiert durch Oskars Bemerkung, S.228: "Merkwürdigerweise erwartete ich...tatsächliche Leben."

17) In einer semiotisch ausgerichteten Fragestellung müßte man hier die Informationsebene des Textes spezifizieren; cf. Eco, aaO, S.150, der in Anlehnung und Erweiterung an(von) Max Bense eine Klassifikation der Informationsebenen in einer ästhetischen Botschaft aufstellt.

18) Die Moralvorstellungen der Gestalten werden im Roman nicht begrifflich-explizit, als Katalog aufgezeigt, sondern - wie es für die Erzählweise des Romans typisch ist - indirekt, z.B. durch die Darstellung der Beziehung zu den Gegenständen und durch die Schilderung der Situationen, die durch Verletzung der internalisierten Moral hervorgerufen werden.

19) Cf. Baumgart, Kleinbürgertum und Realismus, S.656: "Diese Figuren werden vom Erzähler nicht umsonst so oft wie automatisch, marionettenhaft, mit Stummfilmdrastik bewegt. Sie spielen ihre Parts, ihre Bürgerrollen nur noch mit tickhafter Pedanterie nach." Cf. auch S.292 und S.293/294, wo gesagt wird, daß der Tod ihres Bruders Fritz Maria "fromm macht". Religion wird hier zum Stabilisierungsmittel, sie verdrängt die Frage nach der Ursache des Leidens.

20) Cf. auch S.243, wo diese Auffassung von Ehe in ironischem Ton zusammengefaßt wird: "Auch Lina Greff...Natur beliebt war."

21) Cf. Schefter Ferguson, aaO, S.107/108 und Schwarz, aaO, S.36.

22) Bei dem Ehepaar Greff und Scheffler und in der Ehe Maria - Alfred Matzerath handelt es sich um die gleiche Ehesituation. Zu den Ehepaaren Greff und Scheffler cf. Kp.3.1.6., zu Maria und Alfred Matzerath cf. z.B. S.215: "Bald durfte es...voll und ganz beschäftigt."

23) Cf. z.B. auch S.88 ff, wo ein Sonntagsausflug geschildert wird.

24) Cf. Durzak, Der deutsche Roman der Gegenwart, S.125: "Aber wie sehr der Infantilismus von Oskars Perspektive nur ein Instrument ist, das Oskar gegen die Realität verwendet, bezeugt der hohe Reflexionsgrad, der seine Erzählweise auf der anderen Seite begleitet."

25) Von Jan Bronskis Berufsleben wird nur in humoristisch-satirischer Weise erzählt, welches Verhältnis er zu seinem Beruf von "frühester Jugend" an hatte, cf. S.31: "Er sammelte schon...immer behutsames Verhältnis."; cf. auch S.59: "Er sei Beamter in...Staat ihn korrekt."

26) Dies wird im Text nicht episodenhaft breit dargestellt, cf. lediglich die Bemerkung Jan Bronskis zu Matzerath, S.59: "Schließlich sei er...Sprache im Elternhaus...".

27) Jan Bronskis Schwanken zwischen Beamtenpflicht und Flucht als Verlust der 'Identität' wird evident in der Beschreibung seines Zweifels bei jeder Haltestelle des Busses; cf. S.177: "Nachdem ich bemerken...und rauchte-dabei."

28) Dieser heuristische Bezug zu Eco muß allerdings weiter differenziert werden, wenn der Ich-Erzähler und die mit ihm gegebene Perspektive ganz im Zentrum des Interesses stehen.

29) Neben dieser Bedeutung des Photos als Ausdruck von Klischeehaftem und Stereotypem cf. auch Oskars Bemerkung zu der Bedeutung von Photoalben für seinen Bericht: S.37/38: "Was auf dieser...die Originale nachliefern." Cf. auch Grass, Hochwasser, S.27: "Ein Mensch ohne Fotoalbum ist ein Sarg ohne Deckel."

30) Zu dem Verhältnis von Jan Bronski und Agnes Matzerath cf. auch Oskars abschließendes Résumee im Anschluß an Agnes Matzeraths Beerdigung, S.131: "Bei aller Berechnung...zu tief war."

31) Cf. Höllerer, Roman im Kreuzfeuer, S.17: "Die Orte bekommen für die Schatten der Gestalten Wichtigkeit, sie entwickeln einen Sog, so daß sich die Gestalten in ihnen einrichten." Höllerer sieht in dieser Art von Beschreibung die Kunstform der "Idylle" neu entdeckt. Cf. auch Baumgart, aaO, S.657, der den Ort in Relation zu der beschriebenen Schicht der Kleinbürger setzt und von daher die im Text dargestellte Umgebung für zwingend im Blick auf die Romangestalten erklärt.

32) Cf. Subiotto, aaO, S.223 und Tank, Günter Grass, S.47. Zum Fetischismus der Kleinbürger in ihrem Verhältnis zu Gegenständen cf. konfrontierend Kosík, Die Dialektik des Konkreten, S.14: "Die Erscheinungen und Erscheinungsformen der Dinge reproduzieren sich im geläufigen Denken elementar als Wirklichkeit (die Wirklichkeit selbst), nicht etwa deshalb, weil sie an der Oberfläche und der Sinneswahrnehmung am nächsten liegen, sondern weil die Erscheinungsgestalt der Dinge das natürliche Produkt der täglichen Praxis ist. Die alltägliche utilitaristische Praxis schafft das 'geläufige Denken' - das sowohl die Vertrautheit mit den Dingen und deren Oberflächengestalt als auch die Technik des praktischen Umgangs mit den Dingen umfaßt - als eine Form der Bewegung und Existenz. Das geläufige Denken ist die ideologische Form des alltäglichen menschlichen Handelns. Aber die Welt, die sich den Menschen in ihrer fetischisierten Praxis zeigt, im Beschaffen und Manipulieren, ist nicht die wirkliche Welt, auch wenn sie die 'Festigkeit' und 'Wirksamkeit' der wirklichen Welt hat, sondern eine 'Scheinwelt' (Marx). Die Vorstellung von der Sache, die sich als die Sache selbst ausgibt und die ideologische Meinung schafft, ist keine natürliche Eigenschaft der Sachen und der Wirklichkeit, sondern die Projektion petrifizierter historischer Bedingungen in das Bewußtsein des Subjekts."

33) Zu Ehepaar Scheffler cf. Oskars zusammenfassende Beschreibung, S.44: "Bevor ich zu...mit Mäusezähnchen versah."

34) Zu Ehepaar Greff cf. die Stellenangabe in Anm.21.

35) Cf. Gellex, Art and Reality in "Die Blechtrommel", S.121, der Oskars Beschreibung derartiger Situation als Konsequenz seiner Erlebnisweise versteht: "...what for the rest of us is shocking and revolting, is from him (scil.Oskar) simply matter-of-fact." Im Gegensatz dazu machen z.B. Reich-Ranicki, Auf gut Glück getrommelt, und Blöcker, Rückkehr zur Nabelschnur, gerade am Beispiel solcher Episoden die Unmoral und Obszönität des Autors fest. Sie gehen sowohl über die Erlebnisweise Oskars

als auch über den realgeschichtlichen Kontext des Kleinbürgertums völlig
hinweg und erklären lediglich, daß derartiges in keiner Weise schriftlich
fixiert werden dar. Zu der Frage nach der Obszönität des Romans cf.
auch Just, aaO, S. 130.

36) Cf. auch S. 249/50; S. 48; S. 53; S. 131; S. 118; S. 136; das stereotype und
eingespielte Verhalten der Kleinbürger in solchen Situationen zeigt Oskar,
wenn er den Verlauf von Kurts Tauffest mit einem Drama vergleicht, S.
236: "...wenn ich mir..gestrichen werden können."

37) Oskar karikiert diese Art der Rezeption von Sondermeldungen, wenn er
sagt, S. 262: "...denn für Oskar...leichte Grippe hatte."

38) Cf. Durzak, aaO, S. 133, der zu der Darstellung der 'Kriegsereignisse'
in Grass' Novelle "Katz und Maus" sagt: "Darstellung des Krieges als
spannende Sportreportage, sprachlich auf Stromlinienform gebracht, da
alle psychologischen Momente, Unsicherheit, etwaige Angst, völliges Auf-
sichgestelltsein in diesem Zweikampf ausgeklammert werden."

39) Die Abhängigkeit Alfred Matzeraths von Agnes und die Bedeutung der Partei
in dieser Abhängigkeit wird nach dem Tod von Agnes evident, cf. S. 170:
"Seit dem Tode... in unserem Wohnzimmer...". Die Partei kompensiert
nicht nur eine defizitäre Ehesituation, sondern auch den Verlust des geregelten Privatlebens. Sie hat Stabilisierungsfunktion, wenn eine Situation durch
ein unvorhergesehenes Ereignis 'instabil' wird und sie bietet zusätzlich
Stabilisierung in einem scheinbar geregelten Leben.

40) Dies wird deutlich in der Beschreibung der Maikundgebung, der einzigen
Stelle, wo im Text explizit vom Aufbau der faschistischen Partei gesprochen
wird, cf. S. 94/95.

41) Cf. dazu Oskars zusammenfassende Charakterisierung Matzeraths, S. 123:
"Aber das war... seine Sonntagsvormittage beanspruchte."

42) Cf. z.B. S. 68: "Es stimmte alles... man sie verdiene."

43) Im Text werden Aktivität in der Partei und religiöses Verhalten als Verhaltensweisen betrachtet, die ihren Ursprung in dem gleichen Bedürfnis haben,
nämlich durch Rituale, fixierte Formen Stabilität und Eindeutigkeit in der
Orientierung zu finden. Cf. S. 96, wo die Hinteransicht der Tribüne, die für
die Maikundgebung aufgebaut wird, mit der Hinteransicht von Altären verglichen wird.

44) Für eine Rezeption, die von dem skizzierten Vorverständnis als einer bewußten präkommunikativen Einstellung ausgeht, wirkt die Darstellung kritisch, indem in der Vermittlung von Vorverständnis und Rezeption des
Textes die Einsichten des Lesers erweitert werden. Cf. dagegen Justs
Konstruktion des Lesers, Just, aaO, S. 195, die - neben der Fragwürdig-
keit im Blick auf die soziologischen Implikationen dieses Verfahrens, die
Just unzureichend berücksichtigt, - vom Text her nicht begründet werden
kann.

45) Zu dem Bild des Weihnachtsmannes cf. auch Kp. 3.2.3.2.

46) Cf. z.B. S.270: "Mit leichtem Wirbel...zum Beifall heraus."; S.308: "Tagsüber suchte ich...sich rächen wollten."

47) Cf. dazu Grass, Vom mangelnden Selbstvertrauen der schreibenden Hof-narren unter Berücksichtigung nicht vorhandener Höfe; in dem Aufsatz wird - ohne daß Grass Hinweise auf die Romangestalt Bebra gibt - deutlich, inwiefern er das von Bebra propagierte Hofnarrentum ablehnt. Darüberhi-naus erklärt Grass in dem Aufsatz, welches 'Hofnarrentum' in der heutigen politischen Situation notwendig wäre und warum die Schriftsteller es ablehnen.

48) Cf. den Beginn des Gespräches, S.275: "Lankes (grüßend) ...seit Jahren." und S.281: "Bebra: Na, Herr Soldat?... Zu mir nehmen...".

49) Cf. S.276: "Wie Herr Hauptmann...über die Schulter spucken...".

50) Cf. S.275: "Hoffe meine Erkenntnisse...in der Heimat." und S.277: "Bebra: Dieser Krieg...in Auftrag hatten."

51) Cf. Grass' Äußerung zu dieser Art von Einakter in: Protokoll zur Person, S.66: "Die Spannung liegt nicht im Handlungsverlauf, sondern in These, Antithese und Synthese, also in dialektischen Spannungsverhältnissen." Das dialektische Spannungsverhältnis muß hier im Kontext des Romans mit gese-hen werden, nicht als allein diesen Einakter bestimmend. Anders: Plard, Die Verteidigung der Blechtrommel, S.3., der den Titel des Kapitels als zusam-menfassenden Ausdruck der Zeit sieht, ohne allerdings diese These in Ver-bindung zu bringen mit der Erzählweise des Romans im ganzen.

52) In Grass' Roman "örtlich betäubt" ist Starusch die Hauptgestalt des Romans. Es ist bezeichnend für Grass' politische Haltung während der Zeit der außer-parlamentarischen Oppositions-Bewegung, daß in dem Roman, in dem Pro-testformen der Jugend und das Verhältnis der Erwachsenen zu diesen Protest-handlungen dargestellt werden, die Stäuberbande als Beispiel der Erwachse-nen für ihre eigenen früheren Protesthandlungen erscheint. Cf. z.B. "ört-lich betäubt", S.9/10.

53) Cf. dazu S.100: "Heute, als...Protest zusammentrommelte."; eine andere Auslegung dieses Kapitels gibt Just, aaO, S.180.

54) Dies ist z.B. in Seghers Roman "Die Toten bleiben jung" der Fall, der in exemplarischer Weise ein Darstellungsprinzip zeigt, das dem von Grass entgegengesetzt ist, indem es Seghers nämlich um die möglichst 'totale' Darstellung des Faschismus geht.

55) Andeutungsweise erfährt man von anderen gesellschaftlichen Gruppen, wenn Herbert Truczinskis und Meyns Vergangenheit dargestellt wird, cf. S.161: "Als dem SA-Mann...Mitgliederbeiträge gezahlt hatte."; S.144: "Hast sie... im spanischen Birjerkrieg reingemischt?"

56) Es ist bezeichnend, daß einige Rezensenten von dieser Selektion im Roman völlig absehen und die Darstellung des Faschismus bei Grass in den Rang einer 'Faschismustheorie' erheben; cf. Enzensberger, Wilhelm Meister, auf Blech getrommelt, S.10: "Ich kenne keine epische Darstellung des Hitlerregimes, die sich an Prägnanz und Triftigkeit mit der vergleichen ließe, welche Grass, gleichsam nebenbei und ohne das mindeste antifaschistische Aufheben zu machen, in der Blechtrommel liefert." Cf. auch Klinges Bericht über seinen Versuch, die "Blechtrommel" zum Unterrichtsthema zu machen, Klinge, Die "Blechtrommel" im Unterricht? Ein Versuch, S.94: "Hitler war nichts anderes als der 'Gasmann', den viele für den 'Weihnachtsmann' hielten. Er hatte Erfolg, nicht weil er außergewöhnliche Methoden anwandte, sondern weil er dem Kleinbürgertum das anbot, was sie haben wollten...". Eine Ursache dafür könnte in einem falschen Verständnis von dem bestehen, was man als den mimetischen Realitätsbezug eines literarischen Textes bezeichnen kann. So scheinen Enzensberger, mehr noch Klinge davon auszugehen, daß die im Text konkretisierte Wirklichkeitserfahrung erst dadurch relevant wird, daß man in ihr eine 'Gesamtschau' sieht. Die Beschränkungen auf das Kleinbürgertum und damit die selektive Behandlung des Faschismus im Roman beachtet Baumgart, aaO, S.656. Kritik an der Selektion üben Geerdts u.a., Zur Problematik, der kritisch-oppositionellen Literatur in Westdeutschland, S.362, die von dem Kriterium der "Totalität" her Grass' Roman beurteilen: "Günter Grass hat in seinem Roman einen Zeitabschnitt gestaltet, in dem die gesellschaftlichen Probleme zu schärfster Zuspitzung gelangten. Die Auseinandersetzung mit dem Krieg, mit dem Faschismus und schließlich mit der heutigen Entwicklung in Westdeutschland gehören zum wichtigsten Anliegen humanistischer westdeutscher Autoren. Gerade die Großform des Romans hätte die Möglichkeit einer umfassenden Darstellung, die mit der Breite des gesellschaftlichen Ausschnitts weitgehende gesellschaftliche Einsichten verbinden kann, geboten. Grass hat diese Möglichkeit nicht erreicht. Die Form des Ich-Romans, geschrieben von einem Krüppel und gesellschaftlichen Außenseiter, schränkt die realistische Aussage ein und gibt dafür Spielraum zu subjektiven Exkursen, die vielfach abseitig, teilweise sogar dekadent sind."

57) Cf. Thomas:Van der Will, Der deutsche Roman und die Wohlstandsgesellschaft, S.91; cf. auch Grass, Über meinen Lehrer Döblin; Grass beschreibt hier das Darstellungsprinzip Döblins, dabei werden seine eigenen Verfahren speziell im Blick auf das Problem der Verknüpfung von Vorder- und Hintergrundgeschehen durchsichtig. S.296: "So setzt Döblin die Akzente: Sieg, Niederlage, Staatsaktionen, was immer sich datenfixiert als Dreißigjähriger Krieg niedergeschlagen hat, ist ihm einen Nebensatz, oft nur die bewußte Aussparung wert."

58) Cf. dazu z.B. S.95: "So kann es...und Fanfarenbläsern rieb..."; S.100: "...und bitte auch...Menschen zu sehen...". Diese Stellen werden in Kp. 3.3. untersucht.

59) Cf. konfrontierend, Bloch, aaO, S.190/191.

60) Zu dieser Art der Verknüpfung cf. auch folgende Textstellen: S.17:
"An jenem Oktobernachmittag...Mutter Agnes gezeugt."; S.21: "Man
mag mir...unbeobachtet zu lassen..."; S.33: "Als Alfred Matzerath...
meine Mama heiratete..."; S.104: "Vom November sechsunddreißig...
zählte man..."; S.142: "...seit Hitlers Machtübernahme...in den Haus-
haltungen..."; S.204: "Während vor meinem...nicht verloren ist.";
S.210: "Während die Geschichte...überhaupt nicht mehr."; S.218: "Im
Juli vierzig...zu einiger Sonnenbräune."; S.237: "Während ich auf...im
Wohnzimmer ein."; S.306: "Während man bei...hier der Mond..."; S.308:
"Und als Mitte...wir uns gezwungen...".

61) Cf. auch S.18: "Ende Juli des...erblickte Mama..."; S.55: "Kurz nach
meinem...mit den Mittwochbesuchen..."; S.245: "Still war es...Fallschirm-
jäger in Kreta."; S.247: "Im heißen Monat...Sohn getauft."; S.273: " Im April vierundvierzig...Artistengepäck packen..."; S.378: "...mit einer Umbettung...Wind führte uns..."; S.378: "Aber dafür war...fallende Briketts
sammelten...".

62) Cf. auch S.60: "Die Pestalozzischule...gebaut wurde."; S.30: "...sondern
schlug...gehorchen mußten."; S.31: "Erst als...schon verlaufen?"; S.75:
"Oftmals gab Oskar... viel Geld."; S.101: "Wie billig...billiger als Marga-
rine."; S.133: "Sie hat ihn...und Petroleum versorgte."; S.176: "Welch
ein Spätsommerabend...verwandelt worden wäre."; S.183: "Eine sterbende
Kinderblechtrommel...abgeschlossen haben."; S.187: "Mein mutmaßlicher
Vater... mutig zu sein."; S.205: "Bis etwa zum...bei den Frauen."; S.209:
"Nachdem es bei...Anlegen von Vorräten."; S.247: "Ein trügerischer Monat...herabzustürzen gedachte."; S.262: "Ja, es zog...Heimatstadt zu erreichen."; S.199/200:"...und las...und stillende Mütter."; S.322/323: "Die
Straßen waren...Keller zu räumen."; S.332: "Der alte Heilandt...nicht aufgeben wollte."; S.343/344: "Das hing anfangs...ausreichend desinfiziert
hatte.": S.378: "Welch eine Aussicht...Kraftwerkes Fortuna Nord."

63) Cf. Baumgart, aaO, S.656 und ders., Deutsche Gesellschaft in deutschen
Romanen, S.49.

64) Cf. Welzig, Der deutsche Roman im 20. Jahrhundert, S.267; anders: Geerdts
u.a., aaO, S.361.

65) Im Blick auf das dritte Buch des Romans schließe ich mich der allgemeinen
Kritik an, daß nämlich durch die Änderung des Strukturprinzips, das der
Ich-Erzähler darstellt, der Problemhorizont und die Problemvermittlung
geringer wird. Das dritte Buch kann nicht, wie Buch eins und zwei, als
eine kritische Rezeption fördernd betrachtet werden

66) Cf. z.B. S.361: "Noch keine zwei...sehnte ich mich."

67) Cf. z.B. S.422: "...ach und das Blech...feierte und bewies."; S.445:
"Ohne jeden Plan...Herzen her wußte."

68) Cf. dazu Zeidlers Äußerung bei Oskars Einzug als Untermieter, S.399:
"Zeidler unterschrieb...fünfzehn Jahren Vertreter...".

69) Cf. Baumgart, Kleinbürgertum und Realismus, S.652; cf. auch Klinge,
aaO, S.95.

70) In diesem Kapitel werden nicht alle Aspekte des Romans behandelt, da hier
viele Stellen für ein Modell der kritischen Rezeption irrelevant sind, d.h.
ihre Behandlung hieße, zu großen Teilen das zu wiederholen, was in der
exemplarischen Untersuchung weniger Stellen gesagt wird. Der Grund,
warum dies im Blick auf die Darstellung von Oskars Leben als Erwachsener so sein würde, liegt in dem veränderten Strukturprinzip des dritten
Buches (cf.Anm.65).

71) Cf. dazu S.454: "Er pflegt die Welt...und passée einzuteilen."

72) Diese Episoden werden hier aus dem in Anm.70 genannten Grund nicht weiter untersucht. Zusammenfassend wird in dem Abschnitt paradostisch dargestellt, in welch unverbindlich-allgemeiner Art das Schreckliche und Wi-
derwärtige als das Entscheidende des historischen Geschehens in der Kunst
pathetisch hervorgehoben wird. Cf. dazu die Stellen S.383: "...Ausdruck
verlangte er...unseres Jahrhunderts ausdrückend..." und S.384: "Die
jungen Leute...Ausdrucks wegen geschah."

73) Cf. dazu Grass' Äußerung in einem Interview mit der Stuttgarter Zeitung vom
18.2.1969: "Alle Ideologien, die zwangsläufig zu Systemen führen, müssen
als gefährlich gelten - sowohl die sozialistische als auch die der 'Pragmatiker', der Technokraten und Faschisten, die lediglich eine beschwichtigte
'befriedete Gesellschaft' bauen würden." und Grass, Unser Grundübel ist
der Idealismus, wo er in bezug auf seine Romangestalt Walter Matern
("Hundejahre") diese - bei Klepp nur kurz skiziierte - Haltung expliziert:
"In dem Roman 'Hundejahre' ist mir, so glaube ich, in der Figur des Walter Matern ein deutsch-idealistischer Ideenträger gelungen, der innerhalb
kürzester Zeit (ohne Opportunist zu sein) im Kommunismus, im Katholizismus, schließlich im ideologischen Antifaschismus jeweils die Heilslehre
sieht."

74) Cf. Durzak, aaO, S.129, der die Kontinuität Bebras und die Ironie, die in
der Begegnung der beiden liegt, an den verschiedenen Schuldformen aufzeigt: "Aber die Ironie liegt darin, daß Oskars moralische Instanz noch immer funktioniert, daß er seine Schuld akzeptiert, während Bebra sich aufs
neue arrangiert und erfolgreich ist."

75) Diesen Unterschied erklärt Baumgart mit der Differenz in der dargestellten
Zeit: "Der übliche, zeitkritische Realismus, der am Kleinbürgertum, an
dessen Rolle in Hitler- und ersten Nachkriegsjahren noch einmal Halt fand,
kann offenbar nicht mehr abbilden, was gegenwärtig scheint an unserer Gesellschaft...".

76) Eine gewisse Ausnahme bildet hier die Geschichte Viktor Wehluns, cf.
S.479 bis S.481, an dem aber die Probleme der Gegenwart in der Weise

dargestellt werden, daß ihr Ursprung in der Vergangenheit sichtbar wird.
Zu Grass' Beschränkung auf die Darstellung der Aufarbeitung der Vergangenheit in dem eingegrenzten Sinne cf. seine Äußerung im Gespräch mit einer Schulklase; Grunert, Wie stehen Sie dazu? Jugend fragt Prominente, S. 84: "Ich beschäftige mich mit der Vergangenheit, das heißt zum Großteil auch mit meiner Vergangenheit. Ich suche dauernd, solange ich schreibe, nach stilistischen Möglichkeiten, um von meinem Beruf als Schriftsteller her diese Vergangenheit lebendig zu erhalten, damit sie nicht historisch abgelegt wird."

77) Cf. dazu Kp. 3.3.4. und 3.3.5.

78) Cf. Plard, aaO, S.4.

79) Cf. Emmel, Das Gericht in der deutschen Literatur des 20. Jahrhunderts, S.119, die Oskars Reduktion auf sich selbst an seiner Beurteilung der eigenen Schuld überprüft: "Über seine Schuld befindet er selbst, und nicht nur über sie allein: auch über seine Unschuld."

80) Cf. Baumgart, aaO, S.658 und Wieser, aaO, S.40; anders: Reich-Ranicki, Günter Grass, Unser grimmiger Idylliker, S.217: "Somit protestiert er (scil.Oskar) physiologisch und psychisch nicht gegen eine Gesellschaftsordnung, nicht gegen bestimmte Erscheinungen und Bereiche des Daseins, sondern gegen die Existenz schlechthin". Diese existentialistische Überhöhung ist für eine Rezeption, wie sie hier durchgeführt wird, nicht gerechtfertigt. Dieser Satz Reich-Ranickis repräsentiert ein Dilemma der Literaturkritik, die es nämlich allzu sehr darauf angelegt hat, die literarischen Texte jeweils in einen Rahmen zu stellen, der die 'ganze Menschheit' umfaßt, um sie so von dem eigenen Menschbild aus zu bewerten.

81) Cf. Van der Will, Pikaro heute, S.31: "Er (scil. der moderne Pikaro) ist Immoralist zumindest in dem Sinne, daß er nach den gesellschaftlich vereinbarten moralischen Verpflichtungen nicht fragt." Viele Momente, die Van der Will am modernen Pikaro aufzeigt, sind auch für Oskar charakteristisch, doch läßt sich Oskar nicht vollständig unter die Gestalt des von Van der Will beschriebenen modernen Pikaro subsumieren, wie die weitere Betrachtung zeigen wird.

82) Cf. dazu z.B. S.62: "Man warf Papierkugeln...völlig überdrehte Rüpel."; S.95: "So kann es nicht...und Fanfarenbläsern rieb..."; S.186: "All mein Fleiß im Dienste der Ästhetik..."; S.409: "Dennoch konnte sich Oskar, der unverbesserliche Ästhet...".

83) Cf. dazu z.B. S.101: "Noch heute wünsche...liegen zu dürfen."; S.173: "Was ich von...Großmutter zu gelangen."; S.491: "...oben jedoch...den Berg hineinnehmen."

84) Cf. dazu z.B. S.9: "...mein Bett ist...zu nahe tritt."; S.145: "Sie werden es...Herbert Truczinskis Narben."

5) Cf. die zusammenfassende Bemerkung Oskars, S. 49: "Da hatte ich...
schuldigen Matzerath gemacht. "; das Verlangen seiner Umwelt, alles
kausal erklären zu können, bestätigt sich auch, als Oskar nach Matzeraths
Tod plötzlich (von ihm geplant) wächst, S. 340: "Für Maria und... den Be-
weis liefern möchte. "

6) Cf. dazu die Episode, in der erzählt wird, wie Oskar bei Gretchen Scheffler lesen lernt, vor allem S. 235: "Es war gar nicht... Eitelkeit zu führen. "

7) Cf. Durzak, aaO, S. 124; anders: Schefter Ferguson, aaO, S. 227, die Oskars
Lebensprinzip reduziert auf den einen Aspekt, welches Verhältnis er zu den
Dingen hat und wie sich dieses Verhältnis von dem der Erwachsenen unterscheidet: "Oskar unterscheidet sich von normalen Erwachsenen nur insofern,
als er sich seiner Abhängigkeit von Dingen und seiner Macht über die Dinge
bewußt ist. Seine Bedeutung für andere besteht darin, ihnen diese Erkenntnisse vor Augen zu halten. " Cf. in diesem Zusammenhang auch Just, aaO,
S. 121.

8) Cf. in diesem Zusammenhang Oskars Definition von "menschlich", S. 63:
"... gab sich für... vielschichtig, unmoralisch. " Cf. Mayer, Felix Krull
und Oskar Matzerath, Aspekte des Romans, S. 39: "Oskar nimmt sich Be-
standteile des Sozialen, verdankt aber der Gesellschaft nichts. Er verhält
sich zu ihr wie ein Freibeuter und Pirat, nicht wie ein zoon politikon. "

9) Oskars tabulose Beobachtung ist also nicht als Mittel zur Darstellung der
Amoralität zu verstehen, sie dient auch nicht der Schockierung der Leser
'um jeden Preis', sondern sie bildet eine Konsequenz aus seinem Lebensprinzip, das als provozierend, aber nicht als schockierend zu erklären
ist. Die Differenz in der Wahrnehmungsstruktur aber veranlaßt viele Kritiker zu einem negativen Urteil über den Roman (cf. z. B. Blöcker, Reich-
Ranicki). Dahinter steht das - unausgesprochene - Postulat, daß die Wahr-
nehmungsart des Lesers in einem literarischen Text lediglich anschaulich
gemacht, aber nicht irritiert, verfremdet werden darf.

90) So z. B. Oskars Fähigkeit zu lesen.

91) Cf. Durzak, aaO, S. 124 und Subiotto, aaO, S. 228.

92) Cf. dazu Grass' Erklärung in einem Interview mit dem Deutschen Allgemeinen Sonntagsblatt vom 12. 10. 1969: "Dieses ungeheure Mißverständnis,
daß es nicht ausreiche, die Welt zu interpretieren, diese große Forderung,
man müsse sie auch zu verändern versuchen. Ich wage das zu bezweifeln.
Es ist ohnehin schwierig genug, diese Welt zu interpretieren. Wir haben
zu oft erlebt, daß der Versuch, sie ändern zu wollen, auf das Interpretieren verzichtet hat... " (Grass bezieht sich hier auf seinen Roman "örtlich
betäubt" und auf sein Drama "Davor", in beiden ist das Problem von Veränderung und Interpretation ein zentraler Gesichtspunkt). Diese Äußerung
Grass' ist signifikant für seine politische Haltung und für seine daraus resultierende Abstinenz, inhaltlich gefüllte Alternativen zu konkretisieren
(s. u.).

93) Anders Blöcker, aaO, S.22: "Wir haben es hier - und dies ist von einer bravourösen Widerwärtigkeit - mit einer totalen Existenzkarikatur zu tun...". Blöcker steht hier als Beispiel für eine häufige Erwartungshaltung, die an den Roman herangetragen wurde und die, da sie enttäuscht wurde, zu einer totalen Ablehnung (nicht zu einem produktiven Wertesystemkonflikt, wie Just annimmt) führte. Er stört sich an der Sprache Oskars, an seinem Lebensprinzip und sieht sich, da er allein auf Identifikation mit der Erzählergestalt fixiert ist, in seiner Existenz karikiert.

94) Auf diese Komplexität geht Hamm, Verrückte Lehr- und Wanderjahre, ein, wenn er sagt: "Indem er (scil. Grass) unaufhörlich Verrücktheit und Unwahrscheinlichkeit noch in einem reporterhaft realistischen Stil wiedergibt, erreicht er einmalige Verfremdungen..."; cf. auch Loetscher, Günter Grass, S.194: "So ist denn die Blechtrommel gleichzeitig das phantastischste und das realistischste Buch..."; anders und dabei das Strukturprinzip des Romans verkürzend Ahl, Ohne Scham - ohne Tendenz - ohne Devise. Günter Grass, S.30: "Oskar Matzerath bleibt ein Zerrbild, Karikatur der menschlichen Existenz; cf. auch Parry, Aspects of Günter Grass' Narrative Technique, S.106: "Oskar with his hump is like the unicorn, a mythical beast, a figment of creative imagination, and the whole narrative structure is built on the characteristics of this figment."

95) Auf die Gegenständlichkeit der Trommel geht vor allem Wagenbach, Günter Grass, S.123, ein: "Dem dinglichen Stil entspricht eine Blickrichtung, die vornehmlich das Gegenständliche anvisiert. Blechtrommeln geben dem Roman Titel und Leitmotiv." cf. auch Schwarz, aaO, S. 119.

96) Die Blechtrommeln bilden den 'negativen' Vergleichspunkt zu dem Leben der Kleinbürger, cf. S.336: "Um nicht hinter...weißrot gelackte Blechtrommeln." Cf. dazu auch Schwarz, aaO, S.44.

97) Im Unterschied zu der Entwicklung, die Oskar den Erwachsenen unterstellt, bemißt sich seine 'Entwicklung' an der Zahl der verbrauchten Blechtrommeln; cf. S.79: "In jener Zeit...anzusehen gewesen wäre."

98) Cf. dazu z.B. S.30: "Darauf nahm ich...gehorchen mußten." Cf. auch die Wirkung der Trommel bei der Begegnung Oskars mit Viktor Wehlun, S. 481 ff.

99) Cf. Gelley, aaO, S.123.

100) Cf. dazu S.210/211: "...Oskar verdoppelte seine...meiner Vergangenheit auszuradieren..."; S.392/393: "Oskar fürchtete sich...Saspe vergraben hatte." Anders: Just, aaO, S.125.

101) In ganz anderer Weise sieht Schefter Ferguson die Funktion der Trommel, aaO, S.94: "Der Zweck seines Trommelspiels wird darin liegen, sich ständig die Bedeutung der Dinge zu vergegenwärtigen und dadurch der Gefahr zu entgehen, in welche die von ihm beobachteten Menschen durch ihr Spiel mit den Dingen geraten."

102) Cf. Gelley, aaO, S.124.

103) Cf. dazu z.B. S.60: "Ich verhielt mich...Trommel nehmen wollte.";
S.79: "In jener Zeit...anzusehen gewesen wäre."; S.95:"Es liegt nahe...
Fanfarenbläsern rieb...".

104) Anders: Just, aaO, S.142-146.

105) Semiotisch formuliert: Die bisherigen Signifikanten werden in ihrer Mehrdeutigkeit 'präzisiert' durch die aus einem anderen pragmatischen Kontext
stammenden Signifikanten "Schöpfung" und "Geschöpf". In diesem Kontrast
zwischen dem semantischen Gehalt der Wörter, ihrem pragmatischen Kontext und der syntaktischen Struktur dieses Abschnitts liegt für viele das
Irritierende und Anstößige.

106) Cf. dazu Van der Will, aaO, S.24.

107) Auf die Verführung Jan Bronskis durch Oskar wird hier nicht weiter einge-
gangen, da diese im Vergleich zu den anderen verführten Personen lediglich
präzisierenden Charakter hat durch die Korrektheit, die dem Leser als ein
Charakteristikum Jan Bronskis bekannt ist, und dem dieser Haltung entgegengesetzten Diebstahl.

108) Zum Problem der Fetischisierung cf. Kosík, aaO, S.14.

109) In diesem Zusammenhang cf. Höllerers Begründung, warum die "Blechtrommel" ein "poetisches Buch" ist; Höllerer, aaO, S.16: "Und 'poetisch'
meint unter anderem: in den einzelnen Bildern ist die Möglichkeit von vielen
Aspekten vorhanden, nicht nur einem."

110) Anders: Reich-Ranicki, Auf gut Glück getrommelt: "Was hätte ein wirklicher
Romancier aus diesem kuriosen Einfall gemacht! In der 'Blechtrommel' dient
er allenfalls zu einigen ziemlich banalen Bemerkungen über die Unehrlich-
keit der Menschen."; cf. auch Kaiser, Oskars getrommelte Bekenntnisse:
"Ihnen allen (scil. allen Kapiteln des Romans) ist eine Amoralität (nicht Un-
moralität!) eigentümlich, eine Mitleidlosigkeit, eine gläserne, mitunter
belustigende Ferne von jeglicher humanistischer Attitüde."; cf. auch Schwarz,
aaO, S.43.

111) Cf. Wieser, aaO, S.48; Arnold, Grass-Kritiker, S.33; Edschmid, Rede auf
den Preisträger, S.89; dieses Darstellungsprinzip erläutert Grass auch in
bezug auf seine Lyrik, cf. Wolff (Hg.), Lyrik unserer Zeit, S. 42: "In meinen Gedichten versuche ich, durch überscharfen Realismus faßbare Gegenstände von aller Ideologie zu befreien, sie auseinander zu nehmen, wieder
zusammen zu setzen und in Situationen zu bringen, in denen es schwerfällt,
das Gesicht zu bewahren, in denen das Feierliche lachen muß, weil die Lei-
chenträger zu ernste Miene machen, als daß man glauben könnte, sie nehmen Anteil."; cf. auch Grass' Bemerkung zu seinem Roman "örtlich betäubt" in dem Interview mit dem Deutschen Allgemeinen Sonntagsblatt:
"Dieses dauernde Relativieren oder Wegrelativieren von Problemen - das
versuche ich ja im Roman zu zeigen."

112) Cf. dazu S. 94/95: "Was ist das... gefeit sein."

113) Es heißt aber den mimetischen Realitätsbezug verkürzen und allzu un-differenziert betrachten, wenn Just, aaO, S. 186, sagt: "Die Reduktion der politischen Entwicklung Anfang der dreißiger Jahre auf das zugleich objektiv auffälligste und den Ästheten Oskar unmittelbar ansprechende Symptom der politischen Festveranstaltungen läßt von vornherein das ganze tausendjährige Reich als 'Riesenzauber' erkennen, der einem il-lusionsversessenen Volk erfolgreich vorgemacht wird."

114) Cf. Van der Will, aaO, S. 29: "Während der moderne Pikaro oft als eine Figur mit kauziger Reflexion erscheint, als ein Naivling, als Simplex, macht er doch in Wirklichkeit die eigentliche Naivität der Zeit, nämlich die ideologische Versimpelung nicht mit."

115) Cf. Mayer, aaO, S. 41, der dies von Oskars Kommunikationsverweige-rung her betrachtet: "Die Blechtrommel-Sprache ist eine Kunstpsrache, die Oskar erlernt und perfektioniert, weil sie ihm gleichzeitig erlaubt, das Bewußtsein zu artikulieren und doch auf Kommunikation mit Hilfe der Sprache zu verzichten... Die Blechtrommel-Sprache als Gegenpo-sition zum menschlichen Sprechen."; cf. auch Tank, aaO, S. 71.

116) Cf. Subiotto, aaO, S. 227; anders: Schefter Ferguson, aaO, S. 105: "Als unterhaltungslustiger Betrachtet nähert sich Oskar der Maiwiese, und er verläßt sie erst, nachdem er den Aufmarsch in ein wirkliches Schau-spiel verwandelt hat, in dem nicht nur die äussere Form der Partei-versammlung, sondern mit Hilfe der von innen aufsteigenden Rhythmen auch die innere Substanz sichtbar werden."

117) Cf. Wieser, aaO, S. 31/32.

118) Anders, Hornung, Oskar Matzerath - Trommler und Gotteslästerer, S. 24, der kritisiert, daß sich in der Zwiebelkeller-Episode "Unglaub-würdigkeit und Groteske" überschneiden.

119) Cf. Thomas/Van der Will, aaO, S. 93: "Die Trommel... ist Oskars Fetisch, mit dessen Zauber er eine Beziehung zur Gesellschaft her-stellt, in der Teilnahme und Abstand vereinigt sind."

120) So z. B. Widmer, Geniale Verruchtheit, S. 20: "Grass' Blechtrommel... ist barer Nihilismus: Da ist weder von gut und böse noch von Fortent-wicklung zu einem besseren Dasein die Rede, da werden dauernd Ta-bus geknackt, da rast die Handlung durch sämtliche Bezirke von Ekel und Sexualität, von Tod und Blasphemie... Die einzige Moral, die sich daraus ableiten läßt, ist, daß es keine Moral gibt."; cf. auch Blöcker, aaO, S. 22: "Die Rückkehr zur Nabelschnur als Programm eines totalen, höchst mit sich zufriedenen, höchst vergnügten Nihilismus!"

121) Anders: Tauzher, Blechtrommler wühlt im Schlamm: "Wie anders als geistige Perversion könnte man es schon bezeichnen, wenn man niedrig-ste, schmutzigste Gedankenwellen, statt augenblicklich abzustossen

kunstvoll verarbeitet, verniedlicht und verharmlost, unter dem Schilde 'Höhere Kunst' skrupellos der gesunden Gedankenwelt der Mitmenschen aufdrängt?" Mit diesem Zitat wird Grass in seiner Absicht bestätigt, die Ideologien zu zerstören, da die Ideologiegläubigkeit ungebrochen verhaftet ist. Auf der anderen Seite stellt sich hier die Frage nach der 'Strategie', mit der die Ideologiegläubigkeit gebrochen werden kann.

122) Cf. zu Schugger Leo folgende Textstellen: S.135: "Schugger Leos Beruf...Trauergemeinde zu erwarten."; S.136: "Schugger Leo sagte... Gesten nachschickte."; S.160: "Als Herbert auf...zum zweitenmal."; S.368: "...und vorm Leichenschauhaus steht Schugger Leo..."; S.378: "...und zankte halblaut...Schugger Leo..."; S.202: "Ich weiß es von Schugger Leo."; S.205: "An einem Dienstag...Schugger Leo."; S.206: "Kurz vor meinem...lag die Patronenhülse."; S.209: "Erst als Leo... Skatkarte Pique Sieben."; S.338: "Als Schugger Leo... Leo verkündete...".

123) Cf. zu der Gestalt Luzies, die teilweise identisch ist mit der Gestalt der "Schwarzen Köchin", z.B. S.323: "Die Bäume links...einer hängenden Luzie."; S.355: "Er soll...Zehnmetersprungbrett gezeigt haben."; S.320: "Mein Entsetzen...Sprung auf."; cf. auch das Kapitel "Das Krippenspiel".

124) Zur "Schwarzen Köchin" cf. S.127: "...Schwarz, die Köchin...aller Vorstellungen."; S.259: "Um mich von...Schwarze Köchin da?..."; S. 316: "Sie hob mich...der mich stempelte."; S.320: "Mein Entsetzen hieß...zum Sprung auf."; S.411: "...denn eine Möwe auch spuckte."; S.445: "...jagte ihnen nach...fürchteten sich sehr..."; S.464/465: "Oska trommelte also...Geschrei losließen..."; S.487: "Ich habe mich... mich sehr."; S.487; "Was mir auffiel...Schrecken aus."; S.488: "... denn jene Metrostation...Jajaja!"; S.489: "Ein Blick nach...zu fürchten."; S.491: "Ich fühlte mich... den Berg hineinnehmen."; S.492: "So werde ich also...". Für die Gestalt der Schwarzen Köchin sind zwei Gesichtspunkte relevant: auf der einen Seite bildet sie das Gegenteil der Großmutter, wenn man Oskars Verhältnis zu den beiden Gestalten gegenüberstellt (Angst/Sicherheit), auf der anderen Seite ist sie Ausdruck der Eindeutigkeit, die Angst macht, wenn man die Farbe - schwarz - als Kriterium nimmt; cf. dazu auch Grass' Gedicht "Askese": ".../du sollst die graue Farbe lieben,/...". Das Motiv der Köche tritt häufig bei ihm auf, cf. z.B. sein Drama "Die bösen Köche" oder das Gedicht "Köche und Löffel". - Es gibt zahlreiche Versuche, die Bedeutung dieser Gestalt im Roman zu bestimmen, cf. z.B. Plard, aaO, S.3. der sie im Kontext mit den Wendepunkten in Oskars Leben sieht; cf. auch Schefter Ferguson, aaO, S. 239/240: "Die Dinge, in denen er (scil. Oskar) die Zusammenhänge des Lebens zu ergründen sucht, decken sich mit dem Schwarz des Schreckensbildes. Und die unzähligen Rhythmen, mit denen er Leben vertrommelt, werden jetzt in dem Lied der Schwarzen Köchin auf einen einzigen Rhythmus reduziert."; cf. auch Just, aaO, S.200 ff, der an diesem Motiv die "Ideologie des Werkes" erkennen will.

125) Cf. das Kapitel "Niobe" im ersten Buch; S. 402 wird die Gestalt noch einmal assoziativ in einem anderen Zusammenhang aufgegriffen: "Wir erlebten... an Stille zu."

126) Cf. das Kp. "Herbert Truczinskis Rücken", vor allem S. 144 ff.

127) Zu dem Bild der Katzen bei Grass cf. Metzger-Hirt, "Askese": Eine Interpretation, vor allem S. 284.

128) Cf. zu diesem Problemzusammenhang z. B. Langer, Philosophie auf neuem Wege, S. 172 ff; auch: Freud, Der Dichter und das Phantasieren; ders. Der Wahn und die Träume in W. Jensens "Gradiva".

129) Bezeichnend ist, daß Oskar nicht begrifflich explizit nennt, was der Tod meint, sondern daß er die Perspektive der Betrachtung so verkürzt, daß das Interesse nicht auf das gelenkt wird, was der Erzähler betrachtet, sondern auf die Ambitionen Oskars. Nur durch die Konstitution einer Beziehung zwischen beidem ist die Stelle verständlich. - Zu dem Märchen vom Spielzeughändler Markus cf. auch Gelley, aaO, S. 117: "Much more important than this factual content (scil. der Selbstmord des Markus) is an impression the style conveys. Any human perspective has been carefully eliminated. The presence of man is reduced to some abstracted instinct or sensation, to some isolated part of the body (the guns in this case), or to an action drained of human agency ('Einer... stieß ihn... hölzern an'). Inanimate objects seem to be endoed with a compelling power."; cf. auch Just, aaO, S. 156 ff, der die Stelle von Markus' Selbstmord als Beispiel für "Verfremdung mit 'satirischer Intention'" untersucht.

130) Cf. Schefter Ferguson, aaO, S. 171, die in der Interpretation dieser Stelle genau das tut, was Grass vermeidet, nämlich den Faschismus zu dämonisieren: "Diese Braunen, die Natur und Geist zerstören wollen, haben sich selbst zu unnatürlichen, geistlosen Geschöpfen degradiert."

131) Anders: Schefter Ferguson, aaO, S. 176/177.

132) Cf. zu dieser Formulierung Grass' Aufsatz "Der Inhalt als Widerstand".

133) Anders: Schefter Ferguson, aaO, S. 162: "Wenn es nun darum geht, die unglaublichen Begebenheiten aktueller Geschichte zu berichten, geht Oskar noch einen Schritt weiter und verwandelt diese teilweise in Märchen, wobei die handelnden Menschen und damit auch Oskar selbst zu Märchengestalten werden." Mit dieser Bestimmung wird dem Autor eine Flucht aus der fiktiv-realistischen Darstellung des Faschismus unterstellt, die weder im Blick auf dieses Kapitel noch im Blick auf den Kontext des Romans haltbar ist.

134) Es ist nicht, wie Enzenberger, aaO, S. 10, sagt "Blindheit gegen alles Ideologische", die den Autor vor der Versuchung feit, die Faschisten zu dämonisieren.

135) Cf. Arnold, Die unpädagogische Provinz des Günter Grass, S.15; Wagenbach, aaO, S.121; Wieser, aaO, S.18.

136) Cf. Anm. 82; auch S.57: "Heute, in seiner...wurde älter dabei."; S.251/252: "Da lernte ich...echten Künstler gehört."

137) Cf. Anm. 83 und 84; cf. auch Van der Will, aaO, S.30.

138) Cf. Schwarz, aaO, S.61.

139) Cf. Mayer, aaO, S.61: "Oskars überheblicher Selbsteinschätzung ist nicht zu trauen."

140) Cf. z.B. S.179: "Das schreibt sich...schießen sie."; S. 183: "Langsam setzte sich...mein verbogenes Blech."

141) Cf. z.B. S.74: "Allein auf Rasputin...verurteilen zu können."

142) Cf. Arnold, aaO, S.15: "Grass...führt sein kurioses Panoptikum lediglich vor: es kann uns gefallen, wir können es ablehnen, wir dürfen Beifall klatschen oder uns vor seinen Schilderungen ekeln. Aber wir bleiben draußen, wir sind nicht eingeladen zu lernen. Denn lehren will er uns nichts, vielleicht vermag er es auch nicht." Von der Frage nach dem Rezeptionsprozeß ausgehend, muß diese Äußerung Arnolds, die sich wie alle hier angeführten Kritiken und Aufsätze durch die Haltung des Kritikers, nicht Rezipienten (s.o.) auszeichnet, natürlich weiter differenziert werden. Es ist richtig, daß Grass nichts lehren will, wenn man darunter die Präsentation eines systematisch vollständigen Stoffgebietes versteht, allerdings kann man daraus nicht die Konsequenz ziehen, daß er dem gegenüber indifferent ist, welche Rezeptionshaltung durch seinen Roman hervorgerufen wird. Cf. in diesem Zusammenhang auch Schwarz, aaO, S.9; Mayer, aaO, S.56, Enzensberger, aaO, S.9; Wegener, Günter Grass, der realistische Zauberlehrling, S.287/288, der von einem "nicht ungefährlichen Freiraum" spricht, in den Oskar den Leser führt. Dabei bleibt allerdings offen, warum der Freiraum 'gefährlich' ist.

143) Cf. Mayer, aaO, S.43; einen anderen Aspekt im Blick auf die Froschperspektive formuliert R.H. (sic!), Schläge auf die Blechtrommel: "Grass hat die Froschperspektive gewählt: als Antwort auf jene, die zu der Zeit, als der Roman spielt, unaufhörlich die 'Vorsehung' bemühten, keine schlechte Entscheidung."

144) Cf. z.B. neben den im folgenden untersuchten Stellen S.262: "...den für Oskar...Art Geografieunterricht."; S.326: "Fast wurde es...unserem Keller."

145) Cf. Just, aaO, S.174 f, der von einer 'doppelten Intention' spricht und damit wieder, wie häufig in seiner Untersuchung, darstellungs- und rezeptionsästhetische Gesichtspunkte so trennt, daß beides als zwei verschiedene Auslegungen eines Romans erscheinen - ein Ergebnis, dem er von seinen theoretischen Prämissen her widerstehen müßte.

146) Bei diesem Zusammenstoß von Oskars privatistischer Welt und dem politischen Kontext entsteht - in der Terminologie Isers - eine Leerstelle, die "einen Auslegungsspielraum für die Art, in der man die in den Ansichten vorgestellten Aspekte aufeinander beziehen kann", eröffnet (Iser, Die Appelstruktur der Texte, S.15). Der Auslegungsspielraum ist hier eingegrenzt - sieht man einmal von der prinzipiellen Eingrenzung durch Vorverständnis und Erkenntnisinteresse (s.o.) ab - durch das Stichwort der Schuld, das beide Bereiche verbindet.

147) Anders: Mletschina, Tertium non datur, S.37: "Sein (scil. Grass') Held ist eine ebensolche Mißgeburt wie alle, die ihm auf seinem Weg begegnen, und er richtet die Welt nicht von höheren moralischen Positionen aus, sondern einfach aus Bosheit."

148) Cf. neben den im folgenden behandelten Stellen auch S.179: "Selbstherrlich schlief ich...einem Berg Post..."; S.185: "Obgleich er...das Blech herunterzulangen."; S.239: "...hörte zwar...nicht hören...".

149) Cf. zu dem Bild des "Verschluckens", "Tastens" und "Greifens" R.H., aaO: "Denn unter der Voraussetzung, daß Grass tatsächlich wesentlich die Welt unter dem Gesichtspunkt der Tastbarkeit darstellt...: hat dann eine solche Erzählmethode, die an sich in moralischer Hinsicht noch ganz indifferent sein könnte, nicht darstellerische Folgen, die nur scheinbar un- oder amoralisch, in Wirklichkeit aber wesentlich doch die Konsequenz der ergriffenen Methode sind?"

150) Cf. dazu folgende Textstellen: S.88: "Wie schön...zu berichten, wie..."; S.88: "Wir kennen...zu machen."; S.31: "Wie schön wäre...zu zitieren...; S.38: "Ich will Sie...man gut schreiben."; S.94: "...jener verklemmten Erotik...Mitläufer heißen."; S.118: "Zwiespältig, das wäre...weiter im Zwiespalt..."; S.159: "Ja, Bruno, ich...Orchester schreit."; S.172: "Wie Sie zuvor...bemerkt haben werden..."; S.179: "Das schreibt sich.. sein können?"; S.201: "Am ersten September...meinen Vater erkannten..."; S.251: "Man mag mir...Greff gegenüberstelle."; S.252: "Sie werden...zugeben muß..."; S.300: "Auch blieb mir...langweilen mag ..."; S.330: "Nun könnte man...Marschall Rokossowski."; S.389: "Erinnern Sie sich noch?"; S.404: "Nun soll niemand glauben..."; S.415: "Man könnte jetzt... nicht den Tatsachen..."; S.441: "Warum aber... Sie fragen..."; S.484: "Vielleicht erinnern Sie...allzu oft vorkommt..."

151) Cf. dazu S.23: "Lassen wir das...Abenteuer genug."; S.40: "Ich habe vorgegriffen...Wort gewidmet."; S.80: "...von dem hier...Rede sein soll."; S.143: "Von ihm soll hier die Rede sein."; S.149: "Es wäre sinnlos... Geständnis abgelegt...";S.159: "Ja, Bruno...leiseres Kapitel... S.242: "Oskar will Ihnen...kurz sei berichtet..."; S.284: "Wenn Oskar auch...Vorabend der Invasion..."; S.339: "Ich entschließe mich also, den Bericht auf dem Friedhof zu ergänzen."; S.357: "Er wird nun... dem Krieg erging..."; S.415: "Mir jedoch kommt...und sagt..."; S.435: "Oskar vergaß zu...verteuerte den Zwiebelkeller."; S.449: "Ich

habe Sie... Ihnen aber nicht...''; S.464: ''Oskar findet hier...breit zu
beschreiben.''; S.484: ''So nebenbei: ich...zu sprechen.''

152) Die Stellen, in denen im Text von der ersten in die dritte Person Singular
gewechselt wird, sind nicht eindeutig zu klassifizieren. Oftmals wechselt
dies in einer Episode oder in einem Satz und bildet ein rein formales
Mittel der Retardierung und Unterbrechung des Rezeptionsprozesses.
Bezeichnend sind aber die Stellen, die darüberhinaus eine Bedeutung
im Kontext bekommen. Auch hier nun lassen sich nicht alle Stellen in
ein bestimmtes Schema eingliedern, so scheint es manchmal, daß ''Oskar'' der zusammenfassende Berichterstatter ist, manchmal allerdings
auch umgekehrt. Zu den Stellen, in denen eine Distanzierung des Ich-
Erzählers von dem Erzähler Oskar oder umgekehrt angenommen werden
kann, cf. z.B. S.57: ''Heute, in seiner...wurde älter dabei.''; S.59:
''Eigentlich habe ich...verlassen mußte.''; S.65: ''Anstatt sich aus ...
klüger gehandelt...''; S.75: ''Wie man auf...und unförmig.''; S.84:
''Mich beeindruckten...zu arbeiten.''; S.105: ''War es das...hast den
stillen...''; S.131: ''Ich konnte nicht...hat sich geopfert.''; S.202: ''Woher Oskar...Schugger Leo.''; S.216: ''Ist Oskar doch...Oskars erste
Liebe.''; S.302: ''Vielleicht hätte er...auf dem Hof...''; S.360: ''Wenn
Oskar auch...einen gesegneten Appetit...''; S.396: ''Ich will nicht...
'Krankenschwester' zuckte.''; S.417: ''Heute ist Oskar...Überresten eines Bettes.''; S.476: ''Ich bete an...heiß, warm, ich...''.

153) Anders: Mayer, aaO, S.36, der in diesem Abschnitt Oskars ''Position
des konservativen Erzählers alter Schule'' sieht.

154) Cf. Durzak, aaO, S.123.

155) Cf. Mayer, aaO, S.40; cf. auch Justs Kp.''Versuch einer literaturhi-
storischen Einordnung des Roman-'helden' Oskar'', S.63-79. Es ist nicht
einleuchtend, warum Just, der sich in seiner Analyse mit der Frage beschäftigt, warum und ob der Roman intentional kritisch auf seinen Adressaten, den Kleinbürger wirkt, eine so ausführliche literarhistorische Untersuchung anstellt, in der er sich vor allem auf Lukács' Theorie des Romans
bezieht, denn wenn er davon ausgeht, daß der Roman adäquat realisiert
wird, wenn man eine 'kleinbürgerliche Mentalität' des Rezipienten annimmt, so gehört zu dieser Mentalität wohl kaum eine detaillierte Aus-
lassung über Theorien des Romanhelden. Justs Kapitel zu der Frage
nach Oskar als Romanhelden ergibt sich nicht aus seinem formulierten
Interesse.

156) Oft wird der Abbruch der Kommunikation signalisiert durch den Wechsel
vom Ich-Erzähler zum 'Oskar'-Erzähler; cf. dazu die in Anm.152 angeführten Stellen, cf. besonders S.91: ''Sie werden fragen...diese Art
Menschenbeschreibung.''; S.252: ''Sie werden sagen...er heute ist...'';
S.330: ''Nun könnte man aufzählen...Wiederaufbau austoben konnte.''

157) Cf. Stomps, aaO, S.10.

158)   Anders: Durzak, aaO, S.125.

159)   Anders: Mayer, aaO, S.45: "Hier...meint das Ich des Erzählers plötzlich ein anderes Subjekt; den Erzähler Günter Grass. Der Autor berich-
tigt den Berichterstatter Oskar Matzerath.

160)   An dieser Stelle wird im Vollzug der Rezeption deutlich, daß und warum
die literarische Kommunikation nicht mit der umgangssprachlichen in
der Weise in Beziehung gesetzt werden kann, daß das 'Hauptdefizit' der
literarischen im Vergleich zur umgangssprachlichen der fehlende Situationsbezug ist, den auszufüllen die wichtigste Aufgabe des Lesers ist.
Denn auch wenn der Situationsbezug hergestellt ist, spielt sich die Kommunikation hier auf einer Ebene ab, die im Vergleich zur umgangssprachlichen als mißlungen bezeichnet werden muß. Denn die Regeln der Sprechakttheorie als den kleinsten Einheiten der Kommunikation (cf. Searle,
Sprechakttheorie) werden laufend durchbrochen.

161)   Cf. zu dem folgenden die in Anm.150 und 151 angeführten Stellen.

162)   Cf. auch S.99: "Nein nein...prophetenverschlingenden Walfisches hatte."

163)   Cf. Thomas/Van der Will, aaO, S.82; Van der Will, aaO, S.66, der dies
als allgemeines Kennzeichen des modernen Pikaro angibt; allerdings ist
der Auslegung Noltes, aaO, in keiner Weise zuzustimmen, wenn er die
Haltung Oskars in folgender Weise auf das Verständnis des Faschismus
überträgt: "Das ist perfekte Deformation (scil. Oskars Zerstörung der
Maikundgebung), das ist Karikatur, und weil Oskar die Welt zuvor so
genau beschrieben hat, weil er ein ausgekochter Realist ist, was den
Stil betrifft, und weil es das Ungeheuer Oskar ist, das erzählt, sitzt sein
Schlag genau. Sein Witz tötet. Die braune Macht, die sich da anschickt,
Europa zu überfallen, ist nichts als lächerlich."

164)   Cf. Wagenbach, aaO, S.125 und Stomps, aaO, S.11.

165)   Anders: Schefter Ferguson, aaO, S.202.

166)   Es dürfte damit deutlich sein, daß Justs These, daß Oskar sich von der
kleinbürgerlichen Romanwelt in der gleichen Weise absetzt wie von seinen
Lesern, nicht haltbar ist.

167)   Cf. Durzak, aaO, S.150, der im Blick auf das Zeitgerüst den Roman "Die
Blechtrommel" mit Grass' Roman "Hundejahre" und seiner Novelle "Katz
und Maus" vergleicht.

168)   Oskar selbst kommentiert diesen Wechsel, cf. z.B. S.37: "Was auf dieser
Welt...Originale nachliefern."; S.251: "Wenn mir Maria...Satz zu nennen."; S.40: "Ich habe vorgegriffen...viele Worte gewidmet."; cf. auch
die Bemerkungen Bruno Münsterbergs über den Erzählstil seines Patienten Oskar Matzerath, S.352: "Doch auch Herr Matzerath...nach dem
Westen zu notieren."

169) Cf. Wagenbach, aaO, S.122/123, der in seinem Aufsatz Zeitlupe und Detailhäufung als zwei der signifikanten Merkmale des Romans hervor- hebt.

170) Cf. dazu z.B. die Einleitung der Episode S.79: "Doch hier soll die Rede..." und die folgende Episodenausführung bis S.86.

171) Cf. Wagenbach, aaO, S.124; Subiotto, aaO, S.22 und Spycher, Die bösen Köche von Günter Grass - Ein "Absurdes" Drama?, S.166: "Grass liebt es, nicht nur 'feste' Gegenstände zu verlebendigen, oder zu Teilchen geistiger Elemente und Zusammenhänge zu machen, sondern auch umge- kehrt, Ideen zu personifizieren oder zu materialisieren, namentlich je- doch, Metaphern und andere Bilder seiner eigenen oder gängigen Sprache zu konkretisieren, zu einer lebendigen und prallen kleinen Welt auszuge- stalten." Diese Eigenart in Grass' Erzählform und seinen Dramen, die die meisten Abhandlungen zu ihm betonen, ist ein Indiz dafür, daß, will man derartige Erscheinungen eines Textes erfassen, ohne der - theore- tisch als 'überwunden' ausgegebenen - Trennung von Form und Inhalt erneut zu verfallen, eine rezeptionsästhetische Betrachtungsweise sinn- voll und notwendig ist.

172) Cf. als Beispiel für die Ausführung einer Episode S.79 ff, als Beispiel für Detailhäufung S.103/104: "Zum Diebstahl...der Gefahr einer Er- kältung aus."; S.119-123: "Zuerst wollten wir...aufgelesen hatte."

173) Cf. z.B. S.49: "Das Skatspiel...Mühle zu spielen."; S.327: "Was man nicht...eine Laus.".

174) Cf. z.B. S.47: "Kleine und große Leut...im Wachsen sei."; S.53: "Es ist aber...darzustellen vermag."

175) Cf. Schwarz, aaO, S.77; daraus zieht Brinkmann, Der komplexe Satz im deutschen Schrifttum der Gegenwart, S.26, folgende Konsequenz im Blick auf Grass' Erzählweise: "Es handelt sich um ein Erzählen nicht von der 'Welt' her, sondern von der Sprache her und mit der Sprache. Der Erzähler aktualisiert und entfaltet, was an Möglichkeiten in der Spra- che liegt; er läßt sich von der Sprache führen."

176) Cf. z.B. auch Sätze ohne Copula, S.104: "Auf Pferden nach Blaubeeren... blüht mir rot..."; S.476: "Ich fromm...schweige nicht, bete."

177) Cf. z.B. S.165: "Leichtgläubigkeit, Hoffmannstropfen... Liebfrauen- milch, Gläubigerversammlung."; S.299/300: "...Brotmarken, Fettmar- ken...Schwerstarbeitermarken..."; S.36: "Er spricht von...Trommel- knaben, Trommelbuben."

178) Thomas/Van der Will, aaO, S.89.

179) Cf. Van der Will, aaO, S.29.

180) Cf. Schwarz, aaO, S.63; cf. auch die von Grass in seinem Aufsatz "Über meinen Lehrer Döblin" zitierte romantheoretische Äußerung Döblins, die fast den Charakter eines Programms für die "Blechtrommel" hat (aaO, S.294).

181) Cf. z.B. S.57: Eine Episode über Oskars Schulbesuch beginnt mit einem Bericht über Klepps Besuch in der Heilanstalt; cf. auch S.78: "Was Wunder, wenn ich es heute..."; S.86: Abschluß eines Kapitels, "Wenn Oskar heute...nicht verloren"; S.108/109: Kapitelanfang, "Heute, im Bett... Der Gesang vor dem Juwelierladen."; S.123: Innerhalb einer Episode, "Und mir erzählte...der Heil- und Pflegeanstalt..."; S.144: "Der Rücken war...bevor ich weiterhin des Freundes Rücken beschreibe..."; S.156: "Wir spielten Trafalger...Heute weiß ich..."; S.159: Kapitelende, "Auch jetzt, in der Anstalt..."; S.168: Kapitalanfang, "Besuchstag: Maria... Tod meiner armen Mama..."; S. 239: "Ihn, Greff...selbst heute..."; S.338/339: Kapitelanfang, "Hastige Träume besuchten...herausgefunden hatte..."; S.420: Innerhalb einer Episode, "Bis heute hat Oskar ... sich damals..."; S.427: "Spät gegen Mitternacht...Heute glaube ich...".

182) Cf. dazu die in Anm.152 angeführten Stellen. Über den Wechsel und seine Bedeutung versuchen die meisten, die sich mit dem Roman auseinandersetzen, ein möglichst eindeutiges Urteil zu fällen; auf einige signifikante Interpretationen soll hingewiesen werden: cf. Subiotto, aaO, S.220; Thomas/ Van der Will, aaO, S. 91/92;

183) Cf. S.348-356: "Ich, Bruno Münsterberg...vor zwei Tagen getan habe."

184) Cf. S.471-483: "Ich, Gottfried von Vittlar...in die Zeitungen gebracht."

185) Anders: Durzak, aaO, S.120, der darin 'formal-ökonomische' Gründe sieht: "Grass drängt dort in dem aus fremder Perspektive Dargestellten das zusammen, was in der Darstellung Oskars zu epischer Breite tendieren würde."

186) Cf. z.B. S.109 (Gottfried von Vittlar); S.39/40 und S.57 (Klepp); S.191 und S.479 (Viktor Wehlung).

187) Cf. z.B. S.484: "Vielleicht erinnern Sie...Es gab da..."; S.411: Verschachtelung aus Teilen der vorher erzählten Aal-Episode in die Episode, in der von Oskars Erlebnissen in Schwester Dorotheas Schrank berichtet wird; S.402: wiederholter Hinweis auf die Niobe-Episode.

188) Zu der Personengruppe, von der sich Oskar distanziert cf. die zusammenfassende Aufzählung S.348/349: "Bisher knotete ich...Ostflüchtlingen verwandeln wird."

189) Anders: Widmer, aaO, S.20 und Ahl, aaO, S.31/32.

190) Anders: Blöcker, aaO, S.23 und Tank, Der Blechtrommler schrieb Memoiren.

191) Cf. Wagenbach, aaO, S.126: "Er (scil. Grass) fordert ihn (scil. den Leser) auf - will man moralistisch werten - zur Hygiene (...), zur allgemeinen ideologischen Desinfektion."

192) Cf. Durzak, aaO, S.157; Schwarz, aaO, S.129; Subiotto, aaO, S.228; anders: Müller-Eckard, aaO; Reich-Ranicki, Auf gut Glück getrommelt: "Wir sind durchaus nicht schockiert. Nichts Menschliches und Allzumenschliches braucht der Schriftsteller zu umgehen. Aber er muß durch sein Werk überzeugen, daß die Berücksichtigung dieser Vorgänge notwendig oder zumindest nützlich war. Das vermag Grass nicht. Die meist präzisen und bisweilen wollüstigen Schilderungen seiner Art ergeben nichts für seine Zeitkritik." Cf. den Kommentar von R.H., aaO, zu Reich-Ranickis Rezension: "Dieser Rezensent weiß auf beängstigende Weise Bescheid." Ein Kommentar, der das Dilemma der Literaturkritik in prägnanter Weise zusammenfaßt. - Bezeichnend ist auch die abschließende Bemerkung Klinges, aaO, S.103: "Distanz (scil. des Schülers) gegenüber dem vordergründigen Detail, daß den Leser zu ersticken droht, Distanz gegenüber den verschobenen Ordnungen dieser Welt, die Grass uns zeigt, Distnaz kraft eines geistigen Menschenbildes, das wir bewahren müssen, wenn Grass uns mit seinem animalischen Realismus nicht erschlagen soll...die Einsichten, daß wir solche und ähnliche Werke überhaupt nicht verständnisvoll lesen und werten lönnten, ohne ein anderes Weltbild zu kennen und zu leben, war der wichtigste Inhalt des Gesprächs (scil. mit den Schülern)." Die Funktion von Literatur im Unterricht wäre damit, das Weltbild der Schüler zu stabilisieren, indem man am 'ungefährlichen' Beispiel literarischer Texte wie der "Blechtrommel" zeigt, wohin es führt, wenn man ohne allzeit verfügbares Weltbild lebt. Es ist allerdings die Frage, ob Literatur, wenn sie lediglich Illustrationswert hat, nicht zu zeitraubend ist für den Unterricht, denn das Lernziel ist unabhängig von dem Faktum der Literatur aufgestellt.

193) Cf. Schwarz, aaO, S.60 und Durzak, aaO, S.140, die beide kritisieren, daß Grass von nicht ganz durchsichtigen ästhetischen Kategorien ausgeht. Beide fällen damit ihr Urteil von der Immanenz ästhetischer Wertvorstellungen her, ohne diese auf die Frage nach der Rezeption zu öffnen. Cf. zu dem Problem der Form: Grass, Die Ballerina, S.9; ders., Der Inhalt als Widerstand, S.229; Grass' Äußerungen in: Protkoll zur Person, S.67.

194) Walser, Imitation oder Realismus?, S.87.

195) Cf. dazu Grass' Äußerung in: Grunert, aaO, S.84.

196) Eine individuelle Erklärung für diese Selektion gibt Grass, wenn er in dem Brief "Unser Grundübel ist der Idealismus" schreibt: "Begonnen hat es wohl 1945, als mir durch bekannte historische Ereignisse der Kopf zurecht gesetzt wurde. Seitdem ist ein unverbesserlicher Skeptizismus neben eigentlich lebenslustigem Naturell mein ständiger Begleiter. Das Ergebnis: Widerstand (und oft Angriff) gegen und auf jede Ideologie, die sich anmaßt, absolutes Maß zu setzen. Ich bin - um es schlicht zu sagen - gegen jede Zielsetzung, die über die Menschen hinausweist." - Eine grundsätzliche, allerdings auch sehr pauschale Erklärung für seine Ablehnung von Ideologien findet sich in dem Interview mit der Stuttgarter

Zeitung: "Alle Ideologien, die zwangsläufig zu Systemen führen, müssen als gefährlich gelten - sowohl die sozialistische als auch die der 'Pragmatiker', der Technokraten und Fachidioten, die lediglich eine beschwichtigte 'befriedete Gesellschaft' bauen würden. Unsere Freiheit hat ihre große Chance darin, dogmatisch nicht fixiert zu sein."

197) Zu dem Problem der Ideologien und Grass' Absicht, Zweifel gegenüber allen offiziellen Meinungen einzusetzen, cf. sein Tagebuch "Aus dem Tagebuch einer Schnecke", z.B. S.85, 172, 177. Die Alternative von Skepsis und Glaube, die in der "Blechtrommel" zu der Kommunikation verweigernden Skepsis Oskars führt, wird in diesem Buch durch die Problematisierung des Verhältnisses von Utopie und Melancholie entschärft. Ein Porträt von Grass, das, dem des "Tagebuches" entspricht, gibt Frisch in seinem "Tagebuch 1966-1971", cf. z.B. S. 331 und 334.- Die von Grass formulierte Alternative von Glaube und Skepsis ist Anlaß für Schütte, in seiner Rezension des "Tagebuchs" (Frankfurter Rundschau vom 26.8.1972), dieses heftig zu kritisieren. Er unterschlägt allerdings, daß die von Grass aufgestellte Alternative fragwürdig wird durch das an gleicher Stelle von ihm problematisierte Verhältnis von "Melancholie und Utopie".

198) Cf. Baumgart, Lesen heißt kritisieren, S.83/84, der dies als ein Merkmal des modernen Romans erachtet.

199) Die fehlende Alternative ist für viele (cf. vor allem Reich-Ranicki, Blöcker, Widmer, Klinge) Grund für eine negative Wertung. Dahinter steht die unausgesprochene Ansicht, daß Literatur nur dann 'wirklichkeitsbildend' ist, wenn sie sich dem eigenen Wirklichkeitsverständnis additiv anfügt. Rezeption von Literatur wird damit zur Selbstbetrachtung des eigenen Weltbildes in ästhetischer Form oder zum Ärgernis, wenn sie diesen Akt der Selbstbestätigung nicht erlaubt.

200) Anders: Just, aaO, S.228, der am Schluß doch wieder der subjektiven Einstellung des Lesers die Wirkung des Romans überläßt, denn die "ästhetische Funktion" des Verfremdungsverfahrens als den "schwachen Punkt des Werkes" zu bezeichnen, heißt, die Rezeption zu einem rein kognitiven Akt zu verkürzen und damit eine Leistung der Literatur, nämlich kognitives und emotives (genießendes) im Rezeptionsakt verbunden sein zu lassen, zur negativen Seite zu erklären.

201) Die Revision des Bestehenden als die vordringliche Aufgabe dieser Zeit bestimmt viele Äußerungen von Grass, cf. z.B. "Unser Grundübel ist der Idealismus": "Weil die Revision des jeweils Bestehenden notwendig ist, deshalb ist für mich das Schimpfwort 'Revisionist' ein Ehrentitel." Die Aufgabe der Revision und Relativierung wird deutlich in Grass' politischer Haltung und in seiner Begründung, warum er für die SPD seit 1961 in den Wahlkampf zieht. Cf. z.B. die Aussage in dem Interview mit der Stuttgarter Zeitung: "Die große Chance der SPD besteht darin, der Bevölkerung klarzumachen, daß wir eine unbequeme Gene-

ration brauchen und daß Toleranz nicht Schwäche ist." Nicht ein allgemeines, fundamentales Konzept, das es in einem 'langen Marsch durch
die Institutionen' zu verwirklichen gilt, steht für Grass an erster Stelle,
sondern ein langer Marsch, der sich recht formal auf die 'praktische
Vernunft' gründet und sukzessive Veränderungen vornehmen will. Cf.
dazu vor allem Grass' "Rede über das Selbstverständliche", S.103.
Entsprechend urteilt Loetscher, aaO, S.190: "Und doch steht er (scil.
Grass) für eine deutsche Generation, für jene nämlich, die so überaus
skeptisch ist, daß man ihr Respektlosigkeit vorwirft, die der Vergangenheit so sehr mißtraut, daß sie auch der Gegenwart nicht mehr trauen
kann...".

LITERATUR

(Interviews aus Zeitungen sind - alphabetisch - unter der jeweiligen Zeitung aufgeführt)

I.

GRASS, G.,   Aus dem Tagebuch einer Schnecke, Neuwied und Darmstadt 1972.

- - ,   'Die Ballerina', Essay (geschrieben für Walter Höllerer), Berlin 1965, 2. Auflage.

- - ,   Die Blechtrommel, Frankfurt/Main 1970, 5. und 6. Auflage der Ausgabe von Luchterhand von 1960 (Fischerbücherei).

- - ,   Das Gelegenheitsgedicht oder - es ist immer noch frei nach Picasso, verboten, mit dem Piloten zu sprechen, in: Akzente 1961, S.8 ff.

- - ,   Gesammelte Gedichte, Neuwied und Berlin 1971, daraus: 'Askese', S.118; 'Köche und Löffel', S.114 f.

- - ,   Hundejahre, Reinbek 1968.

- - ,   Der Inhalt als Widerstand, in: Akzente 1957, S.229 ff.

- - ,   Katz und Maus, Reinbek 1963.

- - ,   örtlich betäubt, Frankfurt/Main 1972.

- - ,   Theaterspiele, Neuwied und Berlin 1970, daraus: 'Hochwasser', S. 7 ff.; 'Die bösen Köche', S.151 ff.; 'Davor', S. 322 ff.

- - ,   Über das Selbstverständliche. Reden, Aufsätze, Offene Briefe, Kommentare, Neuwied und Berlin 1968.

- - ,   Über meinen Lehrer Döblin, in: Akzente 1967, S.290 ff.

- - ,   Unser Grundübel ist der Idealismus (Günter Grass über sein politisches Engagement), in: Der Spiegel, 11.8.1969

- - ,   Vom mangelnden Selbstvertrauen der schreibenden Hofnarren unter Berücksichtigung nicht vorhandener Höfe, in: Akzente 1966, S.194 ff.

II.

ABENDROTH, W.,   Wirtschaft, Gesellschaft und Demokratie in der Bundesrepublik, Frankfurt/Main 1965.

ADORNO, Th.W.,   Ästhetische Theorie (Ges. Schriften 7), Frankfurt/Main 1970.

ADORNO, Th.W.,   Kulturkritik und Gesellschaft, in: ders., Prismen. Kulturkritik und Gesellschaft, München 1963, S.7 ff.

-   -,   Meinung, Wahn, Gesellschaft, in: ders., Eingriffe. Neun
kritische Modelle, Frankfurt/Main 1970, 6. Auflage,
S.147 ff.

-   -,   Résumé über Kulturindustrie, in: ders., Ohne Leitbild.
Parva Aesthetica, Frankfurt/Main 1969, 3. Auflage,
S.60 ff.

-   -,   Standort des Erzählers im zeitgenössischen Roman, in:
ders., Noten zur Literatur I, Frankfurt/Main 1969, S.
61 ff.

-   -,   Was bedeutet: Aufarbeitung der Vergangenheit?, in:
ders., Eingriffe..., S.125 ff.

AHL, H.,   Ohne Scham - ohne Tendenz - ohne Devise. Günter Grass,
in: ders., Literarische Portraits, München 1962, S.28 ff.

ALFF, W.,   Der Begriff des Faschismus, in: ders., Der Begriff Faschismus und andere Aufsätze zur Zeitgeschichte, Frank-
furt/Main 1971, S.14 ff.

Anti-Grass-Brief einer Mutter, in: Deutsche Hochschullehrerzeitung Nr.1/1967
(o.S.)

APEL, K.-O.,   Die Entfaltung der 'sprach-analytischen' Philosophie und
das Problem der 'Geisteswissenschaften', in: Philoso-
phisches Jahrbuch 72 (1964/65), S.239 ff.

-   -,   Szientistik, Hermeneutik, Ideologiekritik. Entwurf einer
Wissenschaftslehre in erkenntnisanthropologischer Sicht,
in: Hermeneutik und Ideologiekritik (Theorie-Diskussion),
Frankfurt/Main 1971, S.7 ff.

ARNOLD, H.L.,   Grass-Kritiker, in: Text und Kritik 1 (o.J.), S.32 ff.

-   -, (Hg.)   Literaturbetrieb in Deutschland (Edition Text und Kritik),
München 1971

-   -,   Die unpädagogische Provinz des Günter Grass, in: Text
und Kritik 1 (o.J.), S.13 ff.

ARNOLD, H.L. / GÖRTZ, F.J. (Hg.), Günter Grass - Dokumente zur politischen
Wirkung, München 1971 (Edition Text und Kritik).

AUSTIN, J.L.,   How to do Things with Words (Ed.by J.O. Urmson), Cam-
bridge, Massachusetts 1962.

BADURA, B.,   Sprachbarrieren - Zur Soziologie der Kommunikation,
Stuttgart 1971.

BARTHES, R.,   Kritik und Wahrheit, Frankfurt/Main 1967.

BAUMGART, R.,	Deutsche Gesellschaft in deutschen Romanen, in: ders., Literatur für Zeitgenossen. Essays, Frankfurt/Main 1966, S. 37 ff.
- -,	Kleinbürgertum und Realismus, in: Neue Rundschau 1964, S. 650 ff.
- -,	Lesen heißt kritisieren, in: ders., Aussichten des Romans oder Hat Literatur Zukunft?, Frankfurter Vorlesungen, München 1970, S. 77 ff.
- -,	Was leisten Fiktionen?, in: ders., Aussichten des Romans ..., S. 9. ff.
BENJAMIN, W.,	Der Autor als Produzent, in: ders., Versuche über Brecht (hrsg. und mit einem Nachwort von R. Tiedemann), Frankfurt/Main, 1967, 2. Auflage, S. 95 ff.
- -,	Fragment über Methodenfragen einer marxistischen Literatur-Analyse (Hg. F. Tiedemann), in: Kursbuch 20 (1970), S. 1 ff.
- -,	Das Kunstwerk im Zeitalter seiner technischen Reproduzierbarkeit, in: ders., Das Kunstwerk im Zeitalter seiner technischen Reproduzierbarkeit. Drei Studien zur Kunstsoziologie, Frankfurt/Main 1970, 4. Auflage, S. 7 ff.
- -,	Literaturgeschichte und Literaturwissenschaft, in: ders., Angelus Novus, Frankfurt/Main 1966, S. 450 ff.
- -,	Theorien des deutschen Faschismus. Zu der Sammelschrift 'Krieg und Frieden', hrsg. von Ernst Jünger, in: Das Argument Nr. 30 (1964), Heft 3, 5. Auflage 1970, S. 129 ff.
BLOCH, E.,	Das Antizipierende Bewußtsein, in: ders., Das Prinzip Hoffnung, Band 1, Frankfurt/Main 1967, S. 49 ff.
- -,	Der Faschismus als Erscheinungsform der Ungleichzeitigkeit. Zusammenfassender Übergang, Ungleichzeitigkeit und Pflicht zu ihrer Dialektik, in: Nolte, E. (Hg.), Die Theorie des Faschismus, Berlin und Köln 1970, 2. Auflage, S. 182 ff.
BLÖCKER, G.,	Rückkehr zur Nabelschnur, in: Loschütz, G. (Hg.), Von Buch zu Buch - Günter Grass in der Kritik (Eine Dokumentation), Neuwied und Berlin 1968, S. 21 ff.
BÖHME, H.,	Prolegomena zu einer Sozial- und Wirtschaftsgeschichte Deutschlands im 19. und 20. Jahrhundert, Frankfurt/Main 1969, 2. Auflage.

BOURREE, M.,   Das Okular des Günter Grass, in: Loschütz, G. (Hg.),
                   Von Buch zu Buch - ..., Berlin und Neuwied 1968, S.
                   196 ff.

BRACHER, K.D.,   Die deutsche Diktatur. Entstehung, Struktur, Folgen des
                   Nationalsozialismus, Köln, Berlin 1969.

BRECHT, B.,   Schriften zum Theater 1 (Gesammelte Werke 16), Frank-
                   furt/Main 1968 (1967).

  -       -,   Schriften zur Literatur und Kunst 2 (Gesammelte Werke 19),
                   Frankfurt/Main 1968 (1967).

BRINKMANN, H.,   Der komplexe Satz im deutschen Schrifttum der Gegenwart,
                   in: Haslinger, A. (Hg.), Sprachkunst als Weltgestaltung.
                   Festschrift für H. Seiler, Salzburg 1966, S. 13 ff.

BÜRGER, Ch.,   Textanalyse als Ideologiekritik. Zur Rezeption zeitgenössi-
                   scher Unterhaltungsliteratur, Frankfurt/Main 1973.

BÜRGER, P.,   Zur Methode. Notizen zu einer dialektischen Literaturwis-
                   senschaft, in: ders., Studien zur französischen Frühauf-
                   klärung, Frankfurt/Main 1972, S. 7 ff.

BURKE, K.,   Die Rhetorik in Hitlers 'Mein Kampf' (1939), in: Die Rhe-
                   torik in Hitlers 'Mein Kampf' und andere Essays zur Stra-
                   tegie der Überredung, Frankfurt/Main 1967, S. 7 ff.

CARLSSON, A.,   Der Roman als Anschauungsform der Epoche. Bemerkungen
                   zu Thomas Mann und Günter Grass, in: Neue Züricher Zei-
                   tung, 21.11.1964, S. 23 ff.

CLEMENZ, M.,   Gesellschaftliche Ursprünge des Faschismus, Frankfurt/
                   Main 1972.

CUNLIFFE, W.G.,   Aspects of the Absurd in Günter Grass, in: Wisconsin Stu-
                   dies in Contemporary Literature, Band 7, Nr. 3 (1966),
                   S. 311 ff.

CZICHON, E.,   Der Primat der Industrie im Kartell der nationalsoziali-
                   stischen Macht, in: Das Argument Nr. 47 (1968), Heft
                   3, 3. Auflage 1971, S. 168 ff.

DAHRENDORF, R.,   Gesellschaft und Demokratie in Deutschland, München 1965.

DEMETZ, P.,   Günter Grass, in: ders., Die süße Anarchie. Deutsche
                   Literatur seit 1945. Eine kritische Einführung. Aus dem
                   Amerikanischen von Beate Paulus, Frankfurt/Main und
                   Berlin 1970, S. 254 ff.

Deutsches Allgemeines Sonntagsblatt, 12.10.1969 (Interview G. Grass/H. Klunker),
                   Ich und meine Rollen. Wirklichkeit und Roman, Literatur
                   und Politik. Ein Gespräch.

DIEDERICHS, R., Strukturen des Schelmischen im modernen deutschen Roman. Eine Untersuchung an den Romanen von Thomas Mann "Bekenntnisse des Hochstaplers Felix Krull" und Günter Grass "Die Blechtrommel". Dissertation 1971.

DURZAK, M., Der deutsche Roman der Gegenwart, Stuttgart 1971.

- -, Plädoyer für eine Rezeptionsästhetik. Anmerkungen zur deutschen und amerikanischen Literaturkritik am Beispiel von Günter Grass "örtlich betäubt", in: Akzente 1971, S. 487 ff.

ECO, U., Einführung in die Semiotik, München 1972.

- -, Das offene Kunstwerk, Frankfurt/Main 1973.

EDSCHMID, K., Rede auf den Preisträger, in: Deutsche Akademie für Sprache und Dichtung, Darmstadt, Jahrbuch 1965, Heidelberg und Darmstadt 1966, S. 82 ff.

EICHHOLTZ, D. / GOSSWEILER, K., Noch einmal: Politik und Wirtschaft 1933 - 1945, in: Das Argument Nr. 47 (1968), Heft 3, 3. Auflage 1971, S. 210 ff.

EMMEL, H., Das Gericht in der deutschen Literatur des 20. Jahrhundert Bern und München 1963.

ENZENSBERGER, H. M., Bewußtseins-Industrie (1962), in: ders., Einzelheiten I, Bewußtseins-Industrie, Frankfurt/Main 1971, 7. Auflage, S. 7 ff.

- -, Gemeinplätze, die Neueste Literatur betreffend, in: Kursbuch 15 (1968), Frankfurt/Main, S. 187 ff.

- -, Wilhelm Meister, auf Blech getrommelt, in: Loschütz G. (Hg.), Von Buch zu Buch..., Neuwied und Berlin 1968, S. 8 ff.

FEHSE, W., Günter Grass, in: ders., Von Goethe bis Grass, Biografische Porträts zur Literatur, Bielefeld 1963, S. 227 ff.

FEUCHTWANGER, E. J., (Hg.), Deutschland. Wandel und Bestand. Eine Bilanz nach hundert Jahren, München 1973.

FISCHER, E., Überlegungen zur Situation der Kunst, in: ders., Überlegungen zur Situation der Kunst und zwei andere Essays, Zürich 1971, S. 7 ff.

FISCHER, H., Sprachliche Tendenzen bei Heinrich Böll und Günter Grass in: The German Quarterly 40 (1967), Nr. 3, S. 372 ff.

FLECHTHEIM, O., (bearbeitet und hrsg.), Dokumente zur parteipolitischen Entwicklung in Deutschland seit 1945, Band 3, Berlin 1963

Frankfurter Neue Presse, 14.11.1959 (Interview G. Grass/R. Kirn), Sein Zwerg haut auf die Trommel.

Frankfurter Rundschau, 10.3.1969 (Interview G. Grass/K. Stiller), Man kann
            nicht bei der Nein-Position stehen bleiben. Interview
            mit dem Schriftsteller Günter Grass.

FREUD, S.,   Der Dichter und das Phantasieren, in: ders., Bildende
            Kunst und Literatur (Studienausgabe, Band X), Frankfurt/
            Main 1969, S.169 ff.

-   -,   Der Wahn und die Träume in W. Jensens 'Gradiva', in:
            ders., Bildende Kunst und Literatur ..., S.9 ff.

FRIEDRICHSMEYER, E.M., Aspects of Myth, Parody and Obscenity in Günter
            Grass' "Die Blechtrommel" und "Katz und Maus", in: The
            Germanic Review 40 (1965), Nr. 3, S.240 ff.

FRISCH, M.,   Tagebuch 1966 - 1971, Frankfurt/Main 1972.

FROMM, E.,   Autorität und Familie. Sozialpsychologischer Teil (1936),
            in: Gente, H.P. (Hg.), Marxismus, Psychoanalyse. Sex-
            pol 1, Frankfurt/Main 1970, S.251 ff.

-   -,   Die Furcht vor der Freiheit, Frankfurt/Main 1971, 4. Auf-
            lage.

-   -,   Über Methode und Aufgabe einer analytischen Sozialpsycho-
            logie. Bemerkungen über Psychoanalyse und historischen
            Materialismus. (1932), in: ders., Analytische Sozialpsy-
            chologie und Gesellschaftstheorie, Frankfurt/Main 1971,
            2. Auflage, S. 9 ff.

FÜGEN, H.N.,   Die Hauptrichtungen der Literatursoziologie und ihre Me-
            thoden, Bonn 1970, 4. Auflage.

GADAMER, H.-G., Wahrheit und Methode. Grundzüge einer philosophischen
            Hermeneutik, Tübingen 1960.

GANSBERG, M.L., Zu einigen populären Voruteilen gegen materialistische
            Literaturwissenschaft, in: Gansberg, M.L./Vöker, P.G.,
            Methodenkritik der Germanistik. Materialistische Lite-
            raturtheorie und bürgerliche Praxis, Stuttgart 1971,
            2. Auflage, S.7 ff.

GEERDTS, H.J./GUGISCH, P./KASPER, G./SCHMIDT, R., Zur Problematik
            der kritisch-oppositionellen Literatur in Westdeutsch-
            land (H.E.Nossack, Günter Grass, Chr. Geißler, P.
            Schallück), in: Wissenschaftliche Zeitschrift der Ernst-
            Moritz-Arndt-Universität Greifswald 1959/60, S.357 ff.

GELLEY, A.,   Art and Reality in "Die Blechtrommel", in: Forum For
            Modern Language Studies (Modern German Novel), Band
            3, Nr. 2 (1967), S.115 ff.

GLINZ, H.,   Textanalyse und Verstehenstheorie I, Frankfurt/Main
            1973.

GOLDMANN, L.,   Einführung in die Probleme einer Soziologie des Romans, in: ders., Soziologie des modernen Romans, Neuwied und Berlin 1970, S.15 ff.

-   -,   Die gegenseitige Abhängigkeit von Industriegesellschaft und neuen Formen literarischer Schöpfung, in: ders., Kultur in der Mediengesellschaft, Frankfurt/Main 1973, S. 65 ff.

GRIEPENBURG, R./TJADEN, K.H., Faschismus und Bonapartismus. Zur Kritik der Faschismustheorie August Thalheimers, in: Das Argument Nr.41 (1966), Heft 6, 4. Auflage 1970, S.461 ff.

GRIMMIGER, R.,   Das intellektuelle Subjekt der Literaturwissenschaft - Entwurf einer dialektischen Hermeneutik, in: Kolbe, J. (Hg.), Neue Ansichten einer künftigen Germanistik, München 1973, S.15 ff.

GROSSER, D.,   Die nationalsozialistische Wirtschaft. Die deutsche Industrie und die Nationalsozialisten: Partnerschaft beim Griff nach der Weltmacht, in: Das Argument Nr. 32 (1965), Heft 1, 3. Auflage 1968, S.1 ff.

GRUNERT, M.u.B.,(Hg.),Wie stehen Sie dazu? Jugend fragt Prominente, daraus: Schulgespräch mit Günter Grass am 12.12.1963 in der Albert-Schweitzer-Oberschule (Gymnasium in Berlin-Neukölln), München und Bern 1967, S.74 ff.

GÜNTHER, H.,   Funktionsanalyse der Literatur, in: Kolbe, J. (Hg.), Neue Ansichten einer künftigen Germanistik, München 1973, S.174 ff.

GUMBRECHT, H.U.,   Soziologie und Rezeptionsästhetik - Über Gegenstand und Chancen interdisziplinärer Zusammenarbeit, in: Kolbe, J. (Hg.) Neue Ansichten..., S.48 ff.

HABERMAS, J.,   Erkenntnis und Interesse, Frankfurt/Main 1970

-   -,   Erkenntnis und Interesse, in: ders., Technik und Wissenschaft als 'Ideologie', Frankfurt/Main, 1970, 4. Auflage, S. 146 ff.

-   -,   Legitimationsprobleme im Spätkapitalismus, Frankfurt/ Main 1973.

-   -,   Einige Schwierigkeiten beim Versuch, Theorie und Praxis zu vermitteln, in: ders., Theorie und Praxis, Frankkfurt/ Main 1971, S.9 ff.

-   -,   Der Universalitätsanspruch der Hermeneutik, in: Hermeneutik und Ideologiekritik (Theorie-Diskussion), Frankfurt/Main 1971, S. 120 ff.

HABERMAS, J.,   Vorbereitende Bemerkungen zu einer Theorie der kommunikativen Kompetenz, in: Habermas, J./Luhmann, N.,
Theorie der Gesellschaft oder Sozialtechnologie - Was leistet die Systemforschung? (Theorie-Diskussion), Frank-
furt/Main 1971, S.101 ff.

-     -,   Zur Logik der Sozialwissenschaften. Materialien, Frank-
furt/Main 1970.

HAMM, P., (Hg.)   Kritik - von wem / für wen / wie. Eine Selbstdarstellung
deutscher Kritiker, München 1969, 2. Auflage.

-     -,   Verrückte Lehr- und Wanderjahre, in: DU, Zürich, De-
zember 1959.

HAUG, W.F.,   Der hilflose Antifaschismus, Frankfurt/Main 1970, 3.
überarbeitete und ergänzte Auflage.

-     -,   Ideologische Komponenten in den Theorien über den Faschismus, in: Das Argument Nr. 33 (1965), Heft 2, 3.
Auflage 1970, S.1 ff.

HILLGRUBER, A.,   Die Auflösung der Weimarer Republik, in: Tormin, W.
(Hg.), Die Weimarer Republik, Zeitgeschichte in Text
und Quellen, Hannover 1962, S.201 ff.

HINDERER, W.,   Zur Situation der westdeutschen Literaturkritik, in: Durzak, M. (Hg.), Die deutsche Literatur der Gegenwart.
Aspekte und Tendenzen, Stuttgart 1971, S.300 ff.

HÖLLERER, W.,   Einleitung zu einem Vorabdruck aus "Die Blechtrommel",
in: Der Monat, August 1959 (o.S.).

-     -,   Roman im Kreuzfeuer, in: Loschütz, G. (Hg.), Von Buch
zu Buch ..., Neuwied und Berlin 1968, S. 15 ff.

HOHENDAHL, P.U.,   Literaturkritik und Öffentlichkeit, in: Zeitschrift für Literaturwissenschaft und Linguistik, Heft 1/2 (1971),
S.11 ff.

-     -, (Hg.), Sozialgeschichte und Wirkungsästhetik. Dokumente
zur empirischen und marxistischen Rezeptionsforschung,
Frankfurt/Main 1974.

HOHLFELD, J., (Hg.), Dokumente der deutschen Politik und Geschichte von 1848
bis zur Gegenwart. Deutschland nach dem Zusammen-
bruch 1945 (Band VI), Berlin 1952.

HOLTHUSEN, H.E.,   Günter Grass als politischer Autor, in: ders., Plädoyer
für den Einzelnen. Kritische Beiträge zur literarischen
Diskussion, München 1967, S. 40 ff.

HOLZ, H.H.,   Vom Kunstwerk zur Ware. Studien zur Funktion des ästhetischen Gegenstands im Spätkapitalismus, Neuwied und
Berlin 1972.

HORKHEIMER, M.,   Autorität und Familie (1936), in: ders., Kritische Theorie Band I (Eine Dokumentation, Hg. A. Schmidt), Frankfurt/Main 1968, S. 277 ff.

-    -,   Geschichte und Psychologie (1932), in: ders., Kritische Theorie Band I ..., S. 9 ff.

-    -,   Traditionelle und kritische Theorie (1937), in: ders., Kritische Theorie Band II ..., S. 147 ff.

HORN, K.,   Zur Formierung der Innerlichkeit. Demokratie als psychologisches Problem, in: Schäfer, G./Nedelmann, C. (Hg.), Der CDU-Staat 2., Analysen zur Verfassungswirlichkeit in der Bundesrepublik, Frankfurt/Main 1969, 2. Auflage, S. 315 ff.

-    -,   Zur Sozialpsychologie des Faschismus, in: ders., Psychoanalyse - Kritische Theorie des Subjekts (Aufsätze), Frankfurt/Main 1972, S. 57 ff.

HORNUNG, P.,   Oskar Matzerath - Trommler und Gotteslästerer, in: Loschütz, G. (Hg.), Von Buch zu Buch ..., Neuwied und Berlin 1968, S. 24 ff.

IDE, H.,   Dialektisches Denken im Werk von Günter Grass, in: Studium Generale (1968), Heft 2, S. 608 ff.

INGARDEN, R.,   Das literarische Kunstwerk, Tübingen 1965, 3. Auflage.

ISER, W.,   Die Appellstruktur der Texte. Unbestimmtheit als Wirkungsbedingung literarischer Prosa (Konstanzer Universitätsreden 28), Konstanz 1972, 3. Auflage.

-    -,   Der implizite Leser. Kommunikationsformen des Romans von Bunyan bis Beckett, München 1972.

JAEGGI, U.,   Kapital und Arbeit in der Bundesrepublik. Elemente einer gesamtgesellschaftlichen Analyse, Frankfurt/Main 1973.

JAKOBSON, R.,   Linguistik und Poetik, in: Ihwe, J. (Hg.), Literaturwissenschaft und Linguistik, Band 1, Frankfurt/Main 1972, S. 99 ff.

JAUSS, H.R.,   Kleine Apologie der ästhetischen Erfahrung. Mit kunstgeschichtlichen Bemerkungen von Max Imdahl (Konstanzer Universitätsreden 59), Konstanz 1972.

-    -,   Literarische Tradition und gegenwärtiges Bewußtsein der Modernität, in: ders., Literaturgeschichte als Provokation, Frankfurt/Main 1970, 2. Auflage, S. 11 ff.

-    -,   Literaturgeschichte als Provokation der Literaturwissenschaft, in: ders., Literaturwissenschaft als Provokation ..., S. 144 ff.

JAUSS, H.R.,   Racines und Goethes Iphigenie. Mit einem Nachwort über
die Partialität der rezeptionsästhetischen Methode, in:
Neue Hefte für Philosophie (1973), Heft 4, S. 42 ff.

JENS, W.,   Deutsche Literatur der Gegenwart. Themen, Stile, Tendenzen, München 1964.

JUST, G.,   Darstellung und Appell in der "Blechtrommel" von Günter
Grass. Darstellungsästhetik versus Wirkungsästhetik,
Frankfurt/Main 1972.

KAISER, J.,   Oskars getrommelte Bekenntnisse, in: Löschütz, G. (Hg.).
Von Buch zu Buch ..., Neuwied und Berlin 1968, S. 13 ff.

KLINGE, R.,   Die "Blechtrommel" im Unterricht? Ein Versuch, in: Der
Deutschunterricht (1966), Heft 2, S. 91 ff.

KOFLER, L.,   Der asketische Eros. Industriekultur und Ideologie, Wien
1967.

KOSÍK, K.,   Die Dialektik des Konkreten. Eine Studie zur Problematik
des Menschen und der Welt, Frankfurt/Main 1970.

KRAUSS, W.,   Grundprobleme der Literaturwissenschaft, Hamburg 1968.

KÜHNL, R.,   Deutschland zwischen Demokratie und Faschismus, München 1971, 3. revidierte Auflage.

-     -,   Formen bürgerlicher Herrschaft. Liberalismus - Faschismus, Reinbek 1971.

LÄMMERT, E.,   Rezeptions- und Wirkungsgeschichte der Literatur als
Lehrgegenstand, in: Kolbe, J. (Hg.), Neue Ansichten
einer künftigen Germanistik, München 1973, S. 160 ff.

LANGER, S.K.,   Philosophie auf neuem Wege. Das Symbol im Denken, im
Ritus und in der Kunst, Berlin 1965.

LOETSCHER, H.,   Günter Grass, in: Loschütz, G. (Hg.), Von Buch zu Buch
..., S. 190 ff.

LÖWENTHAL, L.,   Das gesellschaftliche Bewußtsein in der Literaturwissenschaft, in: ders., Erzählkunst und Gesellschaft, Neuwied
und Berlin 1971, S. 23 ff.

LOHNER, E.,   Tradition und Gegenwart deutscher Literaturkritik, in:
Sprache im technischen Zeitalter 1 (1961/62), S. 238 ff.

LUKÁCS, G.,   Einführung in die ästhetischen Schriften von Marx und
Engels, in: ders., Schriften zur Literatursoziologie
(Hg. P. Ludz), Neuwied und Berlin 1970, 4. Auflage,
S. 213 ff.

MANDELKOW, K.R., Probleme der Wirkungsgeschichte, in: Jahrbuch für internationale Germanistik (1970), Heft 1, S.71 ff.

MARCUSE, H., Philosophie und kritische Theorie, in: ders., Kultur und Gesellschaft 1, Frankfurt/Main 1968, 8.Auflage, S.102 ff.

MASON, T., Primat der Industrie? Eine Erwiderung, in: Das Argument Nr.47 (1968), Heft 3, 3. Auflage 1971, S.193 ff.

-    -, Der Primat der Politik - Politik und Wirtschaft im Nationalsozialismus, in: Das Argument Nr.41 (1966), Heft 6, 4.Auflage 1970, S.473 ff.

MAYER, H., Deutsche Literatur seit Thomas Mann, Reinbek 1968.

-    -, Felix Krull und Oskar Matzerath, in: ders., Das Geschehen und das Schweigen. Aspekte der Literatur, Frank-Frankfurt/Main 1969, S. 35 ff.

-    -, Zur aktuellen literarischen Situation, in: Durzak, M. (Hg.), Die deutsche Literatur der Gegenwart. Aspekte und Tendenzen, Stuttgart 1971, S.63 ff.

MECKLENBURG, N., Kritisches Interpretieren. Untersuchungen zur Theorie der Literaturkritik, München 1972.

METSCHER, T., Ästhetik als Abbildtheorie. Erkenntnistheoretische Grundlagen materialistischer Kunsttheorie und das Realismusproblem in den Literaturwissenschaften, in: Das Argument Nr. 77 (1972), Heft 11/12, S.919 ff.

METZGER-HIRT, E., Günter Grass "Askese". Eine Interpretation, in: Monatshefte LVII (1965), S.283 ff.

MITSCHERLICH, A., Die Unfähigkeit zu trauern, München 1969.

MOORE, H.T., Three Group 47 Novelists: Böll, Johnson, Grass, in: ders., Twentieth-Century German Literature, New York und London 1967, S.193 ff.

MÜLLER-ECKHARD, H., Es muß einmal gesagt werden: Die Blechtrommel. Notwendige Bemerkungen zu einem preisgekrönten Roman, in: Kölnische Rundschau, 13.12.1959.

MUKAŘOVSKY, J., Ästhetische Funktion, Norm und ästhetischer Wert als soziale Fakten, in: ders., Kapitel aus der Ästhetik, Frankfurt/Main 1970, S. 7 ff.

-    -, Kapitel aus der Poetik, Frankfurt/Main 1967.

NAUMANN, M., Literatur und Probleme ihrer Rezeption, in: Hohendahl, P.U. (Hg.), Sozialgeschichte und Wirkungsästhetik, Frankfurt/Main 1974, S.215 ff.

Neue deutsche Hefte (Gütersloh), Kritische Blätter, 1053-1056, R.H. (Red. -Sig.),
Schläge auf die Blechtrommel (o. D.).

NEVEUX, J. -B.,   Günter Grass le Vistulien, in: Etudes Germaniques (1966),
Heft 4, S. 527 ff.

NOLTE, J.,   Oskar, der Trommler, kennt kein Tabu. Eine Geschichte,
die Grimmelshausen hätte erfinden können - ein pralles
Stück Prosa: Günter Grass "Die Blechtrommel", in:
Die Welt, 17.10.1959.

PARRY, I.,   Aspects of Günter Grass' Narrative Technique, in: Forum
For Modern Language Studies (Modern German Novel),
Band 3, Nr. 2 (1967), S. 99 ff.

PLARD, H.,   Verteidigung der Blechtrommeln. Über Günter Grass, in:
Text und Kritik 1, S. 1 ff. (o. D.)

PROSS, H.,   Kritik als Fürsprache: Günter Grass, in: ders., Söhne
der Kassandra, Stuttgart 1971.

REICH, W.,   Die Massenpsychologie des Faschismus, Köln und Berlin
1971.

REICHE, R. /BLANKE, B., Kapitalismus, Faschismus und Demokratie, in:
Das Argument Nr. 32 (1965), Heft 1, 3. Auflage 1968,
S. 12 ff.

REICH-RANICKI, M.,   Auf gut Glück getrommelt. Spielereien und Schaumschlä-
gereien verderben die Zeitkritik des Günter Grass, in:
Die Zeit, 1.1.1960.

-    -,   Günter Grass, unser grimmiger Idylliker, in: ders., Deutsche Literatur in West und Ost, Prosa seit 1945, München 1963, S. 216 ff.

ROSENBERG, A.,   Der Faschismus als Massenbewegung, in: Abendroth, W.
(Hg.), Faschismus und Kapitalismus, Frankfurt/Main
1972, S. 75 ff.

RUDOLPH, E., (Hg.)   Protokoll zur Person. Autoren über sich und ihr Werk
(Günter Grass, S. 59 ff), München 1971.

SCHEFTER FERGUSON, L., Die Blechtrommel von Günter Grass. Versuch einer
Interpretation (German Text). The Ohio State University,
Phil. Diss. 1967 (Language and Literature, modern), Uni-
versity Microfilms Inc., Ann Arbor (Michigan).

SCHNÄDELBACH, H.,   Was ist Ideolgogie? Versuch einer Begriffsklärung, in:
Das Argument Nr. 50 (1969), S. 71 ff.

SCHÜTTE, W.,   Schneckenwindungen, behutsam nachgegangen. Die poli-
tisch-literarische Bilanz von Günter Grass. Melancholie
und Skepsis, in: Frankfurter Rundschau, 26.8.1972.

SCHULTE-SASSE, J.,   Literarischer Markt und ästhetische Denkform. Analysen und Thesen zur Geschichte ihres Zusammenhangs, in: Zeitschrift für Literaturwissenschaft und Linguistik (1972), Heft 6, S. 11 ff.

SCHWARZ, W. J.,   Der Erzähler Günter Grass, Bonn und München 1969.

SEARLE, J. R.,   Sprechakte. Ein sprachphilosophischer Essay, Frankfurt/Main 1971.

SEGHERS, A.,   Die Toten bleiben jung (Roman), Berlin und Weimar 1970, 12. Auflage.

SONTHEIMER, K.,   Antidemokratisches Denken in der Bundesrepublik, in: Geiss, I./Ulrich, V. (Hg.), Fünfzehn Millionen beleidigte Deutsche oder Woher kommt die CDU?, Reinbek 1971, S. 102 ff.

SPYCHER, P.,   Die Bösen Köche von Günter Grass - Ein 'Absurdes' Drama?, in: Germanisch-Romanische Monatsschrift, Neue Folge Band 16, Heft 2 (1966), S. 161 ff.

STAMMEN, Th., (Hg.) Einigkeit und Recht und Freiheit. Westdeutsche Innenpolitik 1945 - 1955 (dtv-dokumente), München 1965.

STEINER, G.,   The Nerve of Günter Grass, in: Commentary 37, Nr. 5 (1964), S. 77 ff.

STOMPS, V. O.,   Menschenjahre - Hundejahre, in: Text und Kritik 1, S. 9 ff. (o. D.).

STRIEDTER, J., (Hg.) Texte der Russischen Formalisten I, daraus: Vorwort, S. IX - LXXXIII, München 1969.

Stuttgarter Zeitung, 18. 2. 1969 (Interview G. Grass/G. Schäble), Die Ideologien haben versagt. Interview der Stuttgarter Zeitung mit Günter Grass.

SUBIOTTO, A.,   Günter Grass, in: Keith-Smith, B. (Hg.), Essays on Contemporary German Literature. German Men of Letters, Band IV, London 1966, S. 215 ff.

SZONDI, P.,   Über philologische Erkenntnis, in: ders., Hölderlin-Studien. Mit einem Traktat über philologsiche Erkenntnis, Frankfurt/Main 1970, S. 9 ff.

TANK, K. L.,   Der Blechtrommler schrieb Memoiren, in: Welt am Sonntag, 4. 10. 1959.

- -,   Günter Grass, Berlin 1966, 2. erweiterte Auflage.

TASCA, A.,   Allgemeine Bedingungen der Entstehung und des Aufstieges des Faschismus, in: Abendroth, W. (Hg.), Kapitalismus und Faschismus, Frankfurt/Main 1972, S. 169 ff.

TAUZHER, H.,　　　　　Blechtrommler wühlt im Schlamm, in: Die Woche, 16.8.
　　　　　　　　　　　　1967 (Leserbrief).

Theater Heute 4 (1969), S.31 ff. (Interview G.Grass/H.Rischbieter), Gespräch
　　　　　mit Günter Grass.

THOMAS, R.H. / WILL, VAN DER W., Der deutsche Roman und die Wohlstands-
　　　　　gesellschaft, Stuttgart 1969.

WAGENBACH, K.,　　　Günter Grass, in: Nonnenmann, K. (Hg.), Schriftsteller
　　　　　　　　　　　　der Gegenwart. Deutsche Literatur. Dreiundfünfzig Por-
　　　　　　　　　　　　träts, Olten und Freiburg i.Breisgau 1963, S.118 ff.

WALSER, M.,　　　　　Imitation oder Realismus, in: ders., Erfahrungen und
　　　　　　　　　　　　Leseerfahrungen, Frankfurt/Main 1966, S.66 ff.

WARNEKEN, B.J.,　　　Zu Hans Robert Jauß' Programm einer Rezeptionsästhe-
　　　　　　　　　　　　tik, in: Hohendahl, P.U. (Hg.), Sozialgeschichte und
　　　　　　　　　　　　Wirkungsästhetik, Frankfurt/Main 1974, S.290 ff.

WEGENER, A.,　　　　　Günter Grass, der realistische Zauberlehrling, in: Buehne,
　　　　　　　　　　　　S.Z./Hodge, J.L./Pinto, L.B. (Hg.), Helen Adolf-Fest-
　　　　　　　　　　　　schrift, New York 1968, S.285 ff.

WEIMANN, R.,　　　　　Literaturgeschichte und Mythologie. Methodologische und
　　　　　　　　　　　　historische Studien, Berlin und Weimar 1972, 2. Auflage.

WEINRICH, H.,　　　　　Für eine Literaturgeschichte des Lesers, in: Merkur (1967),
　　　　　　　　　　　　Heft 11, S.1026 ff.

WELZIG, W.,　　　　　Der deutsche Roman im 20. Jahrhundert, Stuttgart 1967.

WESTPHAL, R.,　　　　Psychologische Theorien über den Faschismus, in: Das
　　　　　　　　　　　　Argument Nr. 32 (1965), Heft 1, 3. Auflage 1968, S. 30 ff.

WIDMER, W.,　　　　　Geniale Verruchtheit, in: Loschütz, G. (Hg.), Von Buch
　　　　　　　　　　　　zu Buch ..., S.18 ff.

WIEGAND, R.,　　　　　'Herrschaft' und 'Entfremdung'. Zwei Begriffe für eine
　　　　　　　　　　　　Theorie über den Faschismus, in: Das Argument Nr.30
　　　　　　　　　　　　(1964), Heft 3, 5.Auflage 1970, S.138 ff.

WIESER, TH.,　　　　　Günter Grass, Neuwied 1968.

WILL, VAN DER W.,　　Pikaro heute. Metamorphosen des Schelms bei Thomas
　　　　　　　　　　　　Mann, Döblin, Brecht, Grass, Stuttgart 1967.

WILMOWSKY, FRHR.VON TH., Warum wurde Krupp verurteilt?, Stuttgart 1951

WILSON, A.L.,　　　　　The Grotesque Everyman in Günter Grass's "Die Blech-
　　　　　　　　　　　　trommel", in: Monatshefte 58, Nr. 2 (1966), S.131 ff.

WINCKLER, L.,   Entstehung und Funktion des literarischen Marktes, in: ders., Kulturwarenproduktion. Aufsätze zur Literatur- und Sprachsoziologie, Frankfurt/Main 1973, S.12 ff.

-    -,   Studie zur gesellschaftlichen Funktion faschistischer Sprache, Frankfurt/Main 1970.

-    -,   Über einige Zusammenhänge zwischen ästhetischer Produktion und gesellschaftlicher Produktivkraftentwicklung, in: ders., Kulturwarenproduktion ..., S.76 ff.

WOLFF, H.,   (gesammelt und hrsg.), Lyrik unserer Zeit. Gedichte und Texte, Daten und Hinweise (Günter Grass, S.42 ff.), Dortmund 1958.

NACHBEMERKUNG

Die hier vorgelegte Arbeit wurde 1974 von der Universität Frankfurt/Main als Dissertation angenommen.

Für mancherlei Unterstützung danke ich Herrn Prof. Dr. Norbert Altenhofer. Beim Druck mußte ein umfangreiches Kapitel über den Faschismus und die Nachkriegszeit - der historisch-politische Hintergrund des Romangeschehens - erheblich gekürzt werden.

EUROPÄISCHE HOCHSCHULSCHRIFTEN

Reihe I   Deutsche Literatur und Germanistik

Nr. 1   Henning Boetius, Frankfurt a.M.: Utopie und Verwesung. Zur Struktur von Hans Henny Jahnns Roman "Fluss ohne Ufer". 174 S. 1967.

Nr. 2   Gerhard Trapp, Frankfurt a.M.: Die Prosa Johannes Urzidils. 235 S. 1967.

Nr. 3   Bernhard Gajek, Frankfurt a.M.: Sprache beim jungen Hamann. 113 S. 1967. (Neudruck)

Nr. 4   Henri Paucker, Zürich: Heinrich Heine: Mensch und Dichter zwischen Deutschland und Frankreich. 95 S. 1967. (Neudruck)

Nr. 5   Fritz Hackert, Stuttgart: Kulturpessimismus und Erzählform. Studien zu Joseph Roths Leben und Werk. 220 S. 1967.

Nr. 6   Michael Böhler, Zürich: Formen und Wandlungen des Schönen. Untersuchungen zum Schönheitsbegriff Adalbert Stifters. 100 S. 1967. (Neudruck)

Nr. 7   Rudolf Schäfer, Wiesbaden: Hugo von Hofmannsthals "Arabella". Wege zum Verständnis des Werkes und seines gattungsgeschichtlichen Ortes. 332 S. 1968.

Nr. 8   Leslie MacEwen, Washington: The Narren-motifs in the Works of Georg Büchner. 52 p. 1968.

Nr. 9   Emil Wismer, Neuenburg: Der Einfluss des deutschen Romantikers Zacharias Werner in Frankreich (Die Beziehungen des Dichters zu Madame de Staël). 98 S. 1968. (Neudruck)

Nr. 10   Franz Hagmann, Freiburg: Aspekte der Wirklichkeit im Werke Robert Musils. 204 S. 1969.

Nr. 11   Ilpo Tapani Piirainen, Helsinki: Textbezogene Untersuchungen über "Katz und Maus" und "Hundejahre" von Günter Grass. 84 S. 1968.

Nr. 12   Georg Alexander Nowak, Wheeling, West Virginia, USA: Abhandlungen zur Germanistik. 80 S. 3 Karten. 1969.

Nr. 13   Gawaina D. Luster, Washington: Untersuchungen zum Stabreimstil in der Eneide Heinrichs von Veldeke. 112 S. 4 Tafeln. 1969.

Nr. 14   Kaspar Schnetzler, Zürich: Der Fall Maurizius. Jakob Wassermanns Kunst des Erzählens. 120 S. 1968.

Nr. 15   Dorothea W. Dauer, White Plains/USA: Schopenhauer as Transmitter of Buddhist Ideas. 40 p. 1969.

Nr. 16   Hermann Bitzer, Zürich: Goethe über den Dilettantismus. 124 S. 1969.

Nr. 17   Urs Strässle, Zürich: Geschichte, geschichtliches Verstehen und Geschichtsschreibung im Verständnis Johann Georg Hamanns. 166 S. 1970.

Nr. 18   Stefan F. L. Grunwald, Norfolk, Va./USA: A Biography of Johann Michael Moscherosch (1601–1669). 96 p. Illustrated. 1970.

Nr. 19   Philipp H. Zoldester, Charlottesville, Va./USA: Adalbert Stifters Weltanschauung. 186 S. 1969.

Nr. 20   Karl-Jürgen Ringel, Düsseldorf: Wilhelm Raabes Roman "Hastenbeck". 192 S. 1970.

Nr. 21   Elisabeth Kläui, Zürich: Gestaltung und Formen der Zeit im Werk Adalbert Stifters. 112 S. 1969.

Nr. 22   Hildegund Kunz, Baldegg: Bildersprache als Daseinserschliessung. Metaphorik in Gotthelfs "Geld und Geist" und in "Anne Bäbi Jowäger". 164 S. 1969.

Nr. 23   Martin Kraft, Zürich: Studien zur Thematik von Max Frischs Roman "Mein Name sei Gantenbein". 84 S. 1970.

Nr. 24   Wilhelm Resenhöfft, Kiel: Existenzerhellung des Hexentums in Goethes "Faust". (Mephistos Masken, Walpurgis) Grundlinien axiomatisch-psychologischer Deutung. 128 S. 1970.

Nr. 25   Wolfgang W. Moelleken, Davis/USA: "Der Stricker: Von übelen wiben". 68 S. 1970.

Nr. 26 Vera Debluë, Zürich: Anima naturaliter ironica – Die Ironie in Wesen und Werk Heinrich Heines. 100 S. 1970.

Nr. 27 Hans-Wilhelm Kelling, Stanford/USA: The Idolatry of Poetic Genius in German Goethe Criticism. 200 p. 1970.

Nr. 28 Armin Schlienger, Zürich: Das Komische in den Komödien des Andreas Gryphius. Ein Beitrag zu Ernst und Scherz im Barocktheater. 316 S. 1970.

Nr. 29 Marianne Frey, Bern: Der Künstler und sein Werk bei W. H. Wackenroder und E. T. A. Hoffmann. Vergleichende Studien zur romantischen Kunstanschauung. 216 S. 1970.

Nr. 30 C. A. M. Noble, Belfast: Krankheit, Verbrechen und künstlerisches Schaffen bei Thomas Mann. 268 S. 1970.

Nr. 31 Eberhard Frey, Waltham/USA: Franz Kafkas Erzählstil. Eine Demonstration neuer stilanalytischer Methoden an Kafkas Erzählung "Ein Hungerkünstler". 382 S. 1974 (2. Auflage).

Nr. 32 Raymond Lauener, Neuchâtel: Robert Walser ou la Primauté du Jeu. 532 p. 1970.

Nr. 33 Samuel Berr, New York: An Etymological Glossary to the Old Saxon Heliand. 480 p. 1970.

Nr. 34 Erwin Frank Ritter, Wisconsin: Johann Baptist von Alxinger and the Austrian Enlightenment. 176 p. 1970.

Nr. 35 Felix Thurner, Fribourg: Albert Paris Gütersloh – Studien zu seinem Romanwerk. 220 S. 1970.

Nr. 36 Klaus Wille, Tübingen: Die Signatur der Melancholie im Werk Clemens Brentanos. 208 S. 1970.

Nr. 37 Andreas Oplatka, Zürich: Aufbauform und Stilwandel in den Dramen Grillparzers. 104 S. 1970.

Nr. 38 Hans-Dieter Brückner, Claremont: Heldengestaltung im Prosawerk Conrad Ferdinand Meyers. 102 S. 1970.

Nr. 39 Josef Helbling, Zürich: Albrecht von Haller als Dichter. 164 S. 1970.

Nr. 40 Lothar Georg Seeger, Washington: The "Unwed Mother" as a Symbol of Social Consciousness in the Writings of J. G. Schlosser, Justus Möser, and J. H. Pestalozzi. 36 p. 1970.

Nr. 41 Eduard Mäder, Freiburg: Der Streit der "Töchter Gottes" – Zur Geschichte eines allegorischen Motivs. 136 S. 1971.

Nr. 42 Christian Ruosch, Freiburg: Die phantastisch-surreale Welt im Werke Paul Scheerbarts. 136 S. 1970.

Nr. 43 Maria Pospischil Alter, Maryland/USA: The Concept of Physician in the Writings of Hans Carossa and Arthur Schnitzler. 104 p. 1971.

Nr. 44 Vereni Fässler, Zürich: Hell-Dunkel in der barocken Dichtung – Studien zum Hell-Dunkel bei Johann Klaj, Andreas Gryphius und Catharina Regina von Greiffenberg. 96 S. 1971.

Nr. 45 Charlotte W. Ghurye, Terre Haute, Indiana/USA: The Movement Toward a New Social and Political Consciousness in Postwar German Prose. 128 p. 1971.

Nr. 46 Manfred A. Poitzsch, Minneapolis, Minnesota/USA: Zeitgenössische Persiflagen auf C. M. Wieland und seine Schriften. 220 S. 1972.

Nr. 47 Michael Imboden, Freiburg: Die surreale Komponente im erzählenden Werk Arthur Schnitzlers. 132 S. 1971.

Nr. 48 Wolfgang Dieter Elfe, Massachusetts/USA: Stiltendenzen im Werk von Ernst Weiss, unter besonderer Berücksichtigung seines expressionistischen Stils (Ein Vergleich der drei Druckfassungen des Romans "Tiere in Ketten"). 80 S. 1971.

Nr. 49 Alba Schwarz, Zürich: "Der teutsch-redende treue Schäfer". Guarinis "Pastor Fido" und die Übersetzungen von Eilger Mannlich 1619, Statius Ackermann 1636, Hofmann von Hofmannswaldau 1652, Assman von Abschatz 1672. 284 S. 1972.

Nr. 50 Martin Kraft, Zürich: "Schweizerhaus" – Das Haus-Motiv im Deutsch-schweizer Roman des 20. Jahrhunderts. 72 S. 1971.

Nr. 51 Hansjörg Büchler, Zürich: Studien zu Grimmelshausens Landstörtzerin Courasche (Vorlagen/Struktur und Sprache/Moral). 116 S. 1971.

Nr. 52 Robert Van Dusen, Hamilton, Canada: The Literary Ambitions and Achievements of Alexander von Humboldt. 68 p. 1971.

Nr. 53 Thomas Feitknecht, Bern: Die sozialistische Heimat. Zum Selbstverständnis neuerer DDR-Romane. 104 S. 1971.

Nr. 54 Margareta Gasser-Mühlheim, Bern: Soziale Aufwertungstendenzen in der deutschen Gegenwartssprache. 112 S. 1972.

Nr. 55 Wolfgang von Wangenheim, Genf: Das Basler Fragment einer mitteldeutsch-niederdeutschen Liederhandschrift und sein Spruchdichter-Repertoire (Kelin, Fegfeuer). 326 S. 1972.

Nr. 56 Volker Zimmermann, Heidelberg: Die Entwicklung des Judeneids. Untersuchungen und Texte zur rechtlichen und sozialen Stellung der Juden im Mittelalter. 286 S. 1973.

Nr. 57 Jürg Kielholz, Zürich: Wilhelm Heinrich Wackenroder, Schriften über die Musik. Musik- und literaturgeschichtlicher Ursprung und Bedeutung in der romantischen Literatur. 136 S. 1972.

Nr. 58 Hermann Gelhaus, unter Mitarbeit von Roger Frey und Otfried Heyne, Basel: Vorstudien zu einer kontrastiven Beschreibung der schweizerdeutschen Schriftsprache der Gegenwart. Die Rektion der Präpositionen trotz, während und wegen. 124 S. 1972.

Nr. 59 Silvia Weimar-Kluser, Zürich: Die höfische Dichtung Georg Rudolf Weckherlins. 128 S. 1971.

Nr. 60 Eva Acquistapace, Bochum: Person und Weltdeutung. Zur Form des Essayistischen im Blick auf das literarische Selbstverständnis Rudolf Kassners. 164 S. 1971.

Nr. 61 Dieter Helle, Klaus-Peter Klein, Rainer Kuttert, Christel Schulte, Uwe-Dieter Steppuhn, Heinz-Burkhard Strüwer, Bochum: Zur Entstehung des Neuhochdeutschen. Sprachgeographische und -soziologische Ansätze. Herausgegeben von Ilpo Tapani Piirainen. 156 S. 1972.

Nr. 62 Wilhelm Resenhöfft, Kiel: Goethes Rätseldichtung im "Faust" (mit Hexenküche und Hexen-Einmal-Eins) in soziologischer Deutung. 178 S. 1972.

Nr. 63 Christoph Mühlemann, Zürich: Fischarts "Geschichtklitterung" als manieristisches Kunstwerk. Verwirrtes Muster einer verwirrten Zeit. 176 S. 1972.

Nr. 64 Marcel Roger, Syracuse: "Hiermit erhebte sich ein abscheulich Gelächter" – Untersuchungen zur Komik in den Romanen von Johann Beer. 132 S. 1973.

Nr. 65 Charles Whitney Carpenter, Bloomsburg/Pennsylvania: The Systematic Exploitation of the Verbal Calque in German. 132 p. 1973.

Nr. 66 Artur Rümmler, Mainz: Die Entwicklung der Metaphorik in der Lyrik Karl Krolows (1942–1962). Die Beziehung zu deutschen, französischen und spanischen Lyrikern. 285 S. 1972.

Nr. 67 Wilhelm Resenhöfft, Kiel: Nietzsches Zarathustra-Wahn. Deutung und Dokumentation zur Apokalypse des Übermenschen. 140 S. 1972.

Nr. 68 Keith L. Roos, Provo, Utah/USA: The Devil in 16th Century German Literature: The Teufelsbücher. 132 p. 1972.

Nr. 69 Herbert Schütz, Toronto: Hermann Kasack: The Role of the Critical Intellect in the Creative Writer's Work. 146 p. 1972.

Nr. 70 Wolfgang Mieder, East Lansing, Michigan/USA: Das Sprichwort im Werke Jeremias Gotthelfs. Eine volkskundlich-literarische Untersuchung. 168 S. 1972.

Nr. 71 Jürg Aggeler, Zürich: Der Weg von Kleists Alkmene. 164 S. 1972.

Nr. 72   Hermann Gelhaus, Basel: Synchronie und Diachronie. Zwei Vorträge über Probleme der nebensatzeinleitenden Konjunktionen und der Consecutio temporum. 52 S. 1972.

Nr. 73   Xaver Kronig, Freiburg: Ludwig Hohl. Seine Erzählprosa mit einer Einführung in das Gesamtwerk. 188 S. 1972.

Nr. 74   Christine Merian, Basel: Die Gestalt des Künstlers im Werk Conrad Ferdinand Meyers. 116 S. 1973.

Nr. 75   Veronica C. Richel, Vermont: Luise Gottsched. A Reconsideration. 120 p. 1973.

Nr. 76   Theo Bungarten, Bonn: Sprache und Sprachanalyse des Deutschen. Vier Beiträge zur Methode und Theorie. 152 S. 1973.

Nr. 77   Wolfgang Köhler, Frankfurt a.M.: Hugo von Hofmannsthal und "Tausendundeine Nacht". Untersuchungen zur Rezeption des Orients im epischen und essayistischen Werk. Mit einem einleitenden Überblick über den Einfluss von "Tausendundeine Nacht" auf die deutsche Literatur. 180 S. 1972.

Nr. 78   Thomas Alfred Gehring, Zürich: Johanne Charlotte Unzer-Ziegler 1725–1782. 148 S. 1973.

Nr. 79   Alfons-M. Bischoff, Freiburg: Elias Canetti – Stationen zum Werk. 184 S. 1973.

Nr. 80   Roger C. Norton, Endicott: Hermann Hesse's Futuristic Idealism / *The Glass Bead Game* and its Predecessors. 150 p. 1973.

Nr. 81   Günther Schneider, Freiburg: Untersuchungen zum dramatischen Werk Robert Musils. 292 S. 1973.

Nr. 82   Gerhard Dünnhaupt, Washington: Diederich von dem Werder / Versuch einer Neuwertung seiner Hauptwerke. 148 S. 1973.

Nr. 83   Walter Gorgé, Bern: Auftreten und Richtung des Dekadenzmotivs im Werk Georg Trakls. 322 S. 1973.

Nr. 84   Alan B. Galt, Washington: Sound and Sense in the Poetry of Theodor Storm: A phonological-statistical study. 138 p. 1973.

Nr. 85   Heinz Eugen Greter, Freiburg: Fontanes Poetik. 202 S. 1973.

Nr. 86   Marcel Roland Mattes, Zürich: Das Bild des Menschen im Werk Otto F. Walters. 130 S. 1973.

Nr. 87   Michael Hadley, Victoria: The German Novel in 1790. A Descriptive Account and Critical Bibliography. 306 p. 1973.

Nr. 88   Gerhard Doerfer, Göttingen: Anatomie der Syntax. 257 S. 1973.

Nr. 89   Marie Theres Nölle, Zürich: Formen der Darstellung in Hartmanns 'Iwein'. 76 S. 1974.

Nr. 90   Bärbel Becker-Cantarino, Austin. Aloys Blumauer and the Literature of Austrian Enlightenment. 132 p. 1973.

Nr. 91   Ursula Gray, Heidelberg: Das Bild des Kindes im Spiegel der altdeutschen Dichtung. 382 S. 1974.

Nr. 92   Jules Grand, Basel: Projektionen in Alfred Döblins Roman "Hamlet oder Die lange Nacht nimmt ein Ende". 204 S. 1974.

Nr. 93   Gisela Wünsche Hale, Detroit: Carossas Weg zur Schulderlösung. 84 S. 1974.

Nr. 94   Markus Diebold, Zürich: Das Sagelied/Die aktuelle deutsche Heldendichtung der Nachvölkerwanderungszeit. 120 S. 1974.

Nr. 95   Claus Süssenberger, Frankfurt/M.: Rousseau im Urteil der deutschen Publizistik bis zum Ende der Französischen Revolution. Ein Beitrag zur Rezeptionsgeschichte. 354 S. 1974.

Nr. 96   Victor Sialm-Bossard, Freiburg: Sprachliche Untersuchungen zu den Chemiefaser-Namen. Ein Beitrag zur Beschreibung der deutschen Gegenwartssprache. 348 S. 1975.

Nr. 97   John McCarthy, Philadelphia: Fantasy and Reality – An Epistemological Approach to Wieland. 166 p. 1974.